康 樂 主 編　新　　　橋　　　譯　　　叢

Originally published in French by Éditions Vigot, Paris, France
   under the title:
*Sociologie contemporaine* © Durand and Weil, 1990
Chinese edition copyright © 1996 by Yuan-Liou Publishing Co.,Ltd.

新橋譯叢 │ 36

當代社會學

編者 / 讓・皮耶莒杭 / 侯貝・魏也
(J.-P. Durand & R. Weil)

譯者 / 蔡筱穎・郭光予

總主編 / 康樂

編輯委員 / 石守謙・吳乃德・梁其姿
章英華・張彬村・黃應貴
葉新雲・錢永祥

總策劃 / 吳東昇
允晨文化實業股份有限公司
台北市南京東路 3 段 21 號 11 樓

發行人 / 王榮文
出版・發行 / 遠流出版事業股份有限公司
台北市 100 汀州路 3 段 184 號 7 樓之 5
郵撥 / 0189456-1
電話 / 2365-1212
傳真 / 2365-7979

香港發行 / 遠流(香港)出版公司
香港北角英皇道 310 號雲華大廈 4 樓 505 室
電話 / 2508-9048
傳真 / 2503-3258
香港售價 / 港幣 133 元

法律顧問 / 王秀哲律師・董安丹律師
著作權顧問 / 蕭雄淋律師

1996 年 2 月 1 日　初版一刷
2003 年 4 月 16 日　初版四刷
行政院新聞局局版台業第 1295 號

售價新台幣 400 元
缺頁或破損的書，請寄回更換
版權所有・翻印必究　　Printed in Taiwan
ISBN 957-32-2770-3

YL*ib* 遠流博識網
http://www.ylib.com
e-mail: ylib@ylib.com

新 橋 譯 叢 當 代 社 會 學

36

編者／讓・皮耶莒杭
侯貝・魏也

譯者／蔡筱穎・郭光予

# 總　序

　　這一套《新橋譯叢》是在臺灣新光吳氏基金會與遠流出版公司合力支持下進行編譯的。其範圍廣及人文社會科學的幾個最重要的部門，包括哲學、思想史、歷史學、社會學、人類學、政治學、經濟學等。我細審本叢書的書目和編譯計劃，發現其中有三點特色，值得介紹給讀者：

　　第一、**選擇的精審**　這裡所選的書籍大致可分為三類：第一類是學術史上的經典作品，如韋伯(M. Weber, 1864-1920)和牟斯(Marcel Mauss, 1872-1950)的社會學著作，布洛克(M. Bloch, 1886-1944)的歷史學作品。經典著作是經得起時間的考驗的；作者雖已是幾十年甚至百年以前的人物，但是他們所建立的典範和著作的豐富內涵仍然繼續在散發著光芒，對今天的讀者還有深刻的啓示作用。第二類是影響深遠，而且也在逐漸取得經典地位的當代著作，如孔恩(T. Kuhn)的《科學革命的結構》(1970)，杜蒙(Louis Dumont)的《階序人——卡斯特體系及其衍生現象》(1980)等。這些作品是注意今天西方思想和學術之發展動向的中國人所不能不讀的。第三類是深入淺出的綜合性著作，例如紀登斯(Anthony Giddens)的《資本主義與現代社會理論：馬克思、涂爾幹、韋伯》(1971)，帕森思(T. Parsons)的《社會的演化》(1977)，契波拉(Carlo M. Cipolla)主編的《歐洲經濟史論叢》(*The Fontana Economic History of Europe*)。這些書的作者都是本行中的傑出學人，他們鈎玄提要式的敘述則可以對讀者有指引的功用。

冊的部份，只能向讀者致歉。我們將視讀者反映，進行這一部份的迻譯工作，希望能在近日內以完整面目問世。

　　書，如果還有點價值，那麼批評就不是各不各的問題，而是一種必要。


　　　　　　　　　　　　　　　　　　　　　　　　　譯者

# 原　序

　　社會學在今天已經是一門法定學科，擁有專屬的觀念、方法、知名作者以及在認識社會方面的貢獻。本書旨在引介70至80年代的社會學主要潮流，同時總結都市、企業、宗教、家庭、溝通等各個不同領域的研究成果。

　　把這一切知識成就濃縮在區區幾百頁之中，勢必使得初學的讀者望文生畏。事實上，社會學者本人常以較爲冗長的方式來論述思想，而一本教材勢必得以提綱挈領的方式來介紹諸家思想。因此，社會系的同學可以重複閱讀某些章節，以求融會貫通相關作者的反省。這是爲了好好掌握一門已然獨立的重要學科所應該付出的代價：社會學儼然有它自己的一套文化和步驟。社會學者不是自授名銜，而是透過長期的閱讀逐步培養而成的。

　　社會學者同時也是實踐者。這本教材提供方法上和技術上的知識：知行合一是爲不二法門。如果可能的話，最好請益有經驗的社會學者。

　　本書希望成爲一部當代社會學的教材；也就是說，繼交代社會學起源和學科先驅的前兩章之後，它處理的主要是當代社會學家的理論及其學術傳承。讀者可以辯駁道：這都是一些已有十五、二十年歷史的社會學，一本當代社會學應當致力於介紹當今潮流，或社會學對時代大問題所提出的答覆才是。但這是另一部有待來日的著述，而且如此一來，它將不再是一本教材。

　　正因為它是一本教材，所以我們希望讀者能夠在這些社會學知識之中，輕而易舉地理出頭緒(因此，每家學派均闢專章加以介紹)。同時我們也建議三道涇渭分明的入口：

1.社會學的主要潮流；

2.若干橫跨科際的題綱(篇幅所限，為數不多)；

3.社會學的應用範圍。

　　最後這一道入口較為傳統，以我們所引述的作者及主題索引為主。它在本書中被規劃為登堂入室的大門。

　　此外，我們也認為應當提供一套有關學習研究、文獻(包括了資料庫)，和學術單位或專業協會的小指南，以幫助有志社會學的學子投身專業環境。在促進法語系社會學者進一步通力合作的目標之下(若干章節由魁北克的社會學家和比利時的社會學家執筆)，小指南於焉誕生。

　　最後，讀者如果追問社會學的目標、同時希望理解**社會學的用途何在**，那麼在閱讀本書之前，不妨先從最後一章開始；在這一章中，幾位專職的社會學者及教育界人士將嘗試回答這個問題。


讓・皮耶菖杭，侯貝・魏也

# 目　錄

總序.................................................................余英時

譯序.......................................................蔡筱穎、郭光子

原序...............................................讓‧皮耶莒杭、侯貝‧魏也


## 第一編 社會學的起源

### 第一章 社會學的誕生.....................................................1

1 三大革命與社會學的誕生....................................................3
　　1.政治動盪 2.工業革命 3.無聲革命——自然科學的突飛猛進

2 知識領域的轉變：社會科學的湧入..........................................9
　　1.社會科學、社會學及社會主義 2.從精神哲學到歷史哲學：
　　從黑格爾到馬克思 3.實證主義典範的誕生：聖西蒙
　　4.實證精神與社會學：孔德 5.進化主義典範：史賓塞

3 迎向新典範：文化科學....................................................16
　　1.從自然科學到史學、經濟學 2.三條路線：法、英、德
　　3.法學史與歷史科學的復興 4.政治經濟學與經濟史

4 取向的分歧：從涂尼斯到巴烈圖............................................22
　　1.涂尼斯與純社會學 2.齊默與形式社會學
　　3.巴烈圖與邏輯——實驗模式

5 社會學的制度化..........................................................33

1.奮鬥年代 2.法國的社會學的制度化嘗試
3.歐陸其他國家狀況

## 第二章 馬克思、韋伯、涂爾幹 .................................47

### 1 卡爾‧馬克思與歷史唯物論 .................................48
1.馬克思哲學家 2.馬克思經濟學家 3.馬克思社會學家
4.馬克思批判

### 2 瑪克斯‧韋伯與理解社會學 .................................62
1.生涯與著作 2.批判理性主義的來源：社會學理性的限制
3.方法應用範例：新教倫理與資本主義精神 4.理解社會學
5.社會學哲學：價值的衝突

### 3 艾彌樂‧涂爾幹以及社會學法蘭西學派 .................................82
1.生涯與著作 2.社會學的中心課題：道德 3.分工與社會進化
4.科學方法 5.宗教社會學與知識社會學

## 第二篇 社會學的主要潮流

## 第三章 功能主義 .................................99

### 1 絕對功能主義 .................................100

### 2 莫頓的相對功能主義 .................................103
1.絕對功能主義批判 2.莫頓對功能分析的貢獻 3.角色與地位
4.功能分析批判

### 3 帕森思的結構—功能主義 .................................115
1.帕森思的理論發展 2.行動一般理論 3.帕氏理論的幾點批判

## 第四章 方法個體主義 .................................131

### 1 從互動到聚合 .................................133
1.個人意向行動 2.個體行為的聚合

### 2 反常效應與社會變遷 .................................142

**3** 社會學與知識論 ...................................................... 145

**4** 方法個體主義批判 .................................................. 147

　　1.個體自主性及結構重擔 2.非具實個體 3.功利主義批判

　　4.從聚合效應到歷史運動的缺席

## 第五章　策略分析 ........................................................ 159

**1** 官僚現象 ................................................................. 160

　　1.權力關係與不確定地帶 2.官僚結構的惡性循環

**2** 從策略分析到具體行動體系 ................................. 164

　　1.遊戲與偶然 2.從行動者到具體行動體系

**3** 變遷，體系現象？ .................................................. 167

**4** 從阻滯社會到中庸國家 ........................................ 170

**5** 批判反省 ................................................................. 174

　　1.遊戲中的資源不均 2.策略分析與方法個體論

## 第六章　從行動主義到社會學介入 ......................... 179

**1** 杜恆的思想發展 ..................................................... 180

**2** 行動主義分析 ......................................................... 184

　　1.歷史性 2.歷史行動體系 3.階級關係 4.制度體系與社會組織

　　5.社會運動 6.社會變遷

**3** 社會學介入 ............................................................. 202

**4** 批判評注 ................................................................. 205

## 第七章　互動論與民俗方法論 ................................. 211

**1** 新學派的誕生 ......................................................... 211

　　1.芝加哥傳統 2.1950左右的局勢 3.貝克訪談

**2** 互動論 ..................................................................... 214

　　1.田野研究與小型社團 2.偏差團體、邊緣團體

　　3.拒絕主流社會學

# 第1篇

社會學的起源

# 1

## 社會學的誕生

　　解釋一門新學科的誕生形式及條件面臨著四個主要難題：1)可供使用的相關資料爲何？ 2)誰是"先驅者"？ 3)誰又是"創建之父"？以及 4)有待確定的歷史背景。

　　1)**資料**雖然存在，但結論卻往往流於片面。我們可以舉阿宏(R. Aron, 1905-1983)的《社會學思想階段》(*Les étapes de la pensée sociologique*, 1967)或尼斯貝(R. A. Nisbet)的《社會學傳統》(*La tradition sociologique*, 1966)爲例。前者探討昔日大師的思想以掌握社會學作品間的一致性；後者所採取的方法，則「既非從個人、亦非從體系」，而是從「建構體系的基本觀念」出發(1984, 15-16)。英語系的作者似乎都依循著同樣的觀點。傳統，根據尼斯貝的看法，兜繞著五組對立打轉：a)社團(communauté)與社會；b)權威與權力；c)身分與階級；d)神聖與世俗；e)異化與進步(同上, 18-19)。然而這種社會學史觀預設了社會學思想上的統一，忽略了學派潮流之間的歧異與原創性。

2)**誰是第一個社會學家**？想要找出社會學的**先驅者**擺明了是個沒完沒了的差使；因為總是可以從社會學出現之前的歲月裡舉出一些相關作品，特別是當人們斷章取義的時候。此外，如果十九世紀的社會學家們標榜某人為思想先驅，這並不表示後者便是社會學家；再說如果我們抬出了十八世紀的孟德斯鳩，甚至盧梭，那是不是也該提及涂尼斯(F. Tönnies, 1855-1936)的思想前輩霍布斯，或維柯、蒙田，甚或上推至古代大哲柏拉圖、亞理士多德的政治關懷？

3)**誰是"創建之父"**？視十九世紀為"創建之父"的世紀(創建之父一詞源自帕森思，1902-1980)也不見得全然穩當。事實上，這個說法是事後給作品添加意義並冠上了目的性。那麼誰是創建之父呢？孔德(Auguste Comte, 1798-1857)？因為他首創社會學這個名詞？但他的科學太制式了！韋伯(Max Weber, 1864-1920)？因為他提出"理解"作為方法論的基礎？但這個方法同時也適用於史學、經濟學！涂爾幹(Emile Durkheim, 1858-1717)？因為他堅持專屬社會學的發展策略，以抵擋其他人文科學的威脅？但他也毫不遲疑地遊走於社會學與人種學之間！那是不是也該把馬克思(1818-1883)推到一邊，說他的社會階級理論建立在歷史─經濟觀點上？

我們可以和這種追詰"創建之父"的意識形態劃清界線，這並不是說拒絕去分析社會學家其人及其思想體系，而是將這些**智慧之光**放在產生社會學說的歷史背景中加以審視。原典的閱讀是無可取代的。在此，我們僅參照一般的**歷史脈絡**期能掌握這些作者所提出來的問題。

4)**如何勾勒出社會學奠基的歷史脈絡**？這首先得勘察當時(十八、十九世紀)社會在經濟、政治及知識上的轉變。

a)第一節透過時代輪廓的描繪，概述**三大革命**(政治、經濟、科學)所引起的動亂。

b)第二、三、四節分析**知識領域的主要轉變**，以便掌握社會學之所以能在地位曖昧的社會科學中異軍突起的原因，以及社會學思想前後的不同形式。

c)第五節嘗試描述這門學科的幾種**制度化形式**，以解釋社會學峨然獨立的來龍去脈；其中也可以看見不利社會學發展的負面因素。

# 一、三大革命與社會學的誕生

以全新的方式來思考正在誕生的新社會是為十九世紀的特徵。**法國大革命**以及隨之而來的大小革命震撼了歐洲；各國競效英國的工業改革，社會丕變，一日千里；而日新月異的自然科學則提供了新的思考模式。

## 1.政治動盪

社會學誕生在一個政局紛擾、軍事動盪的時代(1815-1918)。除了世襲王權之外，舊政體社會以三種社會等級為基礎：貴族、教士與第三等級。但是新的政治階級——中產階級，質疑舊政體的合法性，並嘗試建立一個更平等的政治秩序。托克維爾(Alexis de Tocqueville, 1805-1859)清楚地劃分這兩種相對的政治體系：階級不平等的舊政體，與高舉平等旗幟的新政體(《舊政體與革命》，*L'Ancien Régime et la Révolution*, 1856)。

　　短暫的革命風暴以及繼之而來的第一帝國改革，令人不得不以全新的觀念來思考新社會。1830和1840年的革命影響遍及整個歐洲。在法國、德國和奧地利，各式各樣的政體此起彼伏。豐富的政治題材激盪著思想，特別是在法國，截然不同的政體前仆後繼：一個帝國，兩個王朝相繼被革命推翻，曇花一現的共和國推行普選(1848)，接著是帝國復辟，爾後第三共和持續直至大戰。

　　保守、自由、結盟、革命……各式各樣的意識型態相互頡頏。一些提倡社會穩定秩序的社會學家如聖西蒙(1760-1825)、孔德、涂爾幹等，則在其中看到了社會組織病態與脆弱的徵兆。啓蒙時期理性主義者所熱愛的自然法，如今圮敗傾頹；而在這片廢墟上則出現了鼓吹回歸舊政體的"倒退"主張，但同時也萌生了最大膽、最烏托邦的理想。

　　即使社會學家所提出來的解決之道莫衷一是，但它們多少回應著相同的問題：如何結束橫掃歐洲的社會危機？從聖西蒙到涂尼斯，中間經過了孔德的社會哲學、馬克思的科學社會主義、涂爾幹的道德主義，社會學家無不戮力苦思因應之道。當然，是否應以新科學來改革社會，這是一個見人見智的問題。一方面，**介入主義者**(interventionnistes)認爲社會學應該有助於治療(或至少減輕)困擾社會的病症。聖西蒙及孔德的實證主義站在這一個極端上，前者的**人類科學**或**社會生理學**，後者的**社會物理學**或**社會學**，爲的正是改造社會以適應工業精神或實證精神。另一個極端——**中立主義者**(neutralistes)，如韋伯或巴烈圖(V. Pareto, 1848-1924)，則認爲不應該以科學來合理化行動價值。涂爾幹態度居中：科學當然導致實際行動，但這需要時間。

## 2.工業革命

　　如果法國在政治革命理念的散佈上扮演了一個重要角色，那麼英國的工業生產方式則徹底改變了歐陸的工作組織。身為生產及管理新技術的實驗室，英國同時也發現了社會學必須加以考量的政治經濟學及相關法則。都市無產階級逐漸成形，游移請願、聚眾滋擾，在在使得政府當局越來越急於控制運動。於是追捕、監禁、驅逐，無所不用其極。

　　在同時，一種真正的工業精神傳播開了，其毀滅性的作用，勞工群眾尤感深鉅。生產分工，手工業資格頓失；狂暴剝削、微薄的薪資迫使工人家庭不得不出賣幼童的勞力以圖溫飽。此外，受剝削的勞動階級不斷惡化的生活狀況，不僅喚起一些以"社會和平"為己任的博愛團體的關注、視社會主義運動為體制不人道的明證，同時也提醒了飽受暴動危機威脅的政府當局不得掉以輕心。自由資本主義中的一派也加入了這場運動，認為政治規章有助於穩定市場、避免贏利下降：工業化的世紀同時也是社會法則的世紀。

　　在英倫進行了不少具有實際目的社會調查，於是十九世紀末便出現了大量有關貧困化的研究報告。在法國，政治道德科學院籌劃一系列的階級狀況調查。魏樂美(L. R. Villermé, 1782-1863)，醫生出身的統計學家，在其著名的《棉、毛、絲製造廠工人的道德及身體狀況圖表》(*Tableau physique et moral des ouvriers dans les fabriques de coton, de laine et de soie*, 1840)中，選擇研究紡織工人的命運。他實際調查、進行直接觀察，並分析工人生活型態的不同層面如工作、住屋、娛樂等。畢黑(E. Buret)在更大規模上研究相同的主題(《法國及英國勞動階級的悲慘命運》, *La misère des classes laborieuses en France et en Angleterre*, 1840)。恩格斯(F. Engels, 1820-1895)的貢獻也屬於同一類，他在《英國勞動階級的處境》( *La situation des classes laborieuses en Angleterre*, 1845)一文中，尖刻地揭露工人階級所受到的剝削。該書也給青年馬克思留下了深刻的印象。

社會學的另一道源泉——社會統計也並行而生。戈德雷(A. Quetelet, 1796-1874)，比利時統計學家，從1835年起出版《人類及其官能的發展，或論社會物理學》(*L'Homme et le développement de ses facultés ou essai de physique sociale*)。孔德在其《實證哲學課程》(*Cours de philosophie positive*)中也曾使用"社會物理學"一詞，但思想內涵相去千里；為了避免與他不怎麼欣賞的社會統計所可能產生的一切混淆，他寧可改用"社會學"一詞。

法國勒布雷(F. Le Play, 1806-1882)的著作又代表著另一種類型：他以全歐為視野的專題論文，提出了一套原創性的經驗方法來分析家庭預算(《歐洲工人》, *Les ouvriers européens*, 1855)。

在德國，經濟學者史莫勒(G. Schmoller, 1838-1917)於1872年所創建的社會政治協會，則委託韋伯對東普魯士的農民狀況進行調查。

總之，工業生產的快速進步、機器發展與大量製造，引起了人們對"社會問題"這一類題目的注意：當務之急在於建立一門能夠以科學方法(以自然科學為模式)來分析實際狀況的社會科學。

## 3.無聲革命：自然科學的突飛猛進

　　十九世紀的物理、化學和生物學，透過它們在醫學和工業技術各方面的運用，取得了令人瞠結的發展。

　　**物理學**借助新儀器進一步追求數學化，這多少回應著英國工業革命的需要。

　　但**化學和生物學**的躍進無疑更令人印象深刻，以致於這兩門科學的模型成爲諸多科學理論的典範。

　　在化學方面，世紀爭論的焦點爲物質的原子結構問題，這和實證學者拒絕玄思終極因素的懷疑論調氣味相投。有機化學挾其有機產品，特別是德國強大的化學工業，引起了另一陣騷動。

　　比較生理學則開創了現代生物學，同時也爲社會學中的有機論提供了傑出的模型：法國先有聖西蒙、孔德，繼有涂爾幹學派；英國有史賓塞；德國則有謝弗勒(Schäffle, 1831-1904)、涂尼斯等。"有機體"和"器官—功能關係"等新觀念逐漸披靡，標示著十九世紀醫學生物學的特徵。實驗醫學致力於研究生命功能及其障礙(病態)；認爲健康一如疾病，皆有律則可尋。源自德國浪漫主義傳統的生命機體理論則催生了"自動組織"、"循環因果"等觀念。

　　孔德的生物哲學主張不應將有機體化約爲物理化學機制；這對社會有機論的合理化而言，無疑跨出了重要的一步。在《實證哲學課程》(1838, 40-44)一書中，孔德繼畢夏(Bichat)之後，再次援引巴泰斯醫生(P. J. Barthez，《人類科學的新基礎》，*Nouveaux éléments de la science de l'homme*, 1778)關於器官之間的親和交感及協同作用理論：有機體不外是諸多功能之間的**協調**(consensus)，而功能之間則相互決定。

孔德實證主義以及史賓塞進化論這些思想瘟神出現，變得越來越可疑。從他們企圖掌握一切知識的總體哲學中浮現出來的，卻是一群關心事實、追求經驗方法、注重知識新對象的思想后生。

## 2.從精神哲學到歷史哲學，從黑格爾到馬克思

在德國，要想賡續黑格爾(Hegel, 1770-1831)的哲學大業似乎有點困難。老一輩的黑格爾信徒嘗試振興大師的思想，竭力反抗歷史相對主義的誘惑。世紀中葉，費雪(K. Fischer, 1824-1907)，一位過渡期的黑格爾派，發展黑氏邏輯、重振康德學說、致力哲學史研究，並試圖以黑格爾來抵制當紅的生物進化論。

另一方面，費爾巴哈(L. Feuerbach, 1804-1872)、鮑爾(B. Bauer, 1809-1882)、史特納(M. Stirner, 1806-1856)、胡格(A. Ruge, 1802-1880)、及馬克思(1818-1883)等少壯黑格爾派卻拒絕模仿黑氏體系，並對哲學保守主義、特別是神學傾向大張撻伐。譬如費爾巴哈便貶抑觀念而強調實質的人，並特別支持來日被馬克思擴大運用的歷史觀點。馬克思對黑格爾法哲學的攻擊，也促使他進一步批判資產國家，並以唯物觀點來反省資本主義的經濟基礎(見下一章)。

黑格爾主義之無能整合歷史思想，在很大程度上解釋了社會科學對**哲學演繹法**的不信任；而韋伯繼馬克思之後，也放棄了從哲學原則中推論出社會生活的企圖(見下一章)。這並不是說哲學已死或見棄於社會學之外。譬如韋伯便重拾狄爾泰(Dilthey, 1833-1911, 費雪的學生)對精神科學之特殊性的見解；而康德學說的振興也在涂爾幹的求學過程中啓迪了涂氏的知識學反省(見下一章)。

此外，涂尼斯或齊默的社會哲學也證明了在十九世紀末，科學之間的融合並不是不可能的。

另一股排斥形上學的浪潮則以**自然科學**為榜樣：聖西蒙(Saint-Simon, 1760-1825)的規劃及孔德的理論滋養著社會科學直到二十世紀初期。

## 3.實證主義典範的誕生：聖西蒙

在剛開始的時候，聖西蒙只不過想重編一套百科全書而已。為此，他聚集了一批學者，但工作終告胎死腹中。

從1870年起(《科學工作指引》，*Introduction aux travaux scientifiques*)他計畫發起一場以新"知性體系"(système intellectuel)為基礎的科學革命；該體系必須清除一切宗教與形上學的殘渣。肇迪亞克(Condillac)的感覺哲學以及政治經濟學業已開始嘗試與理性傳統分道揚鑣，並開創一門關於人類的實證知識。當務之急在於完善這一番事業。如果自然科學已經大步邁入實證階段，那麼人類科學則還差得遠。於是聖西蒙以生理學及物理科學為藍本，嘗試以科學方式來處理"工業體系"中所謂的"道德"秩序現象。

然而1815年帝國的垮臺使他放棄了百科全書計畫。舊政體的復辟事實上與完全建立在生產勞力或工業之上的新社會扞格不入(參考《簡介：工業，或為一切從事實用而獨立之勞動的人們所作的哲學、道德及政治討論》，*Prospectus. L'industrie ou Discussion politique, morale et philosophique dans l'intérêt de tous les hommes livrés aux travaux utiles et indépendants*, 1817)。

　　隨著《組織者》(*Organisateur*, 1819-20)、《工業體制》
(*Système industriel*, 1820-1822)與《工業家敎理》(*Catéchisme des
industriels*, 823-1824)等著作的出版，聖西蒙猛烈抨擊當權政體、
貴族及敎士，以致於吃上官司。他放棄自由主義轉而鼓吹一個以
學者、藝術家及手工業者來取代王室法律顧問這些"政治形上學
究"(métaphysiciens du politique)的社會新體制——工業體制。生平
最後的著作《新基督敎》(*Nouveau christianisme*, 1825)則爲他搏得
了不少信徒。聖西蒙的宗敎理念旨在改善"大多數階級"，即"無產
階級"的命運；這不但爲各式各樣的社會主義烏托邦打開了空間，
同時也促使某些重視銀行制度或鐵路運輸的實業家採取新措施。
第一批信徒的革命精神(譴責私有財產、擔憂無產階級的命運)終而
演化成一套企業家哲學。

## 4.實證精神與社會學：孔德

　　奧古斯特·孔德(Auguste Comte)是一位熟諳數學、科學敎育，
同時也具備醫學及生理學知識的綜合工校學生；他曾經密切參與
聖西蒙的事業，並對**後者的工業改良主義**感到驚訝。但日後的他
卻發展出一套觀念，宣告玄學世紀(十八世紀)與科學實證世紀(十
九世紀)的決裂。

　　《社會哲學手冊》(*Opuscules de philosophie sociale*, 1820-1826)
勾畫出一幅由中古社會過渡到科學—工業社會的社會國家藍圖；
中古社會以神學思想及軍事行動爲特徵，而在社會國家中，學者
取代了神學家，實業家或企業家則取代了將士。最後，征服自然
終將取代人間廝殺；但此一過渡尚未完全成功，必須佐以知識改

革(在此重現了聖西蒙的規劃)。實證思想必須為建立一實證政治而
服務。

　　《實證哲學課程》自1826年以公開課程的方式出現(從1830到
1842陸續出版)。它一開始便宣告"一條基本大法"：出於不變的必
然性，**三階段法則**(la Loi des trois états)支配著人類精神的進展。
「吾人的每一個主要觀念，每一條知識分支，都接連地通過三個
不同的理論階段：虛構或神學階段、抽象或玄學階段、實證或科
學階段」(《實證哲學課程》第一冊，21)。在第一階段中，人類理
智視現象為超自然因素的作品；超自然因素在第二階段中則轉變
成(原因的)抽象動力，這為進入第三階段做好了準備。後者「經由
推理與觀察的綜和運用，發現了二者的實際法則，亦即推理與觀
察之間不變的連續與類似關係」(同上，21-22)。法則的尋求於是取
代了原因的探究。

　　然而三階段法則勢必導致知識不同分支間的不等發展。事實
上，根據科學史顯示，凡是處於實證階段的科學都曾歷經前兩個
階段。同樣地，對每一個個人而言，「孩提時代是神學家，少年
時代是形上學家，壯年則為物理學家」(同上，22)。既然三階段的
發展速度各自不同，那麼每一門學科進入實證階段的時刻自亦不
同，儘管它們都依照著一定的過程由簡而繁。先是天文，而後物
理、化學，乃至於晚近的生理學(生物學)都達到了實證階段，但尚
未出現一完備的社會現象科學。同時，既然人類精神已經創建了
天上物理，亦即天文學(孔德曾經開授普遍天文課程)，地上物理
(或力學、或化學)，有機物理(或植物、或動物)，那麼便只賸建立
一門**社會物理學**以完備觀察科學的體系(同上，29)。

　　此外，每一門科學在進步過程中，都以其前身科學為基礎，再加以複雜化、專門化。在眾科學的起源中，有機科學以無機科學作為基礎，化學從物理學中獲得啓發，社會物理學則取法生理學(以聖西蒙的方式而言)。最後，隨著生理學的發展，綜合方法取代了初級科學的分析方法。如果忽視了生理現象在有機體中所執行的功能，我們便無從理解此一現象；同樣的，一個社會現象也必須放在社會整體中來觀察才有意義。這是另外一個可以視之為有機論的理由。這種觀點在世紀末涂爾幹的社會學裡仍然看得到蛛絲馬跡。

　　從四十七課(1839)開始，孔德引入"社會學"的觀念作為"社會物理學"的同義詞，「以便以一專有名詞來指稱研究社會現象特有法則之自然哲學的補充部份」(第二冊，88)。孔德並指出此一名稱代換係因戈德雷(Quetelet)誤用社會物理學一詞。

　　社會學的規劃自此採取政治觀點。事實上，舊的神—玄—哲學不過只是個"無能的頹敗"，當務之急是使"重要的社會觀念"從游移、矛盾的狀態之中顯現出來，以便「使社會擺脫此一即將腐化的致命傾向，並將它直接導向另一種全新組織」(同上，15)。真正的科學精神應當帶動深層的政治改革，兼顧秩序與進步、靜態與動態，以組織與生命密不可分的有機體為模式，並能夠解決保守派和革命派爭論不休的社會問題。

　　社會學的任務在於創造利於新有機統一的條件；在這種精神的指引之下，實證政治體系嘗試整合人類天性、靜態社會秩序及動態社會歷史。此一藍圖設計兼採孟德斯鳩的決定主義(「法則不外是由事物本質而來的必然關係」，《法意》, *L'Esprit des lois*, 1748)、康多塞(Condorcet)的進步理性主義(《人類精神進步史概》，

*Esquisse d'un tableau historique des progrès de l'esprit humain,*
1793)，甚至伯許埃(Bossuet)的天意說(《宇宙精神論》, *Discours*
*sur l'esprit universel,* 1681)。

## 5.進化主義典範：史賓塞(H. Spencer)

透過史賓塞的理論體系，英國的社會學大致與歐陸社會學有
著相同的命運；它被整合在整體科學的觀念之中，同時也採用了
自然科學晚近進步所發展出來的模型。

史賓塞(1820-1903)的思想支配了盎格魯薩克遜學術圈達半世
紀之久，影響也波及歐陸。史氏廣博而早熟的學識皆自修所得，
並曾先後從事過多種行業。拉馬克(Lamarck, 1744-1829)的理論強
調物種進化深受外在環境的影響，這個觀點強烈地衝擊著史賓
塞。社會不外是個超級有機體，而器官則依其使用程度的不同，
遵循著成長及衰退的法則(《社會靜力學》, *Statique Sociale,*
1851)。

卡本特(W. Carpenter)的《比較及一般生理學原則》(*Principes*
*de physiologie générale et comparative*)讓史賓塞發現了拜爾(Baër)定
律：進化係一由同質而異質的過程。史氏由此推演出有助於我們
理解生物機體、教育、風格、社會習俗、心理、政治等各層面的
進化普遍法則或"一般公設"(《第一原則》, *Premiers Principes,*
1862)。我們可以在其中看出十九世紀社會學反省的共通之處：**一**
**方面**，社會學融合在大規模的科學重組之中；**另一方面**，相同的
普遍法則貫穿了一切的現象。這種傾向在涂爾幹的《社會分工
論》以及他和史賓塞的思想關連中顯而易見(見下一章)。

　　進化理論終於形成一種普遍哲學：宇宙運作一如生命機體，越來越複雜的分化導致越來越協調的合作。孔德的實證哲學斷言科學不同分支之間的共通處；同樣地，史賓塞的進化論也融合了每一門獨特科學的進化法則。這個體系巨大的吸收能力使它得以輕而易舉地整合達爾文及瓦勒斯的理論，甚至米勒—愛德華(H. Milne-Edwards, 1800-1885)的有機體生理分工理論(史賓塞，《生物學原則》, *Principes de biologie*, 1864-1867)。

　　最後，《社會學原則》(*Les Principes de Sociologie*, 1877-1896)則從這種**有機論**及**物理主義**(physicaliste)的學說中取得結論：社會，作為一種超級有機體，實比照生理模式而運作，唯稍有差異。此外，不同於動物社會中的個體絕對地臣服於整體，人類社會則是為了每一個個體的利益而存在。

　　史賓塞之區分軍事社會與工業社會這兩種基本類型，自然會令人想到孔德的軍事—工業對立。他致力於描述社會制度，並為此累積了大量的文獻與觀察，而人種誌方面的豐富資料也允許他進行比較分析(參閱其《描述社會學》, *Sociologie descriptive*)。在這樣的情況之下，他嘗試以「精神」這樣的觀念(源自對亡靈繼續存在的信仰)來解釋原始宗教的起源。

　　而涂爾幹社會學的建立，部份原因即在於反對這種對他而言充斥著個人主義、實用主義及進步觀念的方法。

# 三、迎向新典範：文化科學

## 1.從自然科學到史學、經濟學

在人類科學擺脫形上學的奮鬥之中，社會學總是以準百科全書、集知識大成的姿態出現。這種抱負或許源自於黑格爾體系的哲學企圖，或許來自於科學進步的觀念。

旨在綜合一切的傳統形上學被顛覆了，取而代之的新科學則將歷史視為爭取政治自由、宗教自由的奮鬥過程，甚至認為歷史必然指向一個科學蓬勃的新社會。

此一見仁見智的知識缺口，雖然常為各種企圖掌握全體人文知識的社會思想形式所填塞，但其中也出現較為節制的看法，認為社會學應有更精確的目標，不該好高騖遠；而一門更開向事實的史學、政治經濟學的獨立自主以及實驗心理學的誕生，這一切都有助於社會學的定位。特別是十九世紀末人種學觀察的突出表現，更對社會學產生了推波助瀾的效果。

十九世紀事實上也出現了另一場知識動亂，肇因於對宗教史、司法史以及物質史的興趣復燃。在德國，一如在法國或英國，我們可以觀察到下列特點：

1)為了理解法律、宗教、政治經濟以及社會問題，學者專家開始系統性地向**歷史**求援；

2)對廣義的**經濟科學**越來越濃厚的興趣，學人期望以此來解決橫掃歐洲的社會危機。古典學派如亞當‧斯密和李嘉圖的學說都重現歐陸(德國有馬克思、法國則有塞依, J. B. Say)，然而在這一門生產科學表面的客觀性背後，卻埋伏著階級衝突的嚴重問題。

## 2.三條路線：法、英、德

　　聖西蒙、孔德、涂爾幹代表了社會學的**法國路線**：日趨細密的分工現象成為新的研究主幹。事實上，讓他們感到興趣的並不是經濟科學本身，而是圍繞著日趨重要的生產形式所發展出來的新型社會過程。聖西蒙在十八世紀的政治經濟學中看到了實證科學的範例。孔德則批判經濟學者企圖在個人利益的經濟基礎上創立一門獨立自主的科學。而令他們大感驚訝的，卻是工業體系下個人與個人之間的相互依賴性。有機體的比喻在此佔了絕對的優勢。因此，在一定程度上，孔德與聖西蒙多少都在延續著法國社會哲學的古老傳統(蒙田、孟德斯鳩)。

　　**英國路線**則處於一種極端的曖昧狀態。盎格魯薩克遜的實用主義一方面注重攸關社會問題的經濟科學；但另一方面，在哲學—社會學的體系之中(史賓塞)，經濟學的地位卻遠不如自然科學(如生物學)。在某種意義上——這點馬克思很早就注意到了——政治經濟學取代了社會學。況且法國大革命的反彈也令人懷疑法國新觀念論者的學說。

　　因此，**德國路線**看來最有利於科學領域的革新：由社會科學所引發的論爭緊密地和史學、經濟學、社會學、甚至心理學結合在一起。這種優勢使得年輕一輩有志從事社會科學的法國學人多負笈德國；如布格雷(C. Bouglé, 1870-1940)和涂爾幹即為此而旅居德國。

## 3.法學史與歷史科學的復興

在瑪克斯‧韋伯(1864-1920)修習法律的學生時代，薩維尼(F. K. V. Savigny, 1778-1861)學派所提倡的歷史取向精神正支配著當時的德國學術圈。該派主張打破法律科學的條文主義、摒棄普遍法、理性法的信念，嘗試參照既定社會的歷史特徵，以掌握法律條文的意義。甚於拿破崙民法法典的劇烈改革，學派還設想出浪漫的觀念，將法律視為浮現在人民精神中的生命實體。在這個觀點之下，文件及檔案的客觀研究，理當致力於理解制度如何配合國家運作(特別是民間風俗蘊藏著深厚民族根本的德意志國家)。

在法國也出現了類似的運動，譬如提耶里(A. Thierry, 1795-1856)或米希雷(J. Michelet, 1798-1874)的努力。前者曾經追隨聖西蒙，致力於理解導致法國人進行革命的歷史現象。後者則在所著《法國史》(*Histoire de France*, 1856-1869)一書中繼續探討同樣的主題。

這種歷史精神打動了社會科學的思想家們。孔德本人將歷史精神運用在反對形上學的奮鬥之中；他在其中看到了科學注重實證事實、而非抽象觀念的鮮明傾向。此外，他更公開參引薩維尼的主張。在法國，古朗士(N. Fustel de Coulanges, 1830-1889)繼續領導此一運動；而他的方法更孕育出涂爾幹這樣的社會學家(見下一章)。從《社會分工論》(*Division du travail social*)開始，涂爾幹即著手分析古代史和法律史，以解釋傳統社會的機械凝聚演變為工業社會有機凝聚的發展過程，同時法律也由強制法演進為契約法。在義大利，巴烈圖也參照德國歷史學派的作法，以大量的歷史證據來豐富研究分析。

說得誇張一點，孔德實證方法的獨裁、恐怖性格阻礙了社會科學在法國的發展。況且法國的精神哲學也不利社會科學的萌芽(如古散 V. Cousin, 1792-1867)[1]。這便是為什麼涂爾幹寧可把社會學建立在聖西蒙(而非孔德)學說之上的原因。羈旅德國期間，目睹社會科學在這個國家的蓬勃發展(見下一章)，多少令涂氏見賢思齊。此外，我們也可以在涂氏的作品中發現史賓塞的百科全書性格及心裡實用主義。

實際上，當時的德國學界百家爭鳴、風起雲湧：黑格爾體系的瓦解、法學的轉變、德國歷史學派、新歷史學派各領風騷；在一定的程度上，馬克思、韋伯、涂尼斯的思想即為這一場知識轉變的產物。

尼布爾(B. Niebuhr, 1776-1831)及蘭克(L. Ranke, 1795-1886)採用以事實驗證(效法自然科學)為基礎的科學客觀模式、大膽應用其他科學的研究成果(考古學、法律、人類學、政治學、哲學)、並大量參考文獻檔案(特別是蘭克)。提耶里及米希雷也從類似的模式中獲益匪淺。德國的史家特別關心古代羅馬以及教會自宗敎改革以來的轉變，目的在於掌握德意志國家的獨特性。總而言之，重要的是將不同的制度結果重新投入歷史潮流之中加以審視。

然而對一門獨立的社會學而言，最尖銳、最具意義的衝突卻發生在科學史的周邊。科學史的目的不外乎分析工業社會新而特殊的生產關係，而政治經濟學也因此得到了進一步的發展。

---

[1] 法國精神哲學及哲學史的創建人，同時也是將黑格爾介紹到法國的第一人。——譯註

## 4.政治經濟學及經濟史

　　1883年左右，德國爆發的"方法爭議"真正的焦點究竟何在？一方是由史莫勒(G. Schmoller)所領導的**德國新史學派**及其擁護者；該派強調國家儲蓄及**歷史現象**的獨特性。另一方則是抽象政治經濟學的邊際效用論者(以門格, K. Menger為代表)；歸根究底，其理念係以一**人性經濟學**(心理學)為基礎。對後者而言，經濟衍生自個體需求的理性，而前者則提倡一種歸納性而唯歷史的步驟(démarche inductive et historisante)。事實上，從世紀中葉開始，便出現了第一個抨擊古典政治經濟學以"自然法則"觀念作為理論中心的歷史學派。羅雪(W. Roscher,《政治經濟學要義》, *Précis d'économie politique*, 1848)強調對歷史材料的研究和考量；希爾德龐(B. Hildebrand,《國家經濟學》, *L'Économie nationale*, 1848)則以發展法則取代自然法則。最後，克尼斯(K. V. Knies,《歷史方法觀點下的政治經濟學》, *L'Économie politique du point de vue de la méthode historique*, 1853)更根本拒絕這兩種法則。而當韋伯執意拒斥一切歷史法則觀念、反對從中推演出歷史演變時(見下一章)，他自己也覺得傾向克尼斯。

　　此番論戰大大地超越了經濟學的歷史範圍，並牽涉到一般社會科學的地位問題。狄爾泰(W. Dilthey, 1833-1911)所發展出來的新科學哲學便從這個角度區分了旨在**解釋**(explication)的自然科學，以及著重**理解**(compréhension)或**詮釋**(interprétation)的精神科學(狄爾泰)或文化科學(里克特, H. Rickert, 1863-1936)。前者尋求法則，後者追求意義。如此一來，人們終於可以審慎地與法國實證理論、或十九世紀後半葉流行歐洲的有機社會學保持距離。

　　社會科學中特殊的客觀性以及獨特的歷史因果成為文化上的新課題。韋伯的社會學便誕生在這樣的新環境之中。經由其理解社會學基本觀念的闡釋，他嘗試將社會學定位在史學與經濟學之間(參見韋伯，《經濟與社會》，*Economie et société*)，並從這個角度巧妙而果敢地捍衛學者的中立性。比涂爾幹更勝一籌，韋伯無疑清楚地認識到：若想要徹底擺脫自然科學，社會科學在觀念上及方法上均亟待澄清；特別是當它牽涉到個體行動詮釋時(好比歷史中的個體行動)，不論這是狹義的個人、一個團體、或是一個文明。社會學運用的是同一種方法，亦即透過個人互動的意義網絡來理解行為表現；而經濟史家所關心的問題，比方說資本主義經濟的出現，也可以透過這種方法來理解。

　　最後，如果說最早的歷史學派刊物(於1850年左右出版)與馬克思、恩格斯撰寫《共產黨宣言》(*Manifeste du parti Communiste*, 1848)、發展出他們的階級鬥爭理論和唯物史觀約莫發生在同時，這無疑不是一場單純的巧合。然而如果雙方都試圖將經濟放在歷史中加以考量，那麼馬克思主義者對當時的德國經濟學者只有鄙夷，因為後者不過是英國經濟學的螟蛉。此外，當時的馬克思也在不得已的情況之下流亡異邦、並開始積極地介入政治活動。他清楚地意識到，把自己納入由執政當局嚴密監控的大學組織之中無異與虎謀皮，而大學也往往與政權沆瀣一氣。史莫勒的學究社會主義(韋伯譏之為"講壇社會主義者")，只能引起馬克思主義者強烈的反感，因為前者企圖調解獨裁專橫的普魯士王國和正在為社會主義革命事業動員起來的無產階級(見下一章)。

# 四、取向的分歧：從涂尼斯到巴烈圖

在十九世紀最後的二十幾年裡，不少嘗試都致力於建立一門具有專屬方法、能夠掌握整體文化領域的獨立學科。

除了韋伯和涂爾幹的社會學規劃之外(見下一章)，尚有三種取向值得加以注意：

1)從諸多的哲學泉源之中汲取靈感，涂尼斯廣匯眾說的理論在一次大戰前夕德國特殊的局勢之中，獲得了遲來但實質的成功。他的**純社會學**以相對範疇的對立(有機論與個人主義)為基礎，比起齊默的過分精緻，這無疑更令人易於親近。

2)齊默的**形式社會學**則直接採取史學觀點及新康德主義。

3)最後，在世紀初巴烈圖嘗試將邏輯實驗方法運用在他頗具原創性的觀點之中，但之後似乎並沒有進一步的發展。

## 1.涂尼斯與純社會學

齊默應用巴登新康德學派的觀相主義(perspectivisme)建立了形式社會學；巴烈圖從邏輯實驗模式中獲得靈感、由經濟學轉向社會學；涂爾幹繼續其新康德主義式的社會學研究，尋求道德、法律及科學的基礎(《宗教生活的基本形式》, *Formes élémentaires de la vie religieuse,* 1912)；而涂尼斯(F. Tönnies, 1855-1936)則在1912年重新出版鮮為人知的舊作《社團與社會，純社會學的基本類別》(*Communauté et société, Catégories fondamentales de la sociologie pure,* 1887)，這一次終於受到了肯定。

　　一開始涂尼斯便區分了兩種結合形式：**社團**(Gemeinschaft; communauté, 或譯**共同體**)，本質爲"眞實而有機的生命"，以及**社會**(Gesellschaft; société, **或譯結合體**)，"一種潛在而機械的呈現"。「一切信賴的、親密的、休戚與共的部份即爲社團中的生活……。而社會則是屬於公眾的部份，它是世界；相反地，在社團之中，人們從出生開始便與親人結合在一起，不論情況是好是壞。人們進入社會猶如進入異邦……。唯獨社團才是眞實而長久的共同生活，社會只不過是短暫而表面的存在。在一定的程度上，我們可以將社團視爲活生生的有機體，將社會視爲機械而人工的聚合」(涂尼斯, 1977, 47-48)。

　　血源**社團**、地方**社團**及精神**社團**均扎根在植物性生命及胚胎形式之中(母子、配偶、兄弟姊妹關係)，並進一步在父子關係裡穩固下來。而村落或小鎮則集結了一切廣義的家庭式社團，如行會或教區。社團經濟同樣也以圍繞著房子、火爐及餐桌的家庭經濟爲模式(鄉村房舍與土地耕作，都市房屋與職業培養)。封建君主(suzerain)支配著村落，一如攸關藝術的宗敎維繫持著城市的一致。而實際的道德則在其中萌芽。

　　另一方面，**社會**則爲一群個體的集合；這些個體"以有機的方式相互隔離"，但基於反省意志、得失計算等諸般考量而結合在一起。財產的分散必須求助於交易，而交易則有賴公共度量的建立；理性客觀的價值因而產生了金錢、紙幣、信貸、契約、以及協議條款。亞當・斯密的商業社會形成了商人國家的基本模式(同上, 92)。事實上，"公民社會"或"交易社會"均以商業及其冷漠、外在而因循的人際關係爲特徵，完全與生動熱絡的社團關係形成對比。而道德則被化約成客套禮節：冷峻、優勢、因循的社會規範，爲的是對普遍化了的競爭加以控制。經濟涉及市場，而市場則擴及全球。特別是在大城中，有商人或資本家這類人物挾其大型工業及機器主義買賣勞動力，致使市場迅速擴展。涂尼斯也從馬克思對勞動人口的經濟異化分析中得到了啓發。相對於資本家階級，工人階級不公平地參與三種經濟活動：勞動力的購買、勞動力的使用、並以產品價值的形式出賣勞動力。據此，工人階級所有的不過是**形式**自由，唯有資本家才擁有**眞正**自由(同上，118-119)。

經由其社團理論及社會理論，涂尼斯成功地綜合了社會的有機觀念(其"社團"理論)和建立在李嘉圖與馬克思之"勞動—價值"政治經濟學之上的經濟主義觀念(其"社會"理論)。

涂尼斯借助哲學與心理學來確立社團與社會的區分。受到霍布斯(Hobbes, 1588-1679)以及叔本華(Schopenhauer, 1788-1860)的影響，他認爲心理學支配著一切科學，並允許我們分辨出兩種意志：**有機**意志或**基本**意志，以及**反省**意志或**任性**意志。

「有機意志爲人類身體的心理等同物⋯⋯，它意味著思想，一如有機體意味著腦細胞⋯⋯。而反省意志則是思想本身的產物」(同上，125)，此一區分涵蓋了一系列的對立：心靈與頭腦、感情與計算、內在與外在、意識與認識；前者經由愉悅、習慣及記憶，後者則透過反省、合宜及觀念。有機意志全然有益，因爲它表現了人類的團結與一致。而反省意志的自私則解釋了爲什麼個性原則(principe d'individuation)在其中達到了巔峰。實際上，反省意志以追求幸福爲目的；但這種追求卻以虛榮、自私及支配的方式進行。爲了了解反省意志，涂尼斯援用霍布斯的觀點(《巨獸》，

*Le Léviathan*, 1651)：在人性之中可以看到社會秩序存在的理由(同上, 152-153)。

　　此一二元性確立了結合的兩大型式：社團與社會，並解釋了一系列的附屬對立：

1)首先是**兩種典範**：有機整體論(有機整體有其本身特有的存在，有別於組成部份)與原子論(孤立的個人在競爭之中相對峙)；

2)兩種**生活風格**：使命生活(生命作爲一種作品)以及職業生活(生命作爲一種事業)；

3)兩種**思考方式**：有機方式(藝術方式)以及機械方式；女性、靑年、人民屬於前者，男性、老年、文化則屬後者。

　　繼薩維尼之後，涂尼斯也建立了法律的現代理論，並證明了霍布斯的自然法關係到的不只是社會而已。事實上有兩種法律相互對峙：專屬社團的**身份**法，與專屬社會的契約法。受到了緬因(Maine,《古代法律》, *Droit antique*, 1861)和吉爾克(Gierke,《社團法》, *Le droit communautaire*)的影響，他指出：在牽涉到社會動產及金錢財富的"責任法"外，尚有(或曾經有)關係到田產及土地持有的"家庭法"。在任何一種文明中，不論是古代的、基督教的或者是現代的，家庭法總是因爲責任法的擴展而消解。

　　涂尼斯的學說因而總結了歷來的社會思想：從霍布斯、盧梭、休姆、康德、叔本華、史賓塞，到緬因的比較法、馮特(Wundt)的心理學以及馬克思主義。這種廣匯眾說的性格多少促成了涂尼斯自1912年開始的成功，當然這也牽涉到當時特殊的歷史背景：德國的擴張主義、工業發展、軍事行動以及德意志民族的自我肯定。

## 2.齊默與形式社會學

繼狄爾泰之後，哲學出身(但史學、心理學、藝術造詣亦深)的齊默(G. Simmel, 1858-1918)自忖社會學在精神科學中的地位問題。精神科學的革命昭示了個人主義觀念的破敗，轉而重視社會力與集體行動。然而齊默的這番企圖只樹立了一種適用於一切相關科學的指導原則，並未能開創一門真正的社會學。

心理學一開始的嘗試便是個好例子；一如它只對一切「特定屬於心理層面」的問題(亦即靈魂的抽象功能，不問功能的內容)感到興趣，同樣地，「狹義的社會學只研究特定屬於社會層面的問題，即結合之所以成為結合的原因，它的一般形式及各種形式」(齊默, 1981, 165)。由物質科學及歷史科學之研究內容所形成的抽象概念，即為社會學的研究主題。根據齊默的看法，「就廣義而言，只要個人與個人之間有互動，就有社會」。事實上，即使是最不同的社會團體(宗教社團、藝術學院、家庭團體等)也都呈現出同樣的**形式**：支配、隸屬、競爭、模仿等等。而社會學的工作即在於透過科學的抽象努力，將形式及其物質內容區隔開來(當然實際上二者的結合密不可分)，從而標定這些形式。最後，此一新興科學所使用的方法，與一切比較科學及建立在"心理假設"、或初級心理過程(如愛、恨、野心等等)之上的心理科學所使用的方法並無二致(同上, 168)。在《社會形式如何持續》(*Comment les formes sociales se maintiennent*)一文中，齊默重新強調社會學應致力於研究形式而非內容，並掌握人與人相互結合在心理意義上的重要性；「我在一切互動狀態之中、在人們構成一個永久卻又短暫的整體之處看到了社會」(同上, 173)。但另一方面，他也強調「社會作為一種獨特的單位,有別於組成它的個人元素」(因為維持社會凝聚的力量不同於維持個人存活的力量)。他同時也明確地指出社會學反省的自主性:社會學應當反省「介於"社會個人觀點"與可以稱之為"社會馬克思主義觀點"之間的衝突。前者符合了一種完美知識的標準;既然只有個人,那麼便應該將每種社會現象化約為互動的集合。但是這些互動的交換卻又是如此複雜,以致於應該進一步透過方法,視社會為一種自主的現實」(同上,173-4),並研究一切使社會團體得以持恆的因素(土地、世代遞嬗等等)。

此外,值得注意的是齊默的思想與涂爾幹同期的研究主題(比方說《社會分工論》)之間的雷同。後者同樣採取心理學模式,甚至斷言只有從個人行動中,才能推衍出社會過程的特有性質。然而從1890年所發表的《社會分化論》(*A propos de la différenciation sociale*)一文開始,齊默奮而反對一切瘋狂探索社會生活法則的研究,因為這只不過是在重蹈舊時形上哲學信條的覆轍。他以每個社會階段特殊而經驗性的普遍化來取代社會分化法則中的目的論原則,並解釋了社會如何從平等而結合緊密的小團體之中浮現出來。而他之所以參引史賓塞的同質群落(horde homogène)或涂爾幹的初級群落,目的同樣是為了反對形上學。

齊默在法國並未引起廣大的迴響,涂爾幹派指責其理論中的哲學及心理學性格;但在義大利、俄羅斯,尤其是美國,則受到相當程度的歡迎(參閱J. Freud為齊默的《社會學與知識論》,*Sociologie et épistémologie*一書所寫的引介,9-10)。此外,他把社會學定義成個人互動的研究,這和韋伯後來因接觸巴登新康德學派所發展出來的主題也不謀而合。

　　1917年，齊默出版《社會學的基本問題》(*Les Questions fondamentales de la sociologie*)一書，將先前的論點做了一番整理改進，並建立一套類型學以分辨一般社會學與"純社會學"或"形式社會學"(下詳)的差別。同年出現了巴烈圖的《一般社會學概論》(*Le Traité de Sociologie générale*)；韋伯也開始寫《經濟與社會》以釐清社會的基本概念；涂爾幹亦於該年謝世。齊默重提他歷來的論點：**社會形式**的研究，是知性建構科學對象的必然後果。求知意圖及觀點所在，釐定了研究對象的範圍。從《社會政治學與科學中的知識客觀性》(1904)一文開始，韋伯便為這種觀相主義的態度辯護。

　　齊默苦心經營他的互動理論，強調應該分析的不僅僅只是能夠客觀化為一致形式的研究對象(如國家、家庭……)，同時也應該分析流動在這些形式之下、不斷銜接著個人的**社會化形式**。

　　傳統上，社會形成或被歸因於幾位特異個人的天賦異秉，或有賴先驗動力的創造開闢(上帝、英雄、自然)。而社會學則在這兩種傳統解釋之間開拓出第三條路徑。齊默自1908年《社會學》(*Sociologie*)一書開始，便強調這種源生性的方法(méthode génétique)實為精神科學(政治經濟學、文化學、倫理學、神學)所特有。

　　在這樣的理念下，他重新詮釋歷史唯物論。經濟條件只不過是「一種基本向度(orientation)的呈現；這個向度同樣也可以在其他的藝術形式或特定的政治型態中表現出來；一種表現不盡然非得直接地被另一種表現所制約……。較諸純屬社會學研究範圍的結構轉變及結構關係，經濟形式本身也只不過是一種"上層結構"、呈現出最近的歷史狀態而已。經濟形式與經濟結構在某種平行狀態中塑造出其他的生存內容」(同上, 95-96)。這構成了社會學的**第一環**：亦即研究生活不同層面(經濟、政治、宗教)的**社會制約**。

然而這個觀點只是片面的；我們不應該忘記，在事物的本質之中，尚有其他可能的層次(有藝術的邏輯、科學的邏輯、宗教的邏輯等等)。這構成了社會學分析的**第二環**。

發生在某一社會群體中的諸般事實(譬如歷史進化的階段)有其共同特徵；而一般社會學則透過輔助的抽象作用，以這些共**同特徵**為研究對象。在此，齊默參照了孔德的三階段法則以及涂尼斯由有機社團過度到機械式共存的相關學說。

社會學的**最後一環**則涉及抽象作用的另一個方向：**描述**個人互動所採取的**形式**。這種純社會學或形式社會學[2]，同時也是「最狹義、最真確的社會科學，它以描述社會化形式的產生為目標。在潮起潮落的生活之中，形式，則是一種分化和個人化的原則」。

## 3.巴烈圖與邏輯—實驗模式

維弗雷多‧巴烈圖(Vilfredo Pareto, 1848-1923)在對純經濟學發生興趣之前係一工程師，爾後接替瓦勒哈(L. Walras, 1838-1910)任教於洛桑，開授經濟學。他知道韋伯和涂爾幹，並且同他們一樣也感受到來自社會問題的召喚(參見《社會主義體系》, *Les systèmes socialistes*, 1901-1902)。

---

[2] 德文形容詞formal意為涉及形式、形象的；formell則為外表的、正式的，牽涉到邏輯關係。在此齊默使用前者。

在洛桑，他同時也教授社會學，並於1916年出版了一本浩瀚的《社會學概論》(*Traité de Sociologie*)，試圖以經濟理論的模式來建立一套社會理論：問題並不在於為社會學的獨立自主辯護，而是賦予它一如物理、化學這樣的實驗科學地位，從而與孔德、史賓塞等人的獨斷傾向劃清界線。在一切的形上(人本、實證、基督教)社會學之外，存在著另一種以實驗與觀察為方法的科學社會學。

社會現象一如化學現象，整體很可能大於其組織部份的總和。借助精確科學的模式，巴烈圖嚴厲地批判社會學的文學傾向，也因此與涂爾幹的實證主義不謀而合。社會事實的分類應當以發掘一致性(即法則)為終極目標。總而言之，社會學為了取得和經濟學一樣的進步，應該採取邏輯實驗方法及歸納法，由定性分析轉變為量化分析。

巴烈圖首先提出兩組基本標準來分類人類行為：

1)一切的社會現象可以從兩個方向來看，現實中的**客觀方面**和精神中的**主觀方面**；

2)一切行為可以劃歸兩種類別：**邏輯**行為與**非邏輯**行為。在邏輯行為之中，方式與其目的相符、並邏輯地連接著此一目的(譬如划槳航行)；在非邏輯行為中則缺少這層關係(譬如同樣是航行，但卻祈求海神的庇佑)。

配合上第一組標準則可以看見，在**邏輯**行為之中，客觀目的和主觀目的是一致的；科學、藝術、經濟行為皆屬此類。相反地，在**非邏輯**行為中，客觀目的則與主觀目的有所不同；而根據目的之有無，出現了下列四種狀況：

1.無客觀目的亦無主觀目的，如客套行為；

2.無客觀目的但有主觀目的，如魔法行為；

3.有客觀目的但無主觀目的，如本能行為；

4.客觀目的不同於主觀目的，如政治行為；

　　既然非邏輯行為是社會學的研究對象，自然應該進一步加以分析。邏輯行為，特別是邏輯實驗科學理論，可以分成實驗原則與邏輯演繹兩部份；同樣的，非邏輯行為也可以解析成兩部份：其中不變的部份稱之為**存餘**(résidu)，亦即本能、情感、需要、品味等等；而可變的部份則稱為**離差**(dérivation)，也就是對行為的合理化或解釋工作。

　　存餘可再細分為十類。其中的前兩類**結合本能**(instinct des combinaisons)及**集體持恆**(persistance des agrégats)大致上相當於革新原則和守恆原則。而在離差方面也有四類不同。

　　巴烈圖的社會學方法，主要在於分析牽涉到過去和現在歷史的人類行為，並從中分辨出孰屬存餘，孰屬離差；存餘的變化緩慢(它們幾乎可以看成"人類天性")，而離差卻因時因勢轉變快速並呈現出多種形式。

　　最後，巴氏的社會學提出一套關於社會體系的看法，其中原則摘要如下：

1)按照**純經濟學的模式**建立起一套**社會現象之間相互依賴**的一般理論，這受到了瓦勒哈經濟學中的"相互依賴理論"及"一般平衡理論"的影響。巴烈圖甚至認為經濟狀態不外是社會學體系中一般狀態的特殊案例罷了；

2)為了發現基本概念，首先應從**歸納法**著手進行，之後則以演繹法加以驗證；

3)**社會並非全然地可合理化**：沒有任何一種邏輯實驗方法能夠鎖定社會自定的目標，因爲每一個個體對"有用"的定義不見得會一樣。

4)存餘與離差變成了建構**社會體系的化學分子**，而社會體系的特徵也由分子而來；

5)如果離差較爲外顯，**存餘則較爲內隱**，這也正是社會學分析的困難所在；

6)正因爲離差變換無常，所以**社會學知識的實際應用**仍然微妙；應用不當往往導致另一種型態的新宗教(如孔德)；

7)在人口、社會階級和精英之中，第一類及第二類存餘(革新與持恆)的比例，決定一個國家的**社會平衡**。

總而言之，巴氏最終的目的是把科學方法引入社會科學的領域之中。但這並不是唯一的努力，比方說法國的塔德(Tarde, 1843-1904)或德國的謝弗勒(Schäfle)都值得進一步分析。然而每一次嘗試，都不外乎借助其他學科的方法、期望由此催生出一門科學社會學。涂爾幹學派在採用規則和方法方面就顯得較爲謹愼，他們深切意識到了社會事實的特性以及適當步驟的必要性。

## 五、社會學的制度化

十九世紀初到二十世紀初的歐洲社會，在法國一如在德國或英國，社會學如何成功地受人肯定、並進入大學的知識殿堂？

我們可以大致區分出兩個階段：在第一個階段裡，社會學的傳佈端賴學說擁護者的奮鬥，通常伴隨著一小圈同志的支持，近似一種建立新宗教或新人文主義的敎派精神。在第二個階段裡，

隨著社會學學圈的擴大，期刊、學派、課程林立，終於使社會學
得以進入正式的教育體系。

## 1.奮鬥年代

　　直到1850年左右，甚至之後，社會學人的聲音總是被人忽
視；他們必須自掏腰包，或依賴慷慨贊助者的支持(如聖西蒙、孔
德、史賓塞均如此)。事實上，政治上及宗教上阻礙叢生；而大學
為了維持自身的統一，也不惜代價排擠異說，終於導致對社會科
學無可化解的敵意。

### 1)奮鬥範例：聖西蒙及聖西蒙主義

　　當初支持聖西蒙整體工業計畫(1816-1819)的有錢贊助人，在
驚訝於他的大膽激進之餘，終於背棄他並向警方告發。1819年，
他的挑釁短文《組織者》(*Organisateur*，其中包括了著名的胡蜂與
蜜蜂寓言)令他被控「公開斷然地挑釁合法政治秩序」(路易—菲利
浦政權)。儘管挑釁成功，他的聽眾仍然寥寥無幾。然而在他死
後，門人趁著社會不安、政治動盪的局勢，大加提倡聖西蒙的宗
教預言、試驗政治組織的各種形式，並建立了名符其實的聖西蒙
教。他們獲得自由主義立場的《環球日報》*(Le Globe)*的支持，從
當時的自由主義者(綜合工校的學生、復為百姓的軍人、工程師)之
中吸收黨羽，在外省開設集會場所(所謂的"教堂")，並在巴黎擁有
一家修道院(梅尼蒙堂, Ménilmontant)。但是教派分裂日益嚴重，
1832年甚至遭到政府大舉鎮壓。然而學說的精神卻遠播德國、義
大利、美國和巴西等地。在法國，聖西蒙學說成了崛起於七月王

朝、茁壯於帝國時代之自由主義布爾喬亞的信仰教義。波拿巴主義(bonapartisme)的對抗貧困政策也從中受益良多[3]。

我們可以為孔德、馬克思、或史賓塞(在某些層面)描繪出類似的奮鬥歷程。他們的共同特徵如下：大學之外的邊際性格、信徒的支持、戰鬥救世主義及先知姿態，以及從其他法定科學中借取方法。

## 2)官方教育之外的邊際性格

既然大學及相關機構不允許社會學規劃的實現，聖西蒙只好仿效十八世紀百科全書派的作法：以私人名義募集學者，資金來源則自由認捐。孔德，半個綜合工校校友，並未能在母校謀得教職，而必須透過其他的途徑宣揚理念：大眾課程、出版、宗教上的個人魅力等。

馬克思很快地便與德國大學搞得水火不容，後者一來唯恐失去自己的特權，二來則對一切的革命理念懷有敵意。他只得長途跋涉流難全歐、並介入最激進的共產主義及社會主義運動；其政治激進主義的傳播則完全歸功於報導和寫作。而被普魯士當局懷疑散播馬克思思想的涂尼斯，則必須面對那些千方百計地讓他無書可教的同僚。

---

[3] 即拿破崙主義，此處特指路易拿破崙於1846所年發表的《滅絕貧困》(*L'extinction du paupérisme*)一文。——譯註

### 3)友人的支持

這種不被正式學圈認可的邊際性格，迫使社會學家們不得不採權宜之計，或求助朋友支持他們的學術冒險。聖西蒙賠上了私家財產並乞求友人及認捐者的支援。孔德則靠幾位同志(J. S. Mill, E. Littré)的補貼苟延殘喘。馬克思生活在貧困之中，被迫在他鄉異國從事新聞報導的工作，並依賴恩格斯的濟助才得以糊口。史賓塞的遭遇則沒有那麼戲劇性，多虧一小群在英國大學體系中擔任公職的仰慕者，史氏才得以在大學學圈之外逍遙度日。

### 4)戰鬥救世主義的傾向

艱困的局勢、警方的糾纏、當權者的惡意攻訐加上布爾喬亞知識分子的懷疑，我們不難理解為什麼社會學訊息的傳佈總得借助一些挑釁手段或救世預言——為了引人側目，自得驚動輿情。

為了達成此一目的，戰鬥精神便呈現了多種風貌：宣言、計畫、方案、演講、大眾課程、教理等等。不公平越是明顯，政治對立越是清晰，表態行動就越趨激烈。而當時的政治，特別是在法國(其實歐洲各地都差不多)，騷亂暴動是屢見不鮮的常事。

迫害感通常具有宗教特質。聖西蒙的門徒把大師的思想轉化成宗教福音；孔德到後來也如法炮製；馬克思和恩格斯的奮鬥在他們有生之年雖然還不至於成為宗教現象，然而理念、派系以及各式運動的競爭，也令他們的批判轉趨激烈。

宣言和教條所呈現出來的計畫，也有助於理解社會學家所表現出來的先知傾向。這種淑世觀點造成了一味追求社會進步、發

展法則、進化趨勢等不失諷刺的學術狂熱。從聖西蒙到史賓塞，
這種法則的追求一直縈繞著社會學家。

### 5)借取其他法定科學的模式

　　由於缺乏狹義上的正式制度化，我們可以理解爲什麼社會學
必須借助已受肯定並運作良好的自然科學或生命科學模式，儘管
理論上大有衝突。

## 2.法國的社會學制度化嘗試

　　在法國，隨著官方對勒布雷(Le Play, 1806-1882)學派的家庭改
良計畫及調查工作的認可，從1850年起便開始了制度化的過程。
但眞正的制度化則必須等到1870年、普法戰爭導致歐洲政治空間
重組、以及法國共和主義運動的到來。然而大學的公開認可卻漫
長而彆扭，涂爾幹直到1887年才被任命爲波爾多文學院的「教育
學和社會科學」講師。在十九世紀的最後十年，透過許多協會、
社團、期刊、學派、學院及贊助團體的努力，社會學終於得以在
大學之外穩固下來。

　　法國在世紀末出現了三門非常不同的學派：以勒布雷(出身於
綜合工校的工程師)的研究爲基礎的勒布雷學派，沃爾姆斯(R.
Worms, 1869-1926)的國際主義運動，和以涂爾幹爲首的社會學法
蘭西學派。

### 1)綜合工校社會學：勒布雷運動

勒布雷(礦物工程師，礦物學及冶金專家)在旅遊歐洲的途中萌生了社會組織的觀念。1855年出版他的觀察結果：《歐洲工人》(*Les ouvriers européens*)。他的專題討論將重點放在工人家庭的研究之上，受到第二帝國的青睞。拿破崙三世資助該書的出版，同時委以重任，譬如便任命他爲1867年萬國博覽會的委員長。

爲了提倡專題調查模式，促進對手工業工人的實際觀察，他於1856年創立了"社會經濟學社"(Société d'Économie Sociale)。這滿足了亟思掌握工人問題發展的政府當局及工商企業界的要求。

1870年帝國瓦解。失去了政權的支持，勒布雷轉而致力於社會和平、學者社會、教育嘗試等主題的研究。1881年創辦期刊《社會改革》(*La Réforme Sociale*)以傳播理念，並發表一系列針對工人世界的調查結果。

勒布雷死後，學派開始分裂。舊派嘗試綜合專題研究與統計調查，以期符合共和國的新需求：重視工業發展及社會問題嚴重性的新共和國亟需勞動界的相關數據。此外，統計觀察也進入了行政體系(先是工作局，後爲工作部)。

1885年運動分裂。離開的異議份子建立了新的勒布雷學派，以家庭的直接觀察及研究爲目標，並有期刊《社會科學》(*La Science Sociale*)爲喉舌。1904年，成立"社會科學國際學社"(Société internationale de Science sociale)，但運動在失去社會天主教的支持之後逐漸式微。實際上，後者極力反對國家的介入，而其本身所支持的政策(雇主與工人聯盟)，也由於工人工會與雇主工會之間的齟齬而告失敗。此外，大部分的分裂份子多任職於雇主工會的相關機關(參見A. Savoye,《法國社會學季刊》, *Revue française de sociologie*, 1981, XX-3)。

## 2)沃爾姆斯與國際主義運動

　　勒布雷學派在態度上的強硬以及專事工人調查的方法，令其他受實證主義影響的學派大感窒礙難伸。十九世紀末，有機社會理論出現了不同的取向，但或多或少都受到了實證主義的影響。不少研究工作都採用機體模型，但遭遇各自不同：其中較具代表性的有德國的謝弗勒(《社會體的結構與生命》, *Structure et vie du corps social*, 1875-1878)，俄國的立林菲爾德(P. V. Lilienfeld,《思索未來的社會科學》, *Pensées sur la science sociale de l'avenir*, 1873-1881)，比利時的德格瑞夫(G. De Greef,《社會學導引》, *Introduction à la sociologie*, 1881-1889)，以及法國的艾斯比拿(A. Espinas,《動物社會》, *Les sociétés animales*, 1877)和樂朋(G. Le Bon,《人類與社會》, *L'homme et les sociétés*, 1881)。

　　沃爾姆斯也重拾有機主義的論調，同時利用時勢使這個觀點具有制度上的合法性。身爲具有哲學、經濟科學教師資格(agrégé)的青年，同時又是文學、科學博士，沃爾姆斯日后成爲行政法院檢查官，任教於法學院，並曾一度替代柏格森(H. Bergson)在法蘭西學院的職務。

　　他接連地涉足好幾個機構及期刊，致力使社會學成爲一門合法科學。在他的指導之下，出現了下列刊物和機構：

a)《國際社會學期刊》(*la Revue internationale de Sociologie*, 1893)，以《政治經濟學期刊》爲模式，提供給各個學派一處發表空間。在其中發表的多是各學科的教育界人士；

b)**國際社會學協會**(l'Institut international de Sociologie, 1894)，構想來自法律協會、統計協會，定期舉辦研討會；

c)**協會年鑑**(les Annales de l'Institut)，負責出版研究成果；

d)**國際社會學圖書館**(La Bibliothèque sociologique internationale, 1894)，沃氏以作品《機體與社會》(*Organisme et Société*, 1896)作為開館獻禮；

e)**巴黎社會學社**(La Société de Sociologie de Paris, 1895)，針對社會學的業餘愛好者而設計，並由口才雄辯的塔德主持。

社會學家們與人類學家、史學家、哲學家及心理學家共同合作，來自法、英、德、美各國的學者齊聚一堂。這個嘗試在一定程度上呈現出折衷主義的傾向。

然而運動並未如預期成功；學說之間的傾軋並未能使討論得到進一步的結論。有機論成了乾涸枯槁的理論模式，風光不再。國際主義也與國家策略相互牴觸。1926年沃爾姆斯死後，由法律社會學專家希夏(G. Richard)繼續主持刊物，並試圖振興學會(參閱 R. Geiger,《法國社會學刊》, *Revue française de sociologie*, 1981, XX-3)。

### 3)高等師院社會學，涂爾幹與法蘭西學派

如果勒布雷學派的社會改革傾向迎合了工程師及社會天主教徒的興趣、沃爾姆斯學派以科學及自由主義的國際性為奮鬥目標，那麼在1887年，隨著出身高等師範學院的涂爾幹被任命為波爾多大學的教師，以及從1896-1897起環繞著《社會學年鑑》(*Année Sociologique*)所形成的學術團體，法國的社會學便為自己開

闢了另一條康莊大道。這些社會學家在爭取大學教職及正式科學
合法性的過程之中，具備了一定的優勢：

1)面臨著新興學科(地理學、心理學、社會史)的壓力，以及同類學
校之間的競爭(譬如"政治科學自由學校", Ecole libre des sciences
politiques, 就讓法學院惶惶不安)，大學本身終於進行某些改革。

2)高等教育部長黎亞(L. Liard)贊成並支持改革。受到了實證主義的
影響，他鼓勵能夠產生改革實效的科學研究、擴增講師名額、並
在增設新教席之前召開會議，察納雅言。

3)圍繞在涂爾幹身邊的研究學者多具備教師資格(agrégation)，或是
高等師範學校出身、或具有哲學家身分；這些頭銜在法國體制中
極享盛譽。隨著涂爾幹進入巴黎大學(Sorbonne)並任教於高師，這
個由高師畢業生所組成的核心只有更形堅固。

　　具有哲學教師資格的有涂爾幹、布雷格、拉畢(P. Lapie)，巴
霍迪(D. Parodi)、牟斯(M. Mauss)》弗公內(P. Fauconnet)、希米昂
(F. Simiand)和希夏等人；尚有涂爾幹在波爾多時的學生以及牟斯
在高等研究實踐學校(Ecole Pratique des Hautes Études)的門徒共襄
盛舉；此外，當涂爾幹被任命爲巴黎大學教授時，新進研究員的
招募越來越以高師學生爲主，如哈伯瓦克斯(M. Halbwachs)便是在
這種情況下加入學派。在這個時候，學派主要由涂爾幹及女婿牟
斯，以及史家宇貝(H. Hubert)三人帶領。

4)學派所採用的戰略完全以爭取社會學的合法地位爲主，強調社會
學係一門處於哲學、史學、人種學、法學交會口的輻輳科學。此
外，涂爾幹嘗試藉由他的教學打破大學的枷鎖，強調現實主題的
重要性(如社會凝聚、家庭、宗敎、社會主義)；這也使他吸引了一
群有志革新的聽眾。

5)《社會學年鑑》的創刊給予外界一種嚴肅的研究中心形象：傳播個人研究成果、增加彙報、引介他國社會科學思潮(特別是德國的社會科學思想，法國這幾位先驅在旅德期間的所見所聞不無影響)。

　　儘管有了這番努力，但結果並未出奇壯觀：涂爾幹在1894年爭取巴黎大學教席時挫敗，1897年進入法蘭西學院(Collège de France)的努力也落空。雖然1895年得到了在波爾多的「教育學與社會科學」教席，但他必須等到1906年才在巴黎大學得到「教育學」的教席，而直到1913年該教席才更名爲「教育科學與社會學」。實際上競爭非常激烈，因爲大學在這方面的職缺還非常有限：1895年三名、1910年九名。此外，法學院和法蘭西學院甚至禁止涂爾幹的門人居留授課，情況直到1930年才見好轉。學派本身的策略也有礙發展：大舉在文學院中投資、鼓吹與哲學結合，無疑使社會學失去了自主性。涂爾幹在巴黎大學的教席必須等到1932年才被正式命名爲「社會學」，當時在職者爲弗公內，但1927年哈伯瓦克斯即已在史特拉斯堡開授社會學。參見《法國社會學期刊》, 1976, XVLL-2及1979, XX-1)。

## 3.歐陸其他國家狀況

　　一般情況不會比法國好到哪裡去。幾乎到處社會學都必須依附於其他學科(哲學、心理學、經濟學等)。在英國，1903年史賓塞死後，由私人發起成立社會學社的號召終於在次年得以實現，創建了"社會學協會"。協會討論傾向折衷並涉及各個學科；知識分子階級對**社會問題**的興趣由此可見一斑(第一個大學課程從1907年開始,由L. T. Hobhouse, 1864-1929及E. Westermarck執教)。

在德國,討論同樣地也以社會問題的科學處理方式為中心。在這樣的理念下,史莫勒於1872年建立了極富改革色彩的**社會政策學會**(Verein für Sozialpolitik),並委任韋伯對東普魯士農民進行調查(1892)。韋伯另外和亞飛(E. Jaffé),宋巴特(W. Sombart)等人在1903年創辦《社會科學與社會政策文庫》(*Archiv für Sozialwissenschaft und Sozialpolitik*)期刊。為了這一份不希望成為某家學派喉舌的刊物,韋伯於1904年發表了一篇方法論聲明《社會科學與社會政策的知識客觀性》(*Die "Objektivität" sozialwissenschaftlicher und sozialpolitischer Erkenntnis*)。他也在此發表了其他的作品如《基督新教倫理與資本主義精神》(*Die Protestantische Ethik und der Geist des Kapitalismus*)。從1909年到1913年之間,在國家干涉主義籠罩之下,學術界針對學者的中立性展開了一場論戰。韋伯在史莫勒的學會中成了少數派,多數與會學者贊成科學工作者應該介入政治及經濟生活之中。

為了捍衛立場,韋伯協助成立並主持德國社會學學會,公開擁護社會學者的價值中立。然而反對聲浪迫使他不得不於1913年去職(見下一章)。

在德國,社會學地位的爭議持續了好一段時間。韋伯直到1919年才得到一紙社會學教席。涂尼斯的運氣好不到哪兒去,幾次嘗試謀求哲學教席均告敗北。他在1894年成為沃爾姆斯"國際社會學協會"的一員,1909年成為韋伯的"德國社會學學會"的主席,到了1913年才得到一個經濟學的教職。齊默的授課儘管大受歡迎,但卻未能進入柏林大學,直到1914年才在史特拉斯堡大學開授哲學及社會學。

美國的社會學從十九世紀末便開始制度化。從1893年起,芝加哥大學便成立了社會學系,由斯默(A. W. Small)主持,他同時也是美國執教社會學的第一人,並於1895年創辦了《美國社會學報》(*American Journal of Sociology*)。

## 6.結論

法國大革命之後一連串的政治擾以及工業體系的來臨,促使人們反省新的社會秩序並努力尋求解決之道。自然科學及文化科學的發展越是搖撼哲學體系的根本,社會問題的解決就越是有賴知識分子集思廣益。

歐洲社會學的產生(十九世紀或二十世紀初)有下列四項特質:

1.首先,它呈現了**批判及歷史詮釋**的普遍志願,與啓蒙時期的理性傾向有所不同。法律史、經濟史及科學史在其中扮演基本角色;即使像巴烈圖這樣的邏輯學者也先從史家擅長的歸納法開始著手,從大量的資料中抽絲剝繭。同樣地,我們也可以在韋伯、涂爾幹、涂尼斯身上看到類似的傾向。

2.其次,它提供機會測試各門**新科學所研發出來的範例**,計有:

a)比較生理學的**有機**模式,

b)新法律理論(薩維尼、緬因等),客觀史學(倪布爾、杭克、提耶里、米希雷)及經濟史(馬克思、韋伯和德國史學派)的**歷史**模式,以及

　　c)**精確科學模式**(史賓塞、涂爾幹、巴烈圖等人所採用的物理、化學、經濟學、純心理學等模式)。

3.學者多傾向於一種非線性的**審慎進化主義**觀點(從形上階級到實證階級：聖西蒙、孔德、甚至於涂爾幹)，從生產方式到另一種生產方式(馬克思)，從未分化到分化(史賓塞、齊默)，從有機到機械(涂尼斯)，從機械到有機(涂爾幹)，或從傳統到合法(韋伯)等等。

4.或許我們可以說，在十九世紀末，**人種學的研究**逐漸取代史學或精確科學的典範地位。法蘭西學派(英國路線亦同)便是個標準的例子。然而德國史學透過法律方面的研究，卻早已開始這一道典範轉換的程序。

## BIBLIOGRAPHIE

ANSART Pierre : *La sociologie de Saint-Simon*, Paris, PUF, 1970, 213 p.

ARNAUD Pierre : *La sociologie de Comte*, Paris, PUF, 1969, 224 p.

ARON Raymond : *Les étapes de la pensée sociologique*, Paris, Gallimard, 1967, 1974, 659 p.

ARON Raymond : *La sociologie allemande contemporaine*, Paris, PUF, 1936, 1966.

BIRNBAUM Pierre : *Sociologie de Tocqueville*, Paris, PUF, 1970, 159 p.

CAZENEUVE Jean : *Sociologie de Marcel Mauss*, Paris, PUF, 1968, 129 p.

CHATELET François (dir.) : *La philosophie du monde scientifique et industriel, 1860 à 1940*, Paris, Hachette, 1973, 349 p. (avec notamment les articles de BERNHARDT Jean, « Chimie et biologie au XIXe siècle » p. 66-122 et DESANTI Jean Toussaint, « Les mathématiques : naissance de la modernité (1850-1900) », p. 189-204).

COMTE Auguste : *Discours sur l'esprit positif*, Paris, UGE 10/18, 1963, 183 p. (1844)

COMTE Auguste : *Cours de philosophie positive*, Paris, Hermann, 1975, 2 tomes, 882 p. et 803 p. (1830-1842)

CUVILLIER Armand : *Manuel de Sociologie*, Paris, PUF, Tome 1, 1950, 380 p.

CUVILLIER Armand : *Introduction à la sociologie*, Paris, Colin, 1967, 206 p.

DESROSIERES Alain : « Histoires de forme : statistiques et sciences sociales avant 1940 », *Revue française de sociologie*, XXVI, 1985, p. 277-310.

DURKHEIM : voir bibliographie à la fin du chapitre suivant.

GURVITCH Georges : *La sociologie au XXᵉ siècle*, Paris, PUF, 1947, Tome 2, 765 p.

LEIF Jean : *La sociologie de Tönnies*, Paris, PUF, 1946, 230 p.

MARX Karl : voir bibliographie à la fin du chapitre suivant.

NISBET Robert A. : *La tradition sociologique*, Paris, PUF, 1984, 409 p. (1966).

PARETO Vilfredo : *Traité de sociologie générale*, Genève, Droz, 1968, 1818 p. (1916).

PERRIN Guy : *Sociologie de Pareto*, PUF, Paris, 1966, 248 p.

SAINT-SIMON Claude Henri : *Œuvres* en 6 tomes, Paris, Anthropos, 1966.

SIMMEL Georg : *Sociologie et épistémologie*, Paris, PUF, 1981, 238 p. (Recueil de textes parus entre 1884 et 1918).

TARDE Gabriel : *Les lois de l'imitation*, Genève, Slatkine, 1979, 428 p. (1890).

TOCQUEVILLE Alexis (de) : *De la démocratie en Amérique*, Paris, Flammarion 1981, 2 tomes, 569 p. et 414 p. (1835)

TOCQUEVILLE Alexis (de) : *L'Ancien Régime et la Révolution*, Paris, Gallimard, 1952 (1856).

TONNIES Ferdinand : *Communauté et société*, Paris, Paris, Retz 1977, 285 p. (1887, 2ᵉ édition 1912).

WEBER Max : voir bibliographie à la fin du chapitre suivant.

Plusieurs revues scientifiques ont consacré des numéros spéciaux à la naissance de la sociologie et à ses fondateurs.

— *Cahiers internationaux de sociologie* L XVI — 1979 (avec notamment TYRIAKAN Edward A., « L'École durkheimienne à la recherche de la société perdue — La sociologie naissante et son milieu culturel », p. 97-114).

— *Critique*, 1984, n° 445-446 : « Aux sources de la sociologie ».

— *Revue française de sociologie*, 1976 XVII-2, « A propos de Durkheim » (et tout spécialement l'article de KARADY Victor : « Durkheim, les sciences sociales et l'Université : bilan d'un semi-échec » p. 267-311).

— *Revue française de sociologie*, 1979 XX-1, « Les durkheimiens », Études et documents réunis par BESNARD Philippe, dont BESNARD Philippe : « La formation de l'équipe de l'année sociologique », p. 7-31 ; KARADY Victor, « Stratégies de réussite et modes de faire-valoir de la sociologie chez les durkheimiens », p. 49-82 ; WEISZ Georges, « L'idéologie républicaine et les sciences sociales. Les durkheimiens et la chaire d'histoire d'économie sociale à la Sorbonne », p. 82-112.

— *Revue française de sociologie*, 1981, XX-3, « La Sociologie française au tournant du siècle. Les concurrents du groupe durkheimien ». Etudes réunies par BESNARD Philippe, avec SAVOYE Antoine, « Les continuateurs de Le Play », p. 315-344 ; GEIGER Roger, « René Worms, l'organicisme et l'organisation de la sociologie », p. 345-360.

— *Revue française de sociologie*, 1985, XXVI-2, « La sociologie dans l'entre-deux-guerres », études et documents réunis par P. BESNARD.

— *Revue française de sociologie*, 1987, XXVIII-1 ; avec notamment SAGNOL Marc, « Le statut de la sociologie chez Simmel et Durkheim », p. 99-125.

# 2

# 馬克思、韋伯、涂爾幹

　　本章透過分析三位使社會學面目一新的思想家,深入探討社會學誕生的條件。我們選擇介紹馬克思、韋伯和涂爾幹。首先,因爲篇幅有限,我們無法詳加介紹每一位值得如此對待的作者(孔德、史賓塞、涂尼斯、齊默等)。此外值得一提的理由還有:這三位在二十世紀歷久不衰的影響力、他們獨特的風格以及對社會學的貢獻。

　　馬克思無疑不是一位純社會學家,但他有感於工業革命所造成的社會動亂,積極參與工人運動,並將黑格爾的哲學體系轉化爲新型態的歷史經濟思考模式。

　　和馬克思恰成對比,涂爾幹則成功地讓社會學躋身學術殿堂;社會學法蘭西學派執法國學術牛耳直至二次世界大戰便是明證。它甚至還越洋成爲美國功能學派的典範。受到十九世紀有機主義的強烈影響,涂爾幹大量採用人種學的研究,追求自然科學的嚴峻,從而革新了歐洲的社會學。

　　韋伯在一定的程度上延伸、弘揚了馬克思的思想。他嘗試以理解社會學的一般觀念來建立新科學。重視文化科學的他成功地整合了新哲學、史學和經濟學，並開創了歷史社會學的研究典範。

# 一、卡爾・馬克思與歷史唯物論

　　馬克思的著作一向就是理論上、意識形態上，總而言之政治上的討論對象。根據阿宏的看法，馬克思的文章**模擬兩可**，「也就是說它們呈現出使自己不斷地被註解、被奉爲教條的必要性質」(1976, 147)。如果西歐自70年代以來，對馬克思的討論熱情不再，那麼在拉丁美洲國家及北美大學之中，討論卻是方興未艾。

　　馬克思一會兒是哲學家，一會兒是社會學家，一會兒又是經濟學家，不時還三位一體。見多識廣，他一直是一位行動者：《萊茵日報》的記者、正義聯盟的鬥士、工人第一國際的發起人(1864)。實踐，在他的理論中總是佔了極其重要的地位，它既是理論的轉化模式，同時也是理論的效度判準。

　　如果馬克思的部份著作被認爲是哲學作品，另一些部份屬於經濟學，那麼除了關於社會階級的研究之外，似乎並沒有本義上的社會學作品。這也便是爲什麼勒非弗(H. Lefèbvre)會說：「馬克思並非社會學家，但馬克思主義之中卻有一種社會學」(1966, 17)。這個說法可以看成是對**辯證唯物論**的肯定──社會學者大可採用這種觀點，效法馬克思。

# 1.馬克思哲學家

## 1)青年作品

馬克思最早的哲學著作是一篇對黑格爾辯證法和觀念論的分析以及一份批判：〈黑格爾法哲學批判〉("Critique de la philosophie du droit de Hegel", 1843)以及《1844手稿》(*Les manuscrits de 1844*)。在〈費爾巴哈論〉("Thèses sur Feuerbach")一文中，他批判哲學家的"機械"唯物論。對他和恩格斯兩人而言，《德意志意識形態》(*L'idéologie allemande*, 成書於1845-1846，但直到1932年才出版)一書的撰寫，則是一個澄清哲學觀念並提出歷史唯物原則的良機。

一般簡化的詮釋把歷史唯物論看成是費爾巴哈唯物論和黑格爾辯證法的結合。阿圖塞(L. Althusser, 1965)則指出，此番思想借取，融二者以鑄歷史唯物論，成就顯然要大於基礎要元的拼合。其中牽涉到黑格爾辯證法的超越或再詮釋，甚至是以黑格爾所提出的原則來超越黑格爾。如此一來，勢必動搖了歷史唯物論與哲學的關係。

## 2)基本原則

在馬克思主義之中，哲學的地位一直是個爭論的焦點。恩格斯在1886年所提出的**辯證唯物論**觀點，之後布雷漢諾夫(Plekhanov)和列寧對此一觀點的哲學詮釋，相繼成為討論重點。辯證唯物論呈現出知識理論的傾向；運用在歷史及社會現象之中，則產生了歷史唯物論(儘管歷史唯物論在馬克思的文章中是後來(1850-1870)才出現的)。辯證唯物論和歷史唯物論，二者都是圍繞著一些基本原則所形成的知識工具。但它們應該是完整的、開放式的工具，同時也可以不斷地臻至完善。辯證唯物論的原則可以摘要如下：

**a.唯物論與唯心論**：所謂的觀念史，也正是這兩種水火不容的觀點相互衝突的歷史。馬克思與恩格斯肯定物質世界先於觀念世界。而一切嘗試綜合二者的努力，卻只能導致一種不敢自我坦承的唯心論。

**b.現實與表象**：唯物觀念宣稱物質世界獨立存在於我們所認識的表象之外。然而我們不應該混同物質與肉體：從辯證唯物的觀點來看，情感、觀念皆屬於物質世界；因為對觀察者本身的存有而言，它們是建構外在環境世界的一部份。換句話說，實在界獨立存在於意識之外。但這是一種錯誤的二元性：如果說存有本身獨立存在於意識之外，那麼相反的，意識脫離了存有並不能夠單獨存在。由此，馬克思留下了他的那一句名言：「不是人類的意識決定他們的存有；而是其社會存有決定了他們的意識」(1957, 4)。

**c.物質即運動**：物質並不是一種惰性的實體；恰好相反，它的建構原則是運動。不動，或是靜止，都不過是運動的一種特殊(而暫時的)狀態。這也就是說物質不斷地在演進、改變、轉化。在此，我們看到了黑格爾**過程**和**辯證**這兩個概念的重現。為了分析和理解起見，我們不應該把自然(包括社會)現象從其環境脈絡之中隔離出來，而應該把它放在連繫著其他現象的有機**關係**中來觀察。

**d.對立原則**：元素或現象之間的關係，以及物質或社會的運動，均統攝在對立原則之中。根據對立原則，每一件事物、每一種現象，都由**矛盾的統一**所構成；也就是說，每一個元素都應該被視為兩個組元的對立。對立經由一方消融於另一方之中而解除；並由此再引起另一組對立。它是一切發展過程和改變過程的特徵。最後，對立項應當放在它們的相互關係中來考量；在對立之中，沒有任何一項可以被抽出來獨立看待，因為這樣做毫無意義。

### 3)實踐與理論

我們不應該以一種"形式邏輯"或"對立形上學"的方式來表達或分析對立。實際上只存在著具體的、物質的對立(以上述的意義而言)。

**實踐，亦即理論真理的判準**。傳統上，理論的地位要高於實踐，但是在辯證唯物論中，這一層關係被徹底地翻轉過來。實際(感覺、立即)知識產生理論；而理論(對知識的組織，馬克思所謂的"具體—思考"，concret-pensé)則指導實踐。**實踐**(praxis)不斷地滋養著理論，而理論也只有以籌備實踐、轉化實踐為目的時才有意義。這種理論與實踐之間的反覆運動也正是辯證唯物論的基礎之一。

**實踐**，同時也是理論的效度判準：如果只有在涉及現實時才有客觀真理可言，那麼**實踐**(具體的社會實踐)便成了真正知識的標準。馬克思在〈費爾巴哈論〉(之二)中寫道：「人類思想中究竟有無客觀真理，這不是一個理論問題，而是實踐問題。人類應該在實踐之中證實真理；換句話說，他的思想力量和現實在於**此時此地**。在實踐之外討論思想的現實性或非現實性，純然是經驗哲學的空談」(馬克思、恩格斯, 1968, 3132)。

而馬克思之參與國際工人組織——或說得更廣泛一點，工人運動為了消滅資本主義而採用馬克思的思想——則是辯證唯物論的實踐範例。

## 2.馬克思經濟學家

我們在此扼要介紹馬克思在《政治經濟學批判》(《資本論》的副標題,該書也可以視為馬克思社會學的基礎)一書中所使用的基本概念,其中包括了**賸餘價值、剝削、生產關係、生產力、生產方式**等。

### 1)勞動價值理論

馬克思借用李嘉圖的勞動價值理論,並區分了使用價值和交換價值兩個概念。直接為人類所消耗、使用的物品具有**使用價值**(譬如服裝、家具,甚至於空間、水、空氣等等)。但是在這些消耗品中,只有一部份具有**交換價值**(服裝、家具,有些時候水也包括在內),其餘的則不具備(比方說河水或海水、空氣……)。只有前者才是商品,為人製造以進行交易。馬克思指出,它們的價值可以經由製造期間所耗費的人工來計算。因此,如果兩個工作天可以得到一公擔的小麥或五公尺平方的布匹,我們可以說一公擔的小麥等於五公尺平方的布匹。為了方便起見,交換者同意使錢幣進行交易。最後,如果我們談到**社會必要的勞動量**,這是為了強調在每一件商品中,勞動量都是平均量;也就是說,在此牽涉到的是一種用來證明的抽象觀念,而不是經濟上的度量工具。

## 2)勞動力和薪資

在資本主義中，勞動力(la force de travail)，亦即可供使用的人力，首先是作爲一種商品而出現的。它具有交換價值，並且可以以它所消耗的商品總合(食物、住所、衣物……)來估量。在資本主義的交換(特別稱之爲**生產關係**)中，工人以固定時間的勞動來換取薪資(亦即**再造勞動力時**不可或缺之商品的等值貨幣形式)。值得注意的是：

a.交換只有在不具備生產工具和生產資料(否則即可以爲自己而工作)的自由勞動力(與農奴或奴隸的狀況不同)存在著的情況之下，才有可能發生；

b.既然生產資料(構成資本的工具及原料)的持有人購買了工人的勞動時間，也就是說工人在一定時間內的工作能力，那麼他自然也成爲工人勞動成果的所有人；

c.交換，對勞動力而言不可或缺。事實上，因爲自由勞動力並未具備再生產時所必備的一切，所以它必須賺取薪資來換取這些必需品。

## 3)膡餘價值理論

馬克思的主要發現如下：如果資本家以一份薪水來支付x小時的工作(相當於在特定時間、地點、再造勞動力所需的商品價值)，但也以同樣的薪資來支付y小時的工作(y恆大於x)，那麼x與y之間的差距即爲**膡餘勞動**時間，因爲這個差距是再造勞動力所需工作時間之外的附加時間。在這段膡餘勞動時間中，工人繼續將勞動凝聚在資本家所持有的工作成果上；也就是在他的勞動價值之外製造出額外的價值，這便是**賸餘價值**(survaleur, plus value)，仍舊為雇用他的資本家所持有。根據馬克思的看法，這便是為什麼在平等交換的假象之下，工人實際參與的卻是個訛詐的市場。因此，如果勞動力在交換價值方面和其他商品一樣，那麼它的使用價值卻具有另一種特性：**它可以製造出超過本身再生產所需的多餘價值**。這也就是馬克思所謂的**資本家剝削**。

金錢(A)和傳統商品(M)之間的交換可以列式如下：A－M－A，商品的價值在交換中並未增加(除了價錢可能會不一樣)。然而作為特殊商品的勞動力，其交換卻是A－M－A'，A'大於A，其差則為賸餘價值。馬克思並區分了延長工作時間所得到的**絕對賸餘價值**；縮減勞動力再生產所需時間而得到的**相對賸餘價值**(例如進口較為廉價的小麥或肉類，或壓低勞動力所消耗的工業產品價格)；以及經由加緊工作節奏而來的**額外賸餘價值**。

## 4)簡單再生產和擴大再生產

交換的必然特質在於資本家所持有的生產資料與勞動力之間的隔離。尤有甚者，勞動力的再造一旦開始，便得敲扣企業大門以接受另一循環的剝削。這便是馬克思所謂資本主義生產關係的**簡單再生產**(reproduction simple)：生產關係最重要的後果並不是物質產品，而是整體過程的重現。

在資本家方面，賸餘價值雄厚了有待開發的資本；也就是說，資本的開發永遠需要更多的勞動力。這便是資本的**擴大再生產**(reproduction élargie)。馬克思因而寫道：「資本的增值過程，基本上以製造資本家及薪資工人為目標」。這解釋了資本主義不斷擴展的原因，也說明了為什麼在資本主義國家中，舊時的農民及婦女不得不隸從於資本主義的生產關係。這也正是馬克思社會階級理論的基礎，工人階級和資本家構成了階級對立的兩端(參見第一節第3小節)。根據馬克思的看法，資本必須被視為一種社會關係，因為它囤聚了由剝削而來的膡餘價值。在這層意義上，它是資本主義生產關係的結晶。我們也可以說，資本不外是**過去勞動**的累積。

## 5)資本主義的矛盾

馬克思致力於證明資本主義的矛盾。最重要的矛盾當然是它製造出為數眾多的工人，而工人一旦認清自己是飽受剝削的犧牲者，勢將起而反抗資本主義秩序。由此產生了馬克思的名言：「首先，中產階級培育了自己的掘墓人」(馬克思, 1967, 52)。為了提高競爭能力(降低生產價格)，不變資本(機器和原料部份)勢必不斷增加並以可變資本(勞動力)為犧牲。然而只有後者才是膡餘價值利潤的生產人。由此導出了**利潤率遞減**法則。但利潤率的降低只是一種趨勢，因為資本主義生產體系擁有暫時抵制利潤率下降的方式。

在**價值創造**和**價值實現**的矛盾之中(泛指一般價值，但特別是膡餘價值)，馬克思對立起生產時刻和商品流通時刻。在生產過程中，資本家力求壓低薪資總額(勞動力價值的貨幣形式)。然而在價值實現時刻(商品的出售)，市場行情大部分取決於他們所支付的薪資。換句話說，在生產過程中越是剝削勞動力，資本家越能實現預期的利潤。

## 6)生產力、生產關係和生產方式

生產力的發展水平與生產關係狀況之間的對立，是馬克思理論的基礎之一。生產力的特徵首先是科技狀況(例如鋤頭、步犁、牛犁、馬犁、曳引機；使用能源：水力、蒸汽、電力、原子能；以及原料和溝通方式等等)。換句話說，從人性一開始，我們便參與了**生產力的發展**。在利用自然財富的過程中，人類提高了勞動效率。我們必須區分生產的**物質**力量(工具、器具、機器、作坊、工廠等，是為生產資料)以及**人類**的生產力(勞動力)。後者對前者的利用則必須透過**生產的社會關係**，如分工、財產的分配、階級關係以及法律上的財產關係等。生產力與生產關係的結合，在理論層次上構成了**生產方式**。馬克思和恩格斯在不同的地方列舉了一系列的生產方式：亞洲生產方式、古代生產方式、封建生產方式、資本主義生產方式，這些模式之間並不一定有次序關係而且可能存在於任何的社會組織之中。在每一個特定的歷史時刻，每一個社會組織都由一種生產方式所支配，期間夾雜著其他的生產方式(例如在資本主義法國，農業制度中仍有封建時代的殘留)。

每一個技術階段(比如苦役)則對應著某種由不同的生產關係(譬如奴隸制度)所構成的生產方式(古代生產方式)。但是這個簡單的公式並不屬於歷史唯物論的範圍，因為它以描述均衡狀態為主。相反的，馬克思強調生產關係和生產力之間的緊張關係、不一致和矛盾對立，而且二者之間並無從屬關係。例如商人階級誕生於封建生產關係和航海新發現的歷史矛盾之中，它的出現加上革命技術(機器、蒸汽)的使用，促進了手工製造業和工廠的發展。其次，中產階級則藉由它所製造出來的無產階級之助，推翻了封建秩序並進一步推廣資本主義生產關係。

　　因此，馬克思社會學的基礎，一方面是他所發現的內容，另一方面則是他所使用的方法。

## 3.馬克思和社會學

　　馬克思和恩格斯所涉及的層面之廣(哲學、歷史、經濟、人類學等)，使得社會學家在討論諸如階級、異化、個人、意識形態、分工或城鄉關係等重要觀念時，勢必得參照這兩位馬克思主義開山祖師的學說。如果說馬克思的主要作品以探討古典政治經濟學爲主，那麼《資本論》及其他成熟作品(從《德意志意識形態》一書開始)則處理"經濟基礎"和"政治法律上層結構"之間的關係。

　　首先是恩格斯出於教學理由，之後史達林時代的正統理論家，加上後來阿圖塞門下的部份學人，先後建立了一個以經濟、政治法律和文化意識形態爲基礎的三層理論架構，由所謂的"最終決定"(經濟)由低到高貫穿起來；其中"辯證作用的往返"即以純粹的形式出現。但是這種機械式的結構馬克思主義卻使馬克思的思想變得枯槁粗糙，馬克思本人從來沒有建立過這般刻板而封閉的模式。

### 1)異化

　　在《德意志意識形態》中，馬克思探討個人如何認識到介於自己人格和強壓在身的生活型態(亦即工作)之間的矛盾。在強調「個人的私人財產完全取決於他在實際關係中所獲得的財產」(p. 67)同時，馬克思也指出，資本主義體系對個人的實際限制(或異化個人的生存束縛)同時也形成了個人的人格、身分及特質：「個人總是從自己出發，這當然不是觀念論者所談的"純"個人，而是在特定歷史關係和狀態中的個人。然而在歷史的發展過程中，特別是透過社會關係的獨立，出現了不可避免的分工後果。每個人擁有他自己的私人生活；但在分工中，他的生活卻必須從屬於某種工作，從屬於這個工作的內在條件」(馬克思, 1968, 94)。

**異化**的觀念從《1844手稿》到《資本論》之間出現了若干轉變。但從批判剝削開始，它才被科學地建立起來：被異化的並不是只有勞動力的勞動成果(因為資本家以財產購買了無產階級的工作時間)，勞動力本身(無產階級)也難逃噩運，因為他無法逃離剝削關係。

## 2)社會階級理論

馬克思社會學的中心觀念自然是**社會階級**。《資本論》的寫作開始之後，馬克思便計畫撰寫一部關於國家和社會階級的作品。根據我們所持有的資料可以肯定該書的原則大致如下：一方面，由個人所組成的集體多以生活或工作條件為標準，但我們不應該以這種方式來定義一個階級。對馬克思而言，階級只存在於**階級關係**之中，特別是階級鬥爭之中：「直到今日為止，社會的歷史不外是部階級鬥爭史」(馬克思, 1967, 27)。另一方面，階級關係則環繞著兩個對立階級所產生的主要矛盾而開展：奴與主、農奴和領主、伙計與師傅、無產與資產(在《資本論》III，馬克思將地主的地位單獨地擺在一邊，限於篇幅在此從略)。

在馬克思最像社會學的作品裡，如《路易‧波拿巴特的霧月十八》或《法國的階級鬥爭》，作者列舉了更多的階級和階級派系：工業資產階級、金融資產階級(或金融貴族)、商人資產階級、小資產階級、農民階級、無產階級、**次無產階級** (lumpen prolétariat)……。我們可以在字裡行間找出一種社會學或社會階級理論，因爲在資產階級和無產階級這一層主要關係之外，馬克思也借助明確的概念如階級**派系**、**中間階級**，或使用不是那麼明確的概念如階級**聯盟**(馬克思談及"coalition")、**政治代表**(一個團體在國家政權中由另一個團體代表)等，詳盡地陳述了介於各種社會團體之間的關係。這個理論建構不僅解釋了階級的經濟狀況，同時也評估了他們發起政治運動的能力。因而在此，馬克思爲所有的階級和階級派系，針對階級意識和階級本身進行了反省。一方面，馬克思認爲階級只有當它鍛造出階級意識時才能成爲階級。另一方面，他將個人和階級之間的關係定義爲：「各自獨立的一群個人只有在和另一個階級進行鬥爭的時候才構成一個階級；在其他時候，他們彼此相互競爭成爲敵人。此外，階級獨立存在於個人之外，致使階級中的個人發覺他們的生活條件預先地被決定。因此不得不接受階級爲他們設定的生活位置，以及由此而來的日後個人發展：個人隸屬於他們的階級。我們已經多次指出，這種個人—階級的隸屬關係，如何同時成爲個人—階級表現的隸屬關係」(馬克思, 1968, 93)。換句話說，**物質上**的統治階級同時也是**精神上**的支配力量：「掌握物質生產資料的階級同時也掌握了知識的生產資料；而缺乏知識生產資料的階級只得聽從統治階級。佔支配地位的思想，不外是支配物質關係的表現，不外是支配物質關係的觀念形式，因而也就是使一個階級成爲統治階級的關係表現；換句話說，這些思想正是統治階級的支配觀念。統治階級中的個人，在種種優勢之外也持有一種意識，因此他們也會思考；作爲一個階級，他們統治並決定了一個屬於自己的歷史時期，當

然他們也就全方位地佔據著統治地位；他們成爲思想者、觀念製
造者，並隨心所欲地操控其時代的思想生產及分配」(同上, 75)。

　　從個人與階級(或階級派系)、生產與流通、物質生產與意識形
態生產的反覆運動中，馬克思解釋、詮釋並分析了日復一日(或特
定時期中)的歷史事實(參照1848事件)[1]。而階級關係的概念正是其
理論核心。

## 4.馬克思批判

　　《資本論》被視爲僅次於聖經的**暢銷**書，可以想見由之而來
的注解和批判卷帙浩繁。如果想對這一切做個總結無異異想天
開。

　　根據阿宏的看法，馬克思既是先知又是學者。他遺留給我們
的理論建構，不僅是對過去競爭資本主義社會的批判，它更是一
種以哲學、社會學和經濟學觀點來分析社會複雜性的方法。它屬
於人文科學和社會科學的共同遺產。

　　但是馬克思的理論同時也具有若干偏離科學領域的預言傾
向。如果馬克思的某些預警眞的實現了(例如競爭資本主義的結
束)，那麼其他的預測卻顯得和他自己的理論自相矛盾。最好的例
子莫過於宣稱無產階級社會的出現即爲歷史的終結：「如果無產
階級在和資產階級進行鬥爭的過程中自我建構成一階級，如果它
經由革命變成了統治階級，那麼作爲統治階級，它不但以暴力摧
毀了生產的舊政體，同時也摧毀了階級對立的條件；他不但摧毀

---

[1] 特指1848年的法國革命。──譯註

了一般的階級，同時也摧毀了自身的階級統治」(馬克思, 1967, 69-70)。

　　然而另外一個看法卻也緩和了這個即將到來的歷史終結預言：「共產主義對我們而言既不是一個應該建立的**國度**，也不是一種調整現實的指導**理想**。我們稱共產主義為廢除現實狀態的**實際**運動。這個運動的條件由實際存在的前提而產生」(馬克思, 1968, 64)。

　　在共產主義的後期階段中(它可能經由原始共產主義開始，類似一種歷史環鏈的封閉，一種理性主義夢想或進步觀念的實現)，對立的終結同時也意味著社會關係的透明：「以物質生產和生產關係為基礎的社會生活，只有在人類有意識地自由結合、行動，成為社會運動主宰時，才能從神祕主義的迷雲中撥天見日」(《資本論》I, 1, 1967, 91)。

　　在這些目的論式的斷言之外，我們可以進一步追問：**實踐**在科學理論的效度中究竟應該扮演什麼樣的角色？換句話說，我們是不是可以達到社會學的科學性而不需透過社會實踐或政治實踐(實踐本身同樣地也被設計成一種知識的方式)？我們是不是可以將科學真理和附著於歷史行動的實踐(特別是工人階級的歷史行動)區分開來？阿宏問道：「如果一切的歷史主體都從自己的處境來思考歷史，為什麼馬克思主義者或無產階級的詮釋就一定全面而正確？」(阿宏, 1976, 180)我們似乎可以以兩種方式來回答這個問題：一方面，如果真正的知識和工人階級的政治實踐一塊兒出現，這並不表示二者相互混淆[2]。另一方面，在馬克思和恩格斯的

---

[2] 對"實踐"的理論發展有興趣的讀者可以參閱 H. Lefèbvre和L. Althusser 的作品。

理論之中，一些普遍的觀念和方法早已成爲社會科學的理論核心了。

# 二、瑪克斯·韋伯與理解社會學[3]

「科學中所談到的因果關係也可以運用在道德之中：它可不是一輛人們可以叫停就停，隨意上下的出租馬車」(韋伯，1959，170)。這個把科學的嚴峻和道德的要求擺在同一平面上的比喻，適切地指出了韋伯透過研究不斷追求的雙重目標。

如果涂爾幹的著作意在建立一套社會學體系，那麼韋伯(1864-1920)的作品則往好幾個方向爆發。我們不可能將韋伯的著作限定在某一門特定的學科之中：因爲好幾門學科都是他所「熟悉的，如社會學、史學、政治經濟學，和以詮釋先前各種知識爲目標的一切文化哲學」(韋伯，1959，79)。這已經說明了這個思想的複雜性；它不斷地從一個觀點轉換到另一個觀點，但卻秉持著一貫令人困惑的嚴謹。

另外一個對比：涂爾幹傾全力建立一門新科學——社會學，強調集體現象的特殊性、反對個人主義詮釋；相反地，韋伯(看來他似乎沒讀過法國的社會學)卻不斷地提醒世人：想要理解社會行動，必須先行掌握個人賦予它的意義。

---

[3] die verstehende Soziologie, 法譯la sociologie compréhensive, 中文亦譯"詮釋社會學"或"瞭悟社會學"。鑑於法文譯文與德文原文的差距，本章重要術語或專有名詞之附文以德文原文爲主。——譯註

## 1.生涯和著作

韋伯生於德國，父親爲一律師及議員，母親知書而虔信，從小便在雙親的沙龍中接觸到傑出的政治人物和知識分子。大學主修法律，但同時也對政治經濟學、史學和哲學感到興趣。一篇論述羅馬農業史的論文(1891)，使他成爲柏林大學的商事法教授。但從1894年起，韋伯便在弗萊堡教授經濟學，1896年轉教海德堡。

一如許多關心社會問題的教育界人士，他在1888年加入**社會政策協會**(Verein für Sozialpolitik)，並接受協會委託調查東德的農村勞動狀況。透過教學，他致力於分析國家與經濟政策之間的關係，同時深入研究古代文明史。

1897年，精神官能症迫使他中斷工作，隨即停止教學。1903年，他和另外一位經濟史家威爾納‧宋巴特(W. Sombart, 1863-1941)創辦了《社會科學與社會政策文庫》(*Archiv für Sozialwissenschaft und Sozialpolitik*)期刊。他在這份刊物中發表其宗教社會學的鉅著：《基督新教倫理與資本主義精神》(*Die Protestantischen Sekten und der Geist des Kapitalismus*, 1904-1905)以及其他知識學的論文，包括了著名的方法論宣言：〈社會科學與社會政策的知識客觀性〉("Die Objektivität der wissenschaftlicher und sozialpolitischer Erkenntnis," 1904)。1904年在美國出席一場社會科學會議。之後對俄國革命和俄國的政治情況發生興趣。而當時德國威廉二世的冒險政治也激起了韋伯的不信任和批評。

由於一筆遺產(1907)，韋伯終於可以無憂無慮地進行科學研究，並在自己的沙龍接見當時的知識分子。

在韋伯的號召下，成立了**德國社會學協會**(1908)，協會以捍衛他的科學觀念為目標,但他從1912年起便辭去指導工作,譴責協會缺乏中立性。基於相同的理由,他與**社會政策學會**的幕僚展開一場激烈的論戰,後果則使韋伯和昔日的朋友斷絕來往。

1910年左右,他開始計畫籌寫一部社會學概論,亦即後來的《經濟與社會》(*Wirtschaft und Gesellschaft*,依照該書原先的設計係一部以社會政策為主的集體創作)。這本未完成的鉅著,在韋伯有生之年只有第一部份擇要出版(1919)。但在〈關於理解社會學的幾個範疇〉("Über einige Kategorien der verstehenden Soziologie")一文中,卻已經描繪出韋伯社會學的基本概念並打下基礎。

在撰寫《經濟與社會》這部里程碑著作的同時,韋伯繼《基督新教倫理與資本主義精神》之後陸續出版其他宗教社會學的作品(《印度教與佛教》1916,《古代猶太教》1917)。隨著〈社會學與經濟學的價值中立意義〉("Der Sinn der 'Wertfreiheit' der soziologischen und ökonomischen Wissenschaften," 1918)一文的出現,韋伯深入探討「科學地建立價值判斷的可能性」這個令他樹敵的論題。最後,他在一系列的大學課程及會議中為他的社會學觀辯護:〈歷史唯物觀實證批判〉(1918);〈學術作為一種志業〉("Wissenschaft als Beruf," 1919),〈政治作為一種志業〉("Politik als Beruf," 1919)。

但直到1919年他才在慕尼黑大學得到一紙社會學教席,他在該校教授經濟史直至1920年猝疾病逝。

## 2.批判理性主義的起源：社會學理性的限制

### 1)方法爭議

　　和法國的涂爾幹一樣，韋伯一開始便面對著社會科學(經濟學、史學、法學、社會學……)的地位問題。這方面的論戰，或"方法爭議"，隨著1883年幾篇關於經濟學方法論文的出現而達到高潮。爭執的雙方，一邊是舊政經史學派(克尼斯、羅雪)、新史學派(史莫勒)，和那些"講壇社會主義者"(Kathedersozialisten)，另一方則是邊際效用主義的信徒(門格, K. Menger, 1840-1921)。最後，1803年隨著狄爾泰《精神科學導論》(*Introduction aux sciences de l'esprit*)一書的出版，哲學也加入論戰。巴登新康德學派(里克特)重拾狄爾泰對自然科學和精神科學所作的區分。韋伯在求學時代浸淫在這樣的環境之中，從1903年起便開始熱烈地參與討論。而〈社會科學與社會政策的知識客觀性〉(1904)一文的出現，也可以視為這個方法學危機的產物(參閱第一章3-4節)。

#### a. 社會科學作為文化科學

　　在這篇論文中，韋伯把他剛剛創辦的期刊方向鎖定為廣義的社會與經濟科學，以馬克思和羅雪為範例。研討對象有三：1.純然的"經濟"現象，2."經濟上重要的"現象，3."為經濟所制約的"現象。

　　如果補充說，這些現象裡的部份現象有其獨特的形成因素，那麼其中所涉及到的知識也就成了歷史知識。如此一來，社會學當初的設計規模便失之過廣，因為它橫跨了好幾門學科。但重要的是"科學地探究"人類集體生活之經濟社會結構及其組織之歷史型態的一般文化涵義(韋伯, 1965, 145)。因此，**社會科學屬於文化**

**科學**(以里克特的定義而言)的範圍,一種「從文化涵義的角度來考量人類生活事件的學科」(同上)。

### b.方法觀點主義

在這個原則之下,學科之間的不同在於採取的觀點不同;而"社會科學"所採取的觀點,則是單就經濟—社會層面(或以唯物觀點)來考察文化生活。這種態度並不是邁向一般社會科學途中的暫時性限制,而是一種不可或缺的限制;社會現象只能從特定的觀點才能以科學方式加以檢驗。經濟觀點不過是眾多觀點之一。

韋伯因此重新採用狄爾泰和友人里克特的某些論點:採取中立觀點、重視意義掌握,以及對自然主意偏見的不信任等。

他不斷地指出單從一種觀點以偏蓋全的錯誤。他重複提了好幾次的標準例子便是**歷史唯物論**:如果韋伯肯定馬克思主義以**經濟觀點**來分析社會現象的重大啓發價值,那麼他同時也譴責這種把經濟觀點拿來當成獨一無二的世界觀或歷史唯物觀的偏執企圖。這點批評適用於一切的科學方法。

事實上,宣稱某種觀點具有普遍性,是忘了科學領域的建構原則:「科學研究分際的基礎並不是"事物"的物質關係,而是問題的概念關係:只有在概念關係中,人們才能以新方法處理新問題,發現敞向新地平線的眞理方法並由此產生新"科學"」(同上,146)。

### c.獨斷論及實證論幻覺的批判

韋伯譴責他的那些理性主義對頭,偷偷摸摸地重回黑格爾形上學或孔德實證主義的老路:「即使在史學派健將的身上,也不斷地重現這樣的看法:認爲一切知識的理想,包括文化科學在內……都不外乎建立一套可以"演繹"出現實的命題體系」(同上,

154)。然而社會科學在其經驗研究之中，面對的卻是現象之間的歧異性和特殊性。這個簡單的事實觀察便足以證明這種"演繹知識理想"的無稽；能夠推衍出一切現實的一般法則，事實上並不存在。

　　此外，以自然科學爲模式一味地追求法則，這並不是文化科學的本質：自然科學作爲啓發的模式，當然有其參考價值，但「我們永遠無法從這些"法則"和"因素"中推衍出生活現實」(同上，158)。應該加以分析的是歷史上重要文化現象的因子群；意義是無法從任何法則體系中抽繹得出的(這不過是種思辨幻覺)。「當我們把經驗事實和價值觀念結合起來的時候，經驗事實便成了文化」(同上，159)。一切的科學都預設了某些價值(自然科學亦不例外)。「完全沒有預設的科學並不存在」，這是韋伯生前津津樂道的名言。對我們具有意義的事物，並不能從**無預設的研究**中推衍得出。因爲在現實的**無限歧異**之中，儘管研究者抽絲剝繭，問題仍然存在：**如何以因果關係解釋一種獨特的社會現象？**譬如在今天，如何分析「使交易成爲大眾現象這種歷史狀況的**文化意義。……在現象無限的多樣性之中，僅有有限的一部份具有意義**」，因爲「這有限的一部份牽涉到文化價值觀念，而我們則透過這些價值觀念進入實在世界」(同上，160-162)。

### d.一般因果與具體因果

　　這種歷史相對主義和自然科學的因果取向恰好相反。文化現象(或對史上傑出人物)的因果解釋不應該是目標，而是研究的方法；不是以法則爲基礎，而是以"具體因果關連"爲依據。所謂的一般法則其實再貧瘠不過了：「問題並不在於把現象套入某種格式之中、把現象當成格式的例證，而是要能夠判斷在那一種狀況之下，必須對現象加以歸因，視現象爲一種後果。這並不是拒絕一切對法則或規則性的追求。相反的，法則或規則性的認識有助於找出具體結果的具體原因」(同上，167)。這也就是說，在價值範圍內，因果性只是一種概然的判斷；價值主宰著人們對事實體系的截裁。而對規則性的認識，則增加了正確因果歸因(現象的**客觀可能性**)的或然率或機會。

### e.客觀性的問題

界定觀點的價值是主觀的，這並不是說研究也必然主觀。學者的研究應當符合「**聲稱**對所有眞理**追求**者均有效」的科學眞理判準。對我們而言，掌握現象的意義勢必牽涉到當時的文化問題。儘管每個時代有每個時代的相對觀點，但在這個大前提之下，研究步驟卻應該力求嚴謹。因此，沒有任何一種「觀念的封閉體系」能夠總結現實或自然科學體系。「一個文化科學體系如果只是以客觀有效的方法，系統而武斷地界定研究問題及相關範圍，那麼這個體系本身不過是種荒謬」(同上，171-172)。

由此，韋伯拒絕仿效自然科學去建立一種「關於一切現實的單一知識，企圖擺脫一切獨特的"偶然性"，並追求一種具有形上學**效度**和數學**形式**的**觀念體系**」(同上173 )。

然而如果這種**無預設的知識**顯得有點荒誕(也就是說如果這個觀念並不是一個「缺乏客觀事實預設的複本(Abbildung)」)，那麼我們應該如何確保科學的客觀性，但又不至於墜入某些史學家的絕對相對主義呢？

### 2)理念型建構

文化科學企求一種屬於自己的"觀念建構"。為了解決獨特事實的歷史因果難題，韋伯提出了"理念型"(Idealtypus)的概念。在經驗科學之中，**抽象綜合**取代了以鄰近種屬及特殊差異來分類現象的**教條程序**；因此必須求助於觀念內容所謂的**源生性定義**(définition génétique)，例如**資本主義文明、都市經濟圈**等觀念，"理念型"的建構因應而生。

理念型的取得，在於單方面地**強調一個或幾個觀點**來連結一群**個別**出現的零散現象；並以片面選取的不同觀點來整理這些時多時少、有時甚至杳無蹤跡的現象，從而塑造出一種同質的**思想圖像**(Gedankenbild)。事實上，任何地方都不可能發現這般概念純粹的圖像：**它是一種烏托邦**。歷史研究的目地，在於決定每個特殊個案中的現實是多麼地趨近或遠離理想中的圖像，在什麼樣的範圍內應當，比方說，「將"都市經濟"的特質(在概念上)歸因於既定城市的經濟狀況」(同上，181)。就掌握重要意義、進行物質篩選這層意義而言，這是一種**源生性觀念**(genetischer Begriff)。

在把經驗資料和**有限理想之個案**(而非平均狀態)作了這番連繫之後，研究者從而避免了拿觀念當現實的**自然主義偏見**，並清理了在現實駁雜之中經常處於曖昧狀態的過程。然而這個理性建構的烏托邦，卻很有可能成為當時理論和實用思想的理想。因此，我們必須時時留意，謹慎地把這個以"應然"或模式型態出現的行動指導觀念，和學者從歷史事實元素中抽象建立起來的理念型區分開來；中世紀的基督教，作為一種純粹的圖像，不應該和實際歷史中"各式各樣判若天壤、相互傾軋之情感及知識關係的混沌"(儘管有教會的強制統一)混為一談。此外，支配一個時代的觀念越是明確，其理念型的建立也就越趨容易；例如喀爾文教派及其命運預定論(見第3小節)。

「理念型是一種思想的圖像，它既非歷史事實，更不是真正的現實」(同上, 185)。如果忘了這一點,那麼研究者就很可能犯下以自己的理念來判斷現實的錯誤,將理念型的邏輯意義變成評估價值的實用意義,或甚至把科學步驟中不可避免的**價值指涉**變成**價值判斷**或價值詮釋(見第5小節)。

在這樣的觀點之下,韋伯重新詮釋了馬克思主義及歷史發展法則。作為一種理念型,發展法則有其「極具啟發價值、甚至獨一無二的重要性」(同上, 200),然而一旦轉化成實際的執行力量,它們卻極其危險。

結論中,韋伯強調科學結論的脆弱:決定性的歷史觀念並不存在,「在人文科學之中,觀念建構取決於提問的方式,而提問方式本身卻隨著每個文明的內容而有所不同」(同上, 203)。

# 3.方法運用釋例:基督新教倫理與資本主義精神(1904-1905)

## 1)理性化運動

這一篇宗教社會學的論文豐富地闡明了韋伯在方法論上的要求。它從一個普通的問題開始:「在西方文明之中,而且只在其中,具有普遍價值和意義之文化現象的出現,究竟應當歸因於那一連串的歷史狀況」(韋伯, 1967, 11)?

比方說:**科學**(例如理性化學)、**藝術**(因為和聲而產生的理性音樂)、**印刷術**的理性運用、**國家**和以「勝任而專精的官僚組織」**為基礎**的理性行政管理。最後,**資本主義**及其(形式上的)自由工作理性組織、自由薪資階級與大企業家的對立、「資產階級與無產階級的鬥爭」。

西方資產階級的誕生，與科學知識在技術上的應用有關；而技術應用則經由特殊的結構——法律及行政上的理性結構——才得以實現。但這種特殊的理性形式又從何而來呢？

韋伯因而提出假說：某些宗教信仰決定了「經濟精神」的出現，亦即「一種經濟形式的心態(ethos)[4]」；「現代經濟生活的精神」因而便與「禁欲新教的理性倫理」產生了關連(同上, 24)。

## 2)新教倫理與志業

在當時的德國，新教徒比天主教徒更積極地參與商業生活。從這個觀察出發，韋伯把新教徒「經濟理性主義的特別傾向」同他們的宗教信仰結合起來。他假設新教徒以資本主義方式參與商業生活與「他們對世界的禁欲冷漠」之間存在著一種深層的親近關係。而新教教會及諸教派的特徵正好是「一種對商業的尖銳感觸，並與浸透、支配全部生活的虔誠**結合**在一起」(同上, 40)。喀爾文教派尤其如此。由此，韋伯致力將**資本主義精神**的觀念建構成一種**歷史個體**，一種「出現在歷史現實中的關係叢結」，其中的關係則「依照它們的文化涵義而匯聚成一概念整體」，簡言之，一種**理念型**。這個觀點絕不代表著一切的觀點，由其他的觀點可以觀察到其他的基本特徵；但是對既定目標——解釋資本主義經濟的理性特徵而言，韋伯所提出的見解似乎最具說服力。

「掙錢，掙更多的錢，同時嚴格地保有生活中自發的愉悅」(同上, 51)，這便是文獻中一再透露出來的資本主義禁欲作風。掙錢於是成了一種"志業"(Beruf)。這種倫理並非資本主義的單純後果

---

[4] 希臘文原意為習慣。——譯註

(宋巴特的看法)，或是**物質**條件在**觀念上層建築**中的**反映**(同上，79)，而是一種特殊理性形式的呈現，它矛盾地促使「西方資本主義發展成一種系統而理性的利潤追求」。矛盾的是：這種心志倫理當初並不是以建立資本主義經濟為目標，但卻成為資本經濟出現的一種**非理性**基礎。

路德早已拒絕將世俗生活與修院生活分開，這不禁令人想到個人的天職不外是完成今世的職業義務(其中有種暗含的保守主義：個人應當堅守上帝所指派的職業)。

### 3)新教教派與世界的除魅

但是一些改革教派和喀爾文教派拒絕視教會為唯一的救贖途徑，從而加速了世界的**除魅**(Entzauberung)過程：不論上帝是否許諾救贖，每個人都必須單獨地面對祂(命運預定論，Prädestination)。這種信仰所產生的力量使世界進一步地理性化：一切都是為了彰顯上帝的榮耀。但是在這個前提之下，如何肯定自己是上帝的選民呢？**生命中的成功**，特別是物質生活的成功，便成了選民的標記。喀爾文教派的政治及經濟理性主義意味著一種宗教**恩寵**(Gnade)的追求。

如果歐洲的**虔信派**和英國的**衛理公會**同樣也呈現出倫理理性主義的傾向，那麼**洗禮派**則透過理性禁慾的實踐，視職業為志業，竭力貫徹世界的**宗教除魅**運動。

由此，清教主義與資本主義精神之間的關連顯而易見：「新教的禁慾精神在俗世中起了作用，有效地壓制了囤積財富的自發性快感並扼止**消費**、特別是奢侈品的消費。但另一方面，在心理作用上，它卻幫助人們擺脫傳統道德對財物**獲得欲望**的抑制，粉碎了束縛營業傾向的枷鎖。它不僅使營利成為合法，同時……更視之為如主所願」(同上, 234)。從此誕生了一種特屬資產階級的倫理作風，視職業為一種召命。

現代文明作為一種理性行為，即來自於基督教的禁慾精神。雖然宗教原因消失，但是機制原則卻保留下來：過去的清教徒**希望**成為刻苦耐勞的勞動者，但我們現在卻**被迫**成為勞動者。

韋伯在《基督新教教派與資本主義精神》*(Die Protestantischen Sekten und der Geist des Kapitalismus*, 1906)一文中指出：在美國，加入某一門教派既是聲譽的表徵、又是事業成功的保證。這解釋了美國人對教派或類似社團的高度興趣；能被這些團體接納即為(神聖或世俗)選民的印記。

總而言之，如果舊時的行會，作為布爾喬亞理性主義的代言人，束縛了個人主義的發展，那麼「唯有禁慾教派有條不紊的生活方式才能合理化、轉化現代資產布爾喬亞作風的"個人"主義經濟動機」(同上, 292-293)。

那麼就只賸下從這個以意義詮釋為基礎的研究取向中汲取方法成果了。


## 4.理解社會學

韋伯考慮參與撰寫一部大規模的社會經濟學論述，以檢視「社會中與經濟相關的潛能及組織」。但他意識到在此之前必須先對社會學的範疇進行一番嚴格的檢驗，其中只有《經濟與社會》的第一部份在他有生之年付梓出版。他在該書中處理社會學的基本觀念以及經濟中的社會學基本範疇；最後則對秩序與階級

做了一番概述。其實，韋伯不過整理簡化了早期的研究成果，而
這些研究也正是1913年著名論文的前身(下詳)。

## 1)社會學作爲意義的詮釋

　　1913年的論文：〈關於理解社會學的幾個範疇〉已經在嘗試
解決社會學所遭遇到困難。社會學以詮釋人類行爲之意義爲基
礎。根據韋伯的看法，人類行爲的特點正在於它們可以**透過理解
加以詮釋**。這種詮釋可以達到一定程度的顯著水準，然而光是這
種顯著本身並不充份；「因爲它必須佐以其他因果分析的方法」
才能成爲一種有效的理解性解釋(韋伯, 1965, 327)。

　　這種理解和解釋的交互運用正是韋伯社會學的複雜所在。以
掌握目的性爲主的理性詮釋(主觀呈現之方式與主觀掌握之目的的
單方面配合)，因其高度的解釋能力而具有一種特權地位，即使並
非一切的活動，都能以這種方式來詮釋(激情、感情、精神疾病過
程往往是非理性的)。爲什麼韋伯偏愛這樣的方法呢？理解社會
學，應當師法史學或政治經濟學(二者在此成爲學術典範)**理性地**建
構自己的概念，而「被理性詮釋的行爲在大多數的情況下，也就
構成了最適當的理念型」(同上, 329)。

　　這種社會學所研究的行爲呈現出下列三種主要特徵：
a.它們與**他人行爲**(根據當事者主觀賦予的意義)發生義涵關係
(relation significative; sinnhafte Zusammenhang)。
b.(它們在發展過程中)被這一層義涵關係所制約；
c.它們可以透過理解，從掌握當事者主觀賦予的意義來加以解釋
(同上, 330)。

## 2)社會學的特殊性

如此一來，社會學既不是**生理學**，也不是**心理學**。**解釋**並不意味著視行動爲某種心理狀態的結果(這是當時流行的取向；例如德國的齊默或法國的塔德)。在重要經驗的基礎上，每個人都有權孕育某些**期待(以恰當爲基礎的客觀理性)**；**解釋**，便是從這些主觀形成的期待中(**目的主觀理性**)抽繹出行動，視行動爲期待的後果。這根本無礙心理因素成爲因果環鏈的一部份。

另一方面，社會學也**有權**異於其他科學，因爲它以**單獨**的個體及其行動(以上述三項特徵爲考量)爲研究的基本單位：**國家、協會、封建制度**等觀念因而被視爲合作的形式，「簡化成一種可以理解的活動，亦即參與其中之單獨個體的活動」。法律科學把國家當成一種**法人**，因爲法學追求的是意義的**客觀**詮釋，但社會學所研究的法律，卻是個人對關係到自身的法律命題所附加的**主觀**意義(同上, 345)。

## 3)社會學解釋的困難與脆弱

在《經濟與社會》第一章〈社會學的基本概念〉("Soziologische Grundbegriffe")中，韋伯對這一套概念做了一番闡述。「社會學……是一門試圖以詮釋來理解社會活動、解釋其發展之前因後果的科學。藉由"活動"一詞，我們指的特別是由當事者賦予主觀**意義**的人類行爲……。而"社會"活動則與**他人**的行爲有關；社會活動的開展取決於當事者對他人行爲所附加的意義」(韋伯, 1971, 4)。

韋伯再次提起社會學作爲一種詮釋的困難所在：詮釋不外是

以特殊個案形式、一般形式、或理念型形式來掌握活動的義涵整
體；詮釋只能停留在因果**假設**的層次，因爲

a)主體可能並未意識到意義所在；

b)同樣的活動可以以不同的方法來詮釋；

c)面對著相同的情況，不同的當事者可能會有不同的反應。

　　因果分析通常必須求助於"假想經驗"，假想連串動機中特定因
素可能導致的後果，以及事物的可能流程(同上, 9)，比方說如果波
斯人打贏了馬拉松戰役，結果將會如何？

　　儘管研究牽涉到的通常是特殊的個人，社會學者仍然可以對
思想整體形式多作考慮，因爲這些"集體結構"是「浮現在現實中
人大腦之中的表象……並左右著人們的行動」(同上, 12-13)。理解
社會學的這種原創性因而和以整體之部份功能爲主要研究對象的
有機社會學(例如謝弗勒的社會學)形成強烈對比。在韋伯的眼裡，
有機社會學只不過是預備工作而已。然而單只理解"個人的獨特行
爲"也必須付出相當的代價，因爲這不過是種假設，而結果也往往
偏於零碎。

　　最後，社會學也不同於史學，因爲它「經營的是**型態**的觀
念，並追求演變的**一般法則**」，而史學「則以分析**文化上**重要的
行動、結構及**個人**人格，並加以因果解釋爲研究目的」(同上,
17)。然而除了基本觀念之外，這只不過是個片面的區分，因爲我
們時常看不到韋伯的史學研究和社會學研究之間的差別。

## 4)社會學的基本概念

　　**社會行動**，依其決定方式的不同，出現了下列四種主要形
式：

a)**目的理性**，個人採取各種方式理性地達成目的；

b)**價值理性**則以信守某一行為內在而不受外界影響之價值為基礎；

c)**情感式**行動指的特別是情緒行為；

d)**傳統式**行動則出於習俗。

此外，一種行動也可能是幾種不同類型的結合(同上, 22)。

韋伯以**社會關係**一詞來指稱交互活動的整體，「個人行為經由其義涵內容，以他人行動為依歸，從而決定方向」。社會關係基本上是一種「以社會方式來表達意義行動的機會(Chance)」(同上)。例如：戰鬥、友誼和競爭，但國家、教會、婚姻等也包括在內(同上, 24)。

**習慣、風俗和交互利害關係**代表了社會活動的三種**規律類型**。社會活動，但特別是社會關係，一旦超出規律之外，便很可能「依據某種**正當秩序**」來發展，指導行為的準則為：**該做，先於值得做**(或義務先於價值)。這大大地增加了事物維持原狀的**機會**。根據事物的維持型態，我們還可以區別出幾種正當秩序，其中包括了習俗和法律。

正當秩序的有效性建立於下列三種基礎之上：

a)根據**傳統**；

b)根據**信仰**：情感信仰(神啟、典範等)、或理性信仰(價值)；

c)根據**合法性**：透過協議、或透過授與。

《經濟與社會》第三章〈支配的類型〉便利用這些概念來引介支配社會學和法律社會學。**支配**指的是「發掘出潛在服從者的機會」(同上, 56)。支配的正當性牽涉到三種基本的理念型：

a)**法制型**：其有效性具有理性特質；

b)**傳統型**：以信奉傳統的神聖性為基礎；

c)**卡理斯瑪型**：指的是對神聖事物、英雄或典範人物的順從(同上, 222)。

　　在第一種類型中，人們遵守一種客觀而合法議定的**非個人秩序**(形式合法性)；在第二種類型中則服從於傳統所指定的權力**占有者**(恭順)，第三種類型則以擁戴**領袖**為主(個人的信任)(同上, 222)。

　　此外，韋伯提到了正當支配的另一種**純粹形式**，亦即以公務員為基礎的**官僚行政管理**，這是當時西方社會所特有的支配類型。他主要具有下列三種特色：平均化、財閥寡頭政治、非個人性。指導行為的不再是傳統支配中對某人的服從(這終歸是任意的)，而是「某一職位的客觀義務」(同上, 226)。

　　此外，在卡理斯瑪支配類型中，首先必須出現一才情超卓的人物，但這往往只是暫時的，卡理斯瑪支配通常透過理性化或傳統化而轉變成其他的支配類型：這就是所謂的"卡理斯瑪例行化"(Veralltäglichung des Charisma)。

## 5.社會學哲學：價值間的衝突

　　以上對韋伯的介紹僅限於純屬社會學的部份。韋伯作品的宏深往往超越了社會學的範疇。為了精確地掌握此一思想的**橫跨**性格，或許現在應當對這一條不斷革新卻又遭遇多舛的主導線加以說明。韋伯嘗試捍衛一種微妙的立場：他一方面肯定凡是文化科學則必然**涉及價值**，但另一方面卻又要求學者嚴守"價值中立"，研究不應摻雜**價值判斷**。

　　韋伯一再地闡明這個方法上的矛盾，相關的三篇著作尤其顯得意義重大：〈社會學與經濟學價值中立之意義〉(1917)，其中主要部份完成於1913年並在社會政策學會中激起一場論戰；此外尚有1919年的兩次會議論文：〈學術作爲一種志業〉以及〈政治作爲一種志業〉。

## 1)反對學究預言

　　〈社會學與經濟學價值中立之意義〉一文主要在於攻擊那些在課堂上扮演先知、摻雜價值判斷的學者。問題在於：是不是應當在大學中作出實際的評價，一如史家史莫勒的主張(今天我們會說：是不是應該在大學裡頭搞政治？)。這麼做，其實是混淆了對經驗事實的觀察以及教授個人所採取的評價立場；前者因爲**涉及價值**，所以觀念常常帶有評判意味，但後者卻僅只是個人對事實的價值判斷(韋伯，1965，417)。我們不應該忘記：**涉及價值**其實是一種「特殊科學**關懷**的哲學詮釋，這種科學關懷選擇並塑造了經驗研究的對象」(同上，434)。在這樣的情況下，事不干價值判斷，因爲在研究現象的同時，開發各種具有意義的**可能**立場爲的是走得更遠。這種價值詮釋本身並不是一種對現象的**實際評價**或**價值判斷**(參見本節2-4小節)。

## 2)價值間的對立

　　如果韋伯重拾里克特的**價值指涉**概念，那麼他並未追隨里克特執意建立一套整合一切價值的**價值觀念體系**。事實上，韋伯認爲「終極評價在原則上的分歧是無可化解的」。因此，政治上的價值並非道德上的價值。而在社會政治方面追求正義也遭遇到同樣的難題：道德準則之間永遠的牴觸(例如不顧行動後果的**信仰道**

德，和以行動後果爲首要考慮的**責任道德**二者之間的矛盾)。但**對立並不是相對主義**：我們仍然可以科學地討論實際**評價**本身，分析針對研究對象所可能採取的不同立場。

　　沒有一種科學可以證明什麼是應該存在的。每個人都必須以他自己的方式來解決終極評價(同上，436)。譬如解釋一種進化，或"發展傾向"，至多只容許我們在眾多的可能性之中找出最符合個案既定立場的發展方式。但科學家永遠無法推衍出採取立場的行動本身。因此，我們絕不可能科學地**評價**出浪漫風格與哥德風格究竟孰優孰劣(同上，446)。

### 3)學者與政治家的志業

　　當前時代命運的知識原則以理性、知性化及世界的除魅爲特徵(韋伯 1963, 96)。科學進步和專業化傾向都屬於這個大運動的一部份：人類相信藉由科技必然可以掌握世界。這層認識的價值本身直到今天爲止仍然無法證明對錯，同時我們也不應該混淆事實的建立和文化價值問題。

　　職是之故，不應該在大學之中搞政治，因爲學生不是處於回答問題的位置上；但特別是因爲價值秩序問題屬於另一場更基本的衝突，幾乎可以說是**諸神的戰爭**。如果目的既定，那麼科學可以指出達到目的的最佳方式，但它卻不能推斷目的爲何。科學所提供的不只是一種知識與思想方法之間的關連，它更提供了明確的指示：如果追求某種價值，那麼便得採取某種立場，這有助於發展出一套**責任倫理**。

　　相反的，在政治方面，亦即在「人與人之間以合法暴力方式爲基礎的支配關係」中(韋伯, 1963, 101)，情況卻大不相同。首先，如前所述，這種權力可以建立在傳統、個人魅力、或合法性的基礎上(同上, 102)。儘管現代國家的轉變傾向於將政治轉化成一種理性事業，強調第三類型的支配(政治人物的合法地位及能力)，但是價值上的兩難困境卻懸而未決；沒有任何一種科學可以決定應當採取**責任倫理**抑或**信念倫理**：政治家勢必面對"倫理矛盾"的悲劇特質。

## 6.結論

　　透過此一複雜思想的多重風貌，我們可以指出韋伯社會學所特有的幾個大方向：

1)積極肯定**專屬文化科學的研究步驟**，從而肯定了社會學之不同於自然科學及其決定論。因果解釋無論如何必須以掌握社會行動的意義為前提。

2)社會學的**橫跨**性格：受到了史學(宗教史、經濟史)的影響，社會學不易與其他同樣以理念型作為認識方法的鄰近科學劃清界線。

3)強調"**個案方法**"(méthode individualisante)。

4)特別著重**目的理性**，這或許屬於社會學取向中的經濟主義觀念。

5)韋伯在知識學層面上的精細區分、強烈反對科學中的價值判斷、禁絕社會規律的實質化，並指出科學結論脆弱的假設性格，這一切似乎都無助於學派的建立。但這並不是說他的影響就微不足道。或許韋伯的觀點對傾向歷史哲學研究的社會學家(如阿宏)影響最深；而其宗教社會學的原創性對後來的學者也有一定的啓迪之功(布赫迪厄, P. Bourdieu的嘗試即屬此類，參見第8章)。

# 三、愛彌樂‧涂爾幹與社會學法蘭西學派

## 1.生涯及著作

　　高等師範學校時代的愛彌樂‧涂爾幹(Émile Durkheim, 1858-1917)曾對哲學家布圖(E. Boutroux, 1845-1921)和史家古朗士(N. D. Fustel de Coulanges, 1830-1889)的教學發生了濃厚的興趣。他於1882年取得哲學教師文憑並成為中學教師。對社會科學興趣濃厚的他專程為此在德國待了一段日子(1885-1886)，並於返國後在《哲學期刊》(*Revue philosophique*)上發表相關論文。1887年任教於波爾多，成為教育學與社會科學教授，同時也是法國大學中教授社會學的第一人。

　　博士論文《社會分工論》出現於1839年，涂爾幹在論文中發展出一套關於社會進化的中心概念：在分工進步的影響之下，社會逐漸從機械凝聚(solidarité mécanique, 社會凝聚以個人之間的相似性為基礎，個人意識為集體意識所吸收)演變成有機凝聚(solidarité organique, 社會凝聚以契約為主、個人意識獲得解放、個人主義發達)。這本豐富參引史例的著作嘗試超越聖西蒙和孔德的實證進化論，同時也反對史賓塞瀰漫著經濟功利主義和意志個人主義(individualisme volontariste)的進化哲學。

　　在《社會學方法規則》(*Les Règles de la méthode sociologique*)一書中，涂爾幹從先前的教學和研究心得中整理出一套規則，並賦予自己的方法一種系統面目。而他把社會事實當作事物的主張，則遭人誣以唯物論之名。

　　從1896年開始，涂爾幹與布格雷(C. Bouglé, 1870-1940)、弗公

內(P. Fauconnet, 1874-1938)、宇貝(H. Hubert, 1872-1927)、牟斯(M. Mauss, 1872-1950)、希米昂(F. Simiand, 1873-1935)等人合作組成了一個研究團體，專事系統審核社會學相關作品，並出版他們自己的研究成果：《社會學年鑑》(*L'Année sociologique*)由此誕生並在1898年至1912年之間定期出刊。

1897年的《自殺論：社會學研究》(*Le suicide : étude de sociologie*)精確地運用方法規則來分析自殺問題並解釋自殺率的演變。涂爾幹在書中檢驗不同的學說，駁斥了心理學和生理學的解釋，特別是義大利的犯罪社會學。他強調社會學變數(性別、婚姻狀況、宗教等)的重要性，並區分了自殺的不同類型(自利性、利他性、脫序性)。

同時他也開始進行宗教方面的研究；〈亂倫禁忌及起源〉("La prohibition de l'inceste et ses origines," 1898)，〈宗教現象釋義〉("De la définition des phénomènes religieux," 1899)，成為1912年鉅著《宗教生活的基本形式》(*Les formes élémentaires de la vie religueuse*)一書的先聲。該書中，他從最基本的宗教形式——澳大利亞的圖騰崇拜開始，研究宗教現象的本質，並嘗試一併解釋知識和宗教生活的共同起源。

涂爾幹先後擔任過波爾多大學的講師(1896)、巴黎大學教育科學教授。1906年在巴黎大學獲得新教席，該教席於1912年改稱「教育科學與社會學」。此外，他的授課內容尚有家庭、法律及道德物理學、社會主義、職業道德、教育學、道德教育、法國教育之演變等。

## 2.社會學的中心問題：道德

　　為了掌握這個多面相的學術反省，首先必須知道在當時的學術氛圍中，社會問題成為討論的重點之一；面對著工業化劇變所產生的嚴重社會問題(經濟層面與日俱增的重要性，工人普羅階級的發展，階級鬥爭的加劇)，思想家們不論是自由派、革命派、甚或保守派，無不殫精竭慮苦思解決之道。社會主義學說百家爭鳴，激勵了新興社會學科的發展。涂爾幹身為若赫斯(Jean Jaurès)和蓋德(Jules Guesde)的同輩[5]，自然希望加入論爭的核心。

　　從1895年開始，他開授社會主義史，但課程中輟，僅止於聖西蒙主義。最初的問題集中探討個人主義與社會主義的關係，爾後是個人與社會的關係。但問題逐漸演變成以科學方式來研究社會事實的可行性。其實，想要解決社會主義所引發的問題，首先應該建立一門新科學：社會學。

　　關於《社會分工論》的主旨，涂爾幹寫道：「首先，本書以實證科學的方法來處理道德事實。但是一般對道德這個字眼的使用有失偏頗，並不是我們在此所使用的意義。道德學家們從幾個借自實證科學(如生物學、心理學、社會學)的命題，而非從道德的先驗原則中，推衍出他們的學說，把他們的道德稱作科學。這並不是我們自薦的方法。我們不想從科學之中抽繹出道德，而是想建立道德科學，二者相去千里。道德事實和其他事實一樣都是現

---

[5] J. Jaurès (1859-1914)法國哲學家、史家、政治家，其哲學具有進化泛神論之傾向，政治方面則傾向自由民主社會主義。J. Guesde(1845-1922)法國政治家，與若赫斯同樣支持社會主義，但若赫斯贊成在資產體制下實行社會改良，蓋德則竭力反對支持國際化的革命社會主義。──譯註

象的一種。道德事實在於行動準則，而行動準則則有一定的特徵可資辨認；因此，應當可以加以觀察、描述、分類並尋求解釋的法則……」(1986a, 第一版序，XXXVIII)。

　　從最早的作品開始經過一系列爲數不少的論文，涂爾幹企圖建立一門"科學道德學"。他引用了德國的馮特(W. Wundt, 1832-1920，第一位實驗心理學實驗室的主持人，並曾撰寫一部《倫理學》1886)，法國的賀努維耶(C. Renouvier, 1813-1903，《道德科學》(Science de la morale, 1869)一書的作者)，以及英國的史賓塞及其《進化主義道德之基礎》。涂爾幹提出下列四點主張：

1)道德的起源爲**社會凝聚**，而不是某些先驗原則。

2)應該強調行爲的**規則體系**，特別是**結晶形式**(如法律)，因爲「一切的道德事實不外是懲戒法規」(《社會分工論》，收於《涂爾幹選集》, 1975, II, 275)。

3)必須採取**經驗**步驟，從研究道德事實、「亦即有效支配著行爲的特別規則群」出發(同上, 271)，而不是從某些一般法則開始。「因此，道德法則只有在牽涉到某些經驗狀況時才成爲道德法則。所以，如果我們不能仔細地決定道德現象所依賴的狀況，便無從理解道德現象的本質」(同上, 273)。

4)這種道德事實的實證科學並不只是一種純思辨上的關懷。「我們研究現實並不表示我們就因此放棄改善現實。我們認爲，如果研究純屬思辨，那麼它根本不值得一做……。科學不僅能幫助我們找出指引行爲的方向，它同時也有助於決定我們困惑地追求著的理想」(涂爾幹，序言, 1986a, XXXVIII-XXXIX )。

　　然而，究竟是什麼因素使得科學的實際運用成爲可能呢？人們想在其中發現事實判斷和價值判斷的混淆，韋伯則不斷地揭露這種混淆。首先，正如同生物學區隔了正常生理與病態生理，社會學也區分了既定社會(或機構)的正常狀態和應該避免的病態。接著，多虧社會變遷方面的研究，科學得以歸納出「過去的變遷法則」，從而「參與了正在發展的變遷」(同上, XI)。

　　這個自然主義和衛生保健觀點下的道德基本問題，仍舊是涂爾幹思想中的中心課題。它顯示了存在於《社會分工論》、《自殺論》以及《宗教生活的基本形式》三書之間的關連。這個道德基本問題屬於溫和實證主義的範圍，其中包括了下列三組並行的演進：

1.經濟面向日趨自主，平行發展的則是分工的與日俱增，伴隨著高昂的個人主義和蜂起的社會主義學說這個新矛盾。

2.社會危機的出現被視為價值危機、文明危機、脫序[6]、甚或社會病態，解決之道在於建立一門道德科學：社會學。

3.科學理性的進步和以傳統為基礎之宗教情操的沒落；一種科學的社會學方法一方面既可促進科學發展，同時也可以解釋宗教的本質，以及宗教與知識的關係。

---

[6] 脫序(anomie)一詞，首先出現於哲學家紀友(Jean-Marie Guyau, 1854-1888)的《無義務無懲戒之道德概論》(*Esquisse d'une morale sans obligation ni sanction*, 1887 )一書中。紀友以它來指稱道德規則(必然而可期)的個體化，亦即普遍道德規則(以康德的定義而言)的缺乏。涂爾幹也是在這個意義上使用脫序一詞，但特別指「對一切道德的否定」(《分工論》，序言)，也就是缺乏規則可循的混亂或危機狀態。因而他提出了脫序性分工和脫序性自殺等。

## 3.分工與社會進化

涂爾幹從未曾刪改《社會分工論》的內容。之後他不斷地提及《分工論》像是引證一件確立的事實。他所有的研究主題，舉凡社會主義、方法、自殺、宗教、教育等，無一不與《社會分工論》發生關係。和十九世紀末、二十世紀初的大部分社會學家(聖西蒙、孔德、馬克思、史賓塞、甚至於韋伯——儘管他本人加以否認)一樣，涂爾幹也嘗試發現一條社會發展的一般法則。而分析分工的演進及其後果，在他看來則提供了一個可供發揮的取向：社會歷史的特徵，係一由機械凝聚過度到有機凝聚的過程。

### 1)機械凝聚與有機凝聚

《社會分工論》第一版序言清楚地標示出問題所在：「這份研究的起源問題，也正是個人人格和社會凝聚之間的關連問題。為什麼個人越趨獨立，便越依賴社會呢？……無疑地，因為這兩種運動儘管表面上看來相互牴觸，但實際上卻平行發展……。在我們看來，能夠解釋此一表面矛盾的，不外是日益可觀的分工所引起的社會凝聚轉變」(同上, XLIII, XLIV)。

這個運動不僅牽涉到經濟，它更關係到政治、行政、司法、藝術、科學等各個層面的運作。它是一種發生在生命機體進化中與日俱增的專門化。而聯結個人與社會的凝聚本質便成了一個實際的嚴肅問題：每個人應該成為一個自我充份的獨立整體，抑或整體中的一部份，一種器官？

然而社會凝聚只有透過其作用才能夠觀察得到，特別是透過法律生活；事實上，「既然法律再造了社會凝聚的主要形式」，我們只需將不同種類的法律加以分類便可以得出不同種類的社會凝聚，特別是與分工有關的社會凝聚(同上，28)。法規，按其基於**壓制性**制裁(sanction répressives)或**償復性**制裁(sanctions restitutives，以恢復事物的原狀為主)之不同，可以分為兩類。在以壓制性制裁為主導的社會之中，社會凝聚即為所謂的**機械**凝聚。以個人之間的相似性為凝聚的基礎；專業化程度薄弱但社團結合牢固。初民社會或古代社會均屬此類。相反地，在由特殊機關和勝任的專職人員所組成的現代大型社會之中，償復性制裁則佔有絕對優勢；共同意識相對薄弱，而社會的凝聚則來自分工。這種社會凝聚即所謂的**有機**凝聚：每個人都緊密地依賴著他人的工作，但同時也保有屬於自己的行動空間。分工其實看來像是新生存條件的必然後果：標示著古代社會特徵的**環節**結構(structure segmentaire，社會由類似的環節所構成)消失了，而社會**體積**和**密度**的增加(**溝通的頻繁**)則造成了為存活而奮鬥、競爭、以及專業化的發展。生理進化中的情況是一樣的；根據**社會達爾文主義**的說法，社會的競爭可以用物競天擇的生物現象加以解釋，但涂爾幹本人則拒絕這種詮釋。

總而言之，涂爾幹發揮了下列三項論點：

a)**現代社會的矛盾**：個人變得越來越獨立，但也越來越依賴，這完全是分工之後有機凝聚所產生的後果：機械凝聚式微，社會凝聚的維持便有賴功能的專門化，亦即有機凝聚；

b)**社會並非與道德互不相干**，反而是道德的必要條件：「人類只有在社會之中才成為一種道德存在，因為道德在於同所屬的團體團結一致，隨之改變」(同上，347)；

c)吾人社會中的**道德秩序基礎**實由分工所構成，分工成為社會凝聚的根源。「執行一種功能」，這便是做人的義務。

## 2)社會危機和現代社會的脫序

涂爾幹以同樣的熱誠找出了橫掃當時工業社會之道德、社會危機的起因。和保守派的批評恰好相反，他並不譴責進步、工業化、機器化、或甚至階級鬥爭破壞了傳統的社會凝聚。事實上，傳統凝聚的消失是型態轉換的結果(社會擴大、密度增加)。因此涂爾幹置身於聖西蒙(他傾慕的對象)和孔德這條路線上，他同時推崇孔德為發現分工本質的第一人：分工並非一純屬經濟的現象，「更重要的是，它構成了社會凝聚」。

因此，社會危機的出現可以從幾個方面加以解釋：

a)首先是**道德進化**本身。新型社會凝聚所產生的個人主義足以造成各種病態形式或功能不良。這和生物事實是一樣的(參閱《社會分工論》，III)。之後，涂爾幹幾次重提社會病態的問題(如《社會學方法規則》第三章，《自殺論》等)。

有機凝聚受到了三種決裂形式的威脅：工商業危機、勞動與資本的對立，以及因科學專業化、缺乏一門主導科學而產生的無政府狀態。這種分工的**脫序**或**無規律**並非來自分工本身，而是來自於妨礙有機凝聚的特殊、異常環境之中。最後，**病態**(道德危機)則來自於社會結構的深層轉變：環節形態的快速消失，以及相應的道德衰退。新道德尚未成形，於是便產生了不平衡的狀態，以及對正義的個別訴求(社會主義反省的來源)。這些病症的解決，有待實現經濟管理、契約性凝聚以及外在條件平等多方面的努力；社會的差別待遇應以功績為基礎，而不是繼承。

b)此外，**自殺率的演變**構成了這個危機的另一個指標。《社會分工論》已經意識到了自殺(尤其是沮喪自殺)是一種伴隨文明發展,並以區域型態出現的現象,這個見解駁斥了功利主義所宣稱的「文明的進步帶來了幸福」。

　　這個問題正是十九世紀犯罪學及道德統計的關懷所在,而《自殺論》則系統性地加以解析。只有真正「的社會性自殺傾向」(courants sociaux suicidogènes)才能同時解釋一個國家自殺率的穩定,以及自殺率在時空中的演變。事實上,自殺的主要類型有三:**自利性**(égoïste, 社會關係鬆弛的結果),**利他性**(altruiste, 與前者相反,社會整合太過強烈的後果)以及**脫序性**(anomique, 牽涉到社會混亂——社會、經濟危機的表徵,發展速度過快,因離婚而引起的婚姻脫序等況)。

　　此外,根據統計顯示,自利性自殺,但特別是脫序性自殺急遽增加。其實每一個社會都會出現自利性、利他性以及脫序性自殺。如果一定的自殺率是正常現象,那麼歐洲國家自殺率的快速成長便是一種病態,亦即整合不足,缺乏社會規律的明證。

　　解決之道既不在於減緩分工的發展(因為這將造成經濟衰退),也不在於強化宗教影響(特別是天主教,儘管在抑制自殺率方面成效顯著,但卻和自由思想的持續發展有所牴觸),更不在於日益普遍的核心家庭,或離個人太遠而未能有效規制個人職業、經濟生活的國家。那麼便只賸下職業團體和**同業公會**的整合再造。「過去一如未來,同業公會的主要角色一直都是在於調節社會功能、特別是經濟功能,並從中排除像時下這般的混亂狀態」(《社會分工論》, 440)。在《自殺論》的第二版序言中(1902),涂爾幹更詳盡回答了社會主義所提出的問題,贊成以締約方式——而非革命——來解決社會衝突。

## 4.科學方法

### 1)自然科學模式

涂爾幹一再地提醒科學步驟的必要性。他強調一種笛卡兒式的研究方法：一方面化繁爲簡，以便由簡組繁；其次排除一切成見，最後則以清楚而明確的方式(clairement et distinctement)[7]定義研究對象。

他不斷地運用其他科學(史學、法學、統計學、人種學)的研究成果來證實自己的假說。最後，馮特和希伯(T. Ribot, 1839-1916)創建的科學心理學成爲他的仿效模型和推進動力。其實，應該加以防止的正是科學心理學對社會學領域的不斷入侵，特別是當時塔德所鼓吹的心理—社會學模式。然而科學心理學成功地擺脫了哲學、從觀念分析中解放出來轉而以心理事實本身爲研究對象；由此觀之，它仍不失爲社會學的榜樣。

實際上，主要的典範仍舊是自然科學，特別是生物學：實驗性格、尋求簡單的基本元素、區分解剖學和生理學、常態和病態、分析功能、尋找法則、肯定由簡至繁的進化法則。社會一如機體；社會本體的運作原則大致和生命機體相同，只是層級較高，因而也不能化約爲簡單的生命體。但是整體要大於組元的總和這個原則卻兼適兩者。

---

[7] 該詞爲笛卡兒常用術語。——譯註

## 2)《社會學方法規則》詳細闡述了此一帶有進化主義和自然主義色彩的實證論

首先，必須先對**社會事實**加以定義。它們存在於個人意識之外，並在一定的程度上約束著個人的意識；但這種性格並非來自於社會事實的具體性，而是來自於社會所執行的道德力量。

其次應該實際觀察。「視社會事實為事物」，此一著名的客觀性法則和孔德的概念分析一刀兩斷；「我們應當考慮的是那些抽離了意識主體的社會現象本身，應當外在地加以研究如同研究外界事物」（《社會學方法規則》，28）。這個步驟要求排除一切的"先天觀念"、以"共同的外在特徵"仔細定義所研究的現象群、著重社會事實"共同的外在特徵"的集體表現。《社會分工論》便是在這層意義上透過法規體系來研究社會凝聚的演變。

另一些規則**牽涉到正常和病態的區分**——以科學方式分辨出什麼是合乎要求的(常態)，什麼又是應當避免的(病態)；並試圖結合事實與權利、科學與行動。一如生物學的定義：「正常類型亦即一般的類型……而和這個健康標準差距過大的一切現象均屬病態」(同上56)。

再來是**社會類型的建構規則**。分類不同的社會類型，必須從最簡單的社會開始進行：**群落**(horde)或"單環社會"(société à segment unique)。在氏族的形式之下，群落可以經由組合來建立"社會類型的完整等級"。在《宗教生活的基本形式》一書中，涂爾幹嚴格地以這套方法來研究宗教現象。

**社會事實的解釋規則**從下列這個觀點出發：一件社會事實的用處(或功能)並不足以解釋它的存在。這麼做其實是混淆了現象的原因和後果。「社會事實的決定性因素必須在先前的社會事實中尋求，而不是在個人的意識狀態中尋求」(同上，103)。涂爾幹堅決地捍衛這個社會學解釋的獨立原則。

最後，**證據提出原則**偏好所謂的"間接檢驗"；對涂爾幹而言，這似乎是一種**比較方法**。從「同樣的結果來自於同樣的原因」這個公理出發，他拒絕了英國經驗主義奉爲圭臬的多重原因原則，同時採用彌爾(J. S. Mill, 1806-1873)校正過的共變法(la méthode des variations concomittantes)[8]這個「社會學研究的絕佳工具」(同上，131)。此外，方法也必須具有遺傳性格：「我們首先應該建構曾經存在過的最基本類型，從而逐步地追蹤它漸趨複雜的方式」(同上137)。

總而言之，這個方法呈現出三種主要特質：

1.「獨立於一切哲學之外」(具有歸納和經驗特質)；

2.具有一定的**客觀性**(視社會事實爲事物)；

3.**帶有極端的社會學色彩**(社會事實是社會事物而不是心理或有機事物)。

〈個體表現與集體表現〉("Représentations individuelles et représentations collectives," 1898)這篇重要論文以及《宗教生活的基本形式》這本鉅著，都不斷在闡釋這種"社會學的自然主義"。

## 5.宗教社會學與知識社會學

繼帕森思之後，大部分的人都認爲《宗教生活的基本形式》

---

[8] 「如果兩個現象之間價值類似，同時又能在一定數量的不同個案中肯定這種類似性，那麼便可以肯定二者之間確有關連」(同上，129)。

一書爲涂爾幹思想演進的巔峰之作。項波赫東(J. C. Chamboredon, 1984)則認爲這只不過是個小轉變罷了。我們可以更進一步地視該書爲涂爾幹對他最初所提出問題的最終回答，一種自忖如何在理論上建立道德與知識，實踐理性與理論理性的社會學新康德主義。在該書中，涂爾幹終於成功地證明了實踐規範(道德、法律、宗教)和知識規範(邏輯範疇)雙雙在社會活動之中找到了共同的根基，而社會活動則可以透過原始宗教研究來理解。涂爾幹的著作大致演變如下：從1886年的論文〈社會科學研究〉("Les études de sciences sociales")開始，明確指出宗教和道德、法律一樣，具有調節社會的功能。《社會分工論》則指出宗教作爲一種科學概念的必要性；而信仰的威力只能來自於集體力量。1897年，在另一篇論文〈亂倫禁忌及起源〉(發表於《社會學年鑑》，1896-1897)則指出，我們可以透過對性、血緣、圖騰等的信仰來解釋外婚制。此外，他也提出了慣性法則：儘管社會體系的生存條件有所改變，觀念體系仍然可以繼續存在。

最後，在1897-1898《社會學年鑑》序言中，他強調了宗教社會學的重要性。「宗教在本身之中——從原則開始只是情況模糊——便包涵了一切的元素；這種元素以千種方式彼此相互決定、結合、分離，於是便產生了集體生活的不同表現……」。之後，〈宗教現象釋義〉則強調下列要點：神性概念的非必要性、文化活動及儀式的重要，以及神聖與世俗的基本區分等。

《宗教生活的基本形式》一書，透過研究當時所知最基本的宗教形式——**澳洲圖騰信仰**，進一步將這些資料加以系統化。圖騰的背後，即爲超越個人意志的社會匿名形式。而神聖則起源於初民社團的道德強制之中。

　　涂爾幹的雙重企圖：解釋宗教起源的同時，我們不僅發現了道德和法律等實踐規則的基礎，同時也認識到悟性範疇本身(空間、時間、種類、數量、原因、實體、性格)同樣也擁有宗教性的起源，它們同樣也是集體思維的成果。

　　在科學和宗教的衝突中，科學並不否認宗教是一種「建構事實的體系」(何況也有宗教科學的存在)，只是科學懷疑宗教的玄思性格。其實既然科學本身從未臻至完善，宗教適可填補此一缺漏。更何況對科學的信仰同樣也是一種宗教情操。

　　涂爾幹因而逐漸地與他所認識的歷史唯物論分道揚鑣：宗教、道德、法律並不只是物質形式的表露。集體意識並不是集體自身型態的副現象。正好相反，它是個別意識的集成，「一種感情、觀念、影像的世界。這個世界一旦形成，便依循本身特有的法則而開展」(《宗教生活的基本形式》，605)。因此，儘管理論基礎有所不同，涂爾幹和馬克思主義的深刻企圖卻是一致的。

## 6.結論

　　涂爾幹的**實證主義**不僅影響了法國的社會學，更影響了一般社會學。我們可以提出下列證明：

1)他開創了一門系統新科學(看似唯物論，但實際上是自然主義)，並與先前的學術決裂。涂爾幹為此而挑起的**論戰**正逢當時再生的唯靈論(spiritualiste)宗教潮流。

2)在**美國社會學**的發展過程中，結構功能學派幾乎可視為涂爾幹的嫡承。

3)最後，**方法個體主義**的擁護者(見第四章)認為應該不斷地強調涂

氏思想中的全體觀念(conception holiste)[9]；這同時也是不同的結構
主義和新馬克思主義的理論態度：但「這個觀念也必須對涂爾幹
觀念上的模糊不清負責」( R. Boudon et F. Bourricaud, 1986, 204)。

　　涂爾幹堅決反對把社會學化約爲心理學，這同時也令他有些
矯枉過正(譬如他著名的**集體意識**)。或許一門科學社會學的創生，
眞的不僅必須和社會秩序的人爲或唯意志觀念劃淸界線，更必須
和風靡當時的心理原子論宣告決裂。只是原子論今天卻在互動學
派的鼓吹下再領風騷(參考第七章)。

　　韋伯和巴烈圖幾乎同時建立一門社會學來分析個人行動，並
批判以集體現象爲研究目標的社會學。但我們也必須注意他們各
自的學術背景：韋伯出身法學、史學、經濟學；巴烈圖則從純經
濟學出發；涂爾幹則由哲學開始。這也就難怪韋、巴二人未能和
涂爾幹一樣成功地建立一門社會學學派(社會學法蘭西學派)、並進
一步透過大學中的正式制度化，使社會學擺脫史學或經濟學的桎
梏而獨立。

---

[9] 全體主義(holisme)：整體要大於其組元的總和。

# BIBLIOGRAPHIE

ALTHUSSER Louis : *Pour Marx*, Paris, Éditions Maspero, 1965, 1973, 261 P.

ALTHUSSER Louis, BALIBAR Étienne : *Lire le Capital*, Paris, Éditions Maspero, 1968, 2 tomes, 187 p. et 231 p.

ARON Raymond : *Les étapes de la pensée sociologique*, Paris, Gallimard, 1967, *1976*, 663 p.

BESNARD Philippe : *L'anomie*, Paris, PUF, 1987, 427 p.

BOUDON Raymond et BOURRICAUD François : *Dictionnaire critique de la sociologie*, Paris, PUF, 1982, *2e édition 1986* (articles Durkheim et Anomie).

CHAMBOREDON Jean-Claude, « Émile Durkheim : Le social objet de science. Du moral au politique » in *Critique*, 1984, n° 445-446, p. 460 à 531.

DURKHEIM Émile : *De la division du travail social*, (1893), Paris, PUF, *11e édition*, 1986a, 416 p.

DURKHEIM Émile : *Les règles de la méthode sociologique*, (1895), 22e édition, Paris, PUF, 1986b, 149 p.

DURKHEIM Émile : *Le suicide. Étude de sociologie*, (1897), 10e tirage, Paris, PUF, 1986c, 463 p.

DURKHEIM Émile : *Les formes élémentaires de la vie religieuse. Le système totémique en Australie*, Paris, PUF, *7e édition, 1985*, 647 p. (1912).

DURKHEIM Émile : *Le socialisme*, Paris, PUF, 2e édition, *1971*, 271 p. (1928).

DURKHEIM Émile : *Leçons de Sociologie. Physique des mœurs et du droit*, Paris, PUF, *2e édition, 1969*, 245 p. (1950).

DURKHEIM Émile : *Journal sociologique*, études et notes de Durkheim parues dans *L'Année sociologique* volume I à XII 1896-97 à 1909-1912 et choisies par J. Duvignaud, Paris, PUF, 1969, 728 p.

DURKHEIM Émile : *Sociologie et philosophie* (contient trois articles publiés dans diverses revues), Paris, PUF, (1922).

DURKHEIM Émile : *La science sociale et l'action* (recueil de textes réunis par J.C. Filloux), Paris, PUF, 1970, 334 p.

DURKHEIM Émile : *Textes*, Paris, Minuit 1975, Vol. 1 : *Éléments d'une théorie sociale* 512 p., Vol. 2, *Religion, morale, anomie*, 512 p. vol. 3, *Fonctions sociales et institutions*, 572 pages. Ensemble de textes recueillis par V. Karady avec une bibliographie des œuvres de Durkheim.

FILLOUX Jean-Claude : *Durkheim et le socialisme*, Paris, Genève, Droz 1977.

FREUND Julien : *Sociologie de Max Weber*, Paris, PUF, 1966, *2e édition 1968*, 256 p.

LACROIX Bernard : *Durkheim et le politique*, Paris, Presses de la Fondation nationale des sciences politiques, 1981.

LAZARSFELD Paul : « Max Weber et la recherche empirique en sociologie » in *Philosophie des sciences sociales*, Paris, Gallimard, 1970 p. 228-253 (1965).

LEFEBVRE Henri : *Sociologie de Marx*, Paris, PUF, 1966, 173 p.

MARX Karl : *Les manuscrits de 1844*, Paris, Éditions Sociales, 1962, 174 p.

MARX Karl : *Les luttes de classes en France*, Paris, Éditions sociales, 1970, 219 p. (1850).

MARX Karl : *Le 18 Brumaire de Louis Bonaparte*, Paris, Éditions sociales, 1969, 157 p. (1852).

MARX Karl : *Contribution à la Critique de l'Économie politique*, Paris, Éditions sociales, 1957, 309 p. (1859).

MARX Karl : *Le Capital*, Paris, Éditions sociales, 1950-1970, 8 tomes (1859-1867...).

MARX Karl : *La guerre civile en Fance — 1871*, Paris, Éditions sociales, 1968, 127 p. (1871).

MARX Karl, ENGELS Friedrich : *L'idéologie allemande*, Paris, Éditions Sociales, 1968, 632 p. (écrit en 1845, publié en 1932).

MARX Karl, ENGELS Friedrich : *Manifeste du Parti communiste*, Paris, Éditions sociales, 1967, 95 p. (1848).

RAYNAUD Philippe : *Max Weber et les dilemmes de la raison moderne*, Paris, PUF, 1987, 217 p.

*Revue française de sociologie : 1976*, XVII-2, A propos de Durkheim (ensemble d'articles et de textes concernant Durkheim).

*Revue française de sociologie : 1987*, XXVIII-I (contient plusieurs articles sur Durkheim).

WEBER Max : *L'éthique protestante et l'esprit du capitalisme*, Paris, Plon, 1964, *2e édition 1967*, 340 p. (1904-1905).

WEBER Max : *Essais sur la théorie de la science*, Paris, Plon, 1965, 537 p. (1922).

WEBER Max : *Économie et Société*, 1ere partie, Paris, Plon, 1971, 650 p. (1922).

WEBER Max : *Sociologie du droit*, Paris, PUF, 1986, 242 p. (1920, nouvelle édition allemande 1960).

WEBER Max : *Le judaïsme antique*, Paris, Plon, 1970, 615 p. (1920).

WEBER Max : *Le métier et la vocation de savant* et *Le métier et la vocation d'homme politique* in *Le Savant et le politique*, Paris, Plon, 1959, 186 p. U.G.E. 10/18, *1963*, 186 p. (1919 et 1919).

# 第2篇
## 社會學的主要潮流

# 3

# 功能主義

　　傳統上，功能主義指的是20年代初期發源於英語學界，由**文化人類學**派生出來的一系列學派。他們主導美國的社會學直到70年代。在此我們仍舊依照傳統區分出功能主義的三大潮流：

1.馬凌諾斯基(Bronislaw K. Malinowski, 1884-1942)和布朗(A. Radcliffe-Brown, 1881-1955)的絕對功能主義(亦稱純粹功能主義或激進功能主義)；

2.莫頓(Robert K. Merton)的相對功能主義(或溫和功能主義)；

3.帕森思(T. Parsons)的結構—功能主義。

　　雖然馬凌諾斯基創建了功能主義，但是功能的概念卻早在社會學誕生之際便已經出現了。我們業已看過孔德、史賓塞和涂爾幹如何從自然科學——特別是生物學——的概念工具中提借了"社會"這個概念。對他們而言，社會是一個整體(有機體)；在整體之中，每個部份只能透過他與整體的關係才能加以理解。從十九世紀末起，史賓塞便開始使用有機體、功能、結構等概念。他試圖在社會中找出和生物功能類似的功能(生產、消費、運輸、溝通等)。史賓塞認爲機體生命和社會生命屬於同一種運動，亦即**進化**運動。他效法最古老的科學理論原則，試圖建立社會進化的大法。例如機構具有和人體某些器官相當的功能，並以種屬的維持和繁殖爲最終目標。

涂爾幹拒絕以史賓塞的這種化約目的論來分析每個社會現象因**社會機體需要**而執行的功能。在提出方法來界定分工功能的同時，涂爾幹寫道：「功能一詞有兩種非常不同的意義。有時功能指的是一種生命運作體系，一種由生命運作結果抽象而成的概念；有時它指的則是存在於這些運作和機體某些需要之間的關係。因此我們說消化功能、呼吸功能等；但同時我們也說消化的功能是在機體中進行吸收流質或固體養分以補充損耗，而呼吸的功能則是在動物組織中灌入維持生命所需的氣體。在此我們採取第二種意義。如果我們質問分工的功能爲何，那麼便必須找出它所對應的需求」(1967, 11)。

這種與"需求"相結合的功能觀念，也正是令馬凌諾斯基尊稱涂爾幹爲"功能主義之父"的原因。然而這個頭銜後來卻落在馬凌諾斯基的頭上，或許正如他所說的，是他「發明了功能主義一詞，並賦予它一種既存的學說，一套既存的方法以及一種既有的精神」(1970a, 125)。

# 一、絕對功能主義

馬凌諾斯基認爲人類學的理論應當以生物事實作基礎。然而「人類作爲一種動物，卻不單只是爲了生理衝動而活，而是透過被文化條件所緩和或改變了的生理衝動而存在」(1970b, 74)。「對功能論者而言，文化(亦即工具整體)、社會團體優勢、人類的觀念、信仰、和習俗構成了一種龐大的機制，提供人類一種較爲有利的立場，以解決他在適應環境、滿足需求的過程中所必須面對的具體特殊問題」(同上, 73)。

因此，文化上的功能理論在於決定什麼樣的機構、組織或社會實踐，執行著什麼樣的功能，以滿足什麼樣的生物需求(或衍生需求，亦即對某種生物需求加以文化處理而衍生的需求)。每種需求(飢餓、禦寒、種族繁衍……)均爲其相應的功能元素所滿足(打獵或烹飪技術、住屋、家庭……)，這些元素則隨著文化的不同而呈現出不同的風貌。總之，最主要的是：一切元素都具有某種功能，全待研究者發現。馬凌諾斯基以飲食需求爲例：「飲食需求支配了一整套的過程。放諸四海而皆準的是：人性伴隨著胃腸前進，麵包和遊戲令人緘默，豐盛的給養則成爲人類歷史及進化的決定條件之一。功能論者則進一步找出部份地支配著此一過程的動機，以及由動機所爆發出來的打獵或種植慾望、交易的渴求和從商的熱情、慷慨大度和自由主義的本能……。**這一切都必須根據飢餓這個基本天性來分析。文化組織的一切形成過程不外是爲了謀求群體的生存，而其共同功能則在於滿足營養的這個初級生物需求**」(馬凌諾斯基, 1970a, 131-132)。同樣的，火，在其初級使用(烹調、取暖)之外之所以具有宗教或非宗教涵義，也很可能與基礎生物功能有關。

功能的觀念構成了馬凌諾斯基的理論核心，他不斷地重複：「功能指的是滿足某種需求，從最簡單的飲食活動到聖事執行都是如此。領受聖體爲的是與上帝合而爲一；這種文化需求決定了整套信仰體系」(同上, 134)。此外，「文化上的功能分析則從下列

這個原則出發：在一切的文明類型之中，每種習俗、每件物體、
每個觀念、每套信仰都履行著某種實際的功能」[1]。

為了發現或理解某種功能，每個社會元素或對象都應該放在
其所屬的文化整體中來觀察。每一種文化都有其獨特的方式來排
置這些元素，因而這些元素也只能放在文化脈絡之中，特別是它
們與文化脈絡之間的相互關係之中，才能加以分析。「文化是一
種共同的整體，在其中不同的元素相互依賴」(馬凌諾斯基，1970a，
128)。文化的功能主義觀念「認為，如果把細節從大環境中隔離出
來單獨研究，此舉勢必取消理論、田野調查及實際應用的一切價
值」(馬凌諾斯基，1970b，72)。在肯定文化一致性和整體性的同時，
馬凌諾斯基駁斥一切的進化理論和擴散理論(théorie diffusionniste)[2]，
因為這些理論不過是對抽離了文化脈絡的單向元素，進行零碎的
研究罷了。這一類比較研究所得到的結論，往往只是想像中的類
似。馬凌諾斯基斥之為妄想。

最後，一切的社會元素或社會對象必然具有某種功能。例
如，「如果事物持續存在，那是因為它獲得了新的意義、新的功
能……，讀者可以發現，所謂的文化"後遺症"完全來自於觀察者
未對事實作一番徹底的分析」(馬凌諾斯基，1970a，30-31)。

馬凌諾斯基對文化的功能分析影響了整個美國文化主義浪
潮，特別是曾經和他共事過的布朗。不同的是，馬凌諾斯基不斷
地深入新幾內亞、墨西哥、南非等地，以**介入觀察**法實地進行研
究。相較之下，布朗更像個理論家而不是田野工作者。

---

[1] 見大英百科全書"人類學"乙條，由馬凌諾斯基執筆。

[2] Le diffusionnisme, (文化)擴散主義：強勢文化的擴展以其他劣勢文化為
犧牲。──譯註

　　和馬凌諾斯基持相同的論據，布朗也反對人類學前輩的進化主義和擴散主義。同時，他也排斥社會現象的歷史詮釋以及未能提供人類學堅實基礎的心理學(與馬凌諾斯基不同)。受到了自然科學模式和史賓塞、涂爾幹等人的影響，他以**過程**、**結構**和**功能**，這些分析觀念建立起一套理論，並結合三者來解釋社會的規律性。

　　布朗認為社會生活的過程以生態適應、制度適應、文化適應這三種**適應**為基礎。他對功能和結構這兩個概念的使用在下面這段引文中表達得相當清楚：「**某種特殊社會習俗的功能，亦即它為社會生活所做出的貢獻；而社會生活則不外是社會體系的運作整體**。這個定義假設體系(社會的結構整體及其習俗；結構整體作為此一習俗的表現以及習俗持續的保證)具有一定的**一致性**，我們可以稱之為功能一致性，並把它定義成：社會體系諸元為了避免衝突，所形成的一種凝聚或協調合作狀態」(1968, 265)。

　　布朗的理論通常被稱為結構功能主義，他對李維史陀和美國功能學派的深刻影響居然可知，後者甚且不斷地批評布朗的激進性格。

## 二、莫頓的相對功能主義

　　在他的田野研究、特別是這些研究的彙報之中，莫頓不斷地在思考社會學理論和經驗研究之間的關係。他強烈地譴責世紀初期的極端經驗主義、但特別是與他同時的經驗主義普遍傾向[3]。他

---

[3]　我們在此舉出幾個這一類型的專題研究：W. L. Warner, et al. , *Yankee*

認爲以當時社會學本身的科學發展狀況，尚不可能出現社會學的一般理論。莫頓因而提倡"中程理論"(middle range)，明確界定社會學的研究目標，並將相關的經驗結果加以符碼化以建構理論。他在《功能分析典範》(見下)中清楚地表達了這一個概念和方法原則。

莫頓強調經驗研究對社會理論的貢獻：經驗研究不僅是一種對假設的檢證或操控，「它更扮演著另一個積極角色：它至少執行四種有助理論發展的主要功能：激發理論、再鑄理論、爲理論重新定位、闡明理論」(莫頓, 1965, 46)。此外，莫頓特別重視一切田野研究者都必須面臨的**奇遇**(serendipity)[4]，他並且把奇遇定義成「重要而反常的意外資料，常有助於發展出新理論或拓展現有之理論」(莫頓, 1965, 47)。

---

*city*, Yale university Press, New Haven, 1941; R. and H. Lynd, *Middletown*, Harcourt, Brace and Co., N.Y., 1929; R. and H. Lynd, *Middletown in Transition*, Idem, 1937(作者對同一城市，採取不同理論取向所做的新研究)；W. F. Whyte, *Street Corner Society*, The University of Chicago Press, Chicago, 1943。關於激進馬克斯主義者對這些經驗研究及美國社會學的批判，參見M. Dion, *Sociologie et idéologie*, Paris, Editions Sociales, 1973, p. 174。

[4] Serendip, 斯里蘭卡舊稱，在 H.Walpole的童話故事中，主人翁一再靠機智或運氣發現一些意外驚喜。

LE FONCTIONNALISME

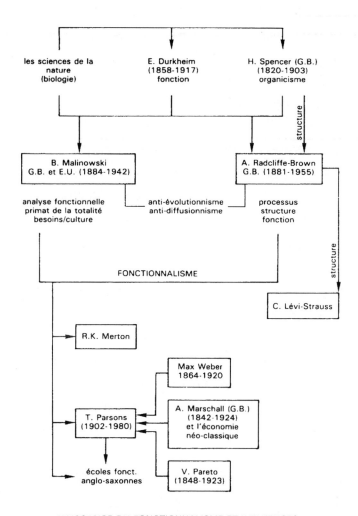

les sciences de la
nature
(biologie)

E. Durkheim
(1858-1917)
fonction

H. Spencer (G.B.)
(1820-1903)
organicisme

structure

B. Malinowski
G.B. et E.U. (1884-1942)

A. Radcliffe-Brown
G.B. (1881-1955)

analyse fonctionnelle
primat de la totalité
besoins/culture

anti-évolutionnisme
anti-diffusionnisme

processus
structure
fonction

FONCTIONNALISME

structure

C. Lévi-Strauss

R.K. Merton

Max Weber
1864-1920

T. Parsons
(1902-1980)

A. Marschall (G.B.)
(1842-1924)
et l'économie
néo-classique

écoles fonct.
anglo-saxonnes

V. Pareto
(1848-1923)

NAISSANCE DU FONCTIONNALISME ET INFLUENCES

## 1.絕對功能主義批判

莫頓從字詞釋義開始，區分了**功能**一詞五種不同的涵義：

1)象徵功能或社會功能，以選舉委任為例：市長在某一紀念儀式中執行了某種功能；

2)個人在組織中所佔有的某種職業或地位(韋伯)；

3)行政職務或政治地位。這種功能係前述功能的特殊形式，亦即公務人員(fonctionnaire)一詞的起源；

4)數學上的功能(函數)，指的是變數(或量)之間的關係，任何一個變數的改變都勢必導致對應項的改變。當社會學家指出學校中的留級率和父母的社會職業地位有關時，他們所使用的便是這種意義。涂爾幹指出自殺率**依**(en fonction)婚姻狀況(獨身較有利於自殺)、子女之有無(撫養責任不利自殺)、以及宗教(新教徒自殺率高於天主教徒，天主教徒又高於猶太人)而有所不同；

5)生物學的功能(莫頓認為這與數學定義有關)則是「社會學和人種學中功能分析的基礎」(莫頓, 1965, 68)。

然而馬凌諾斯基和布朗所指的功能則「與有助於維持機體存活的有機過程或生命過程有關」(莫頓, 1965, 68)。涂爾幹也是在這層意義上探討分工的功能，搜尋分工所滿足的需求(參見本章首)。

在指出功能分析所使用的功能涵義之後，莫頓接著提出三項廣為功能論者採用的互賴假設原則(有時為了批評需要稍加極端化)。

**功能一致原則**：文化元素和標準化行動，在**整體**文化或社會體系中執行著一定的功能。莫頓則認為人類社會的功能一致性往往與現實相抵觸：功能人種學者所描述的高度社會整合僅適用於無文字社會。

莫頓寫道：「在同一個社會之中，對某些團體而言具有功能的社會情感或習俗，並不一定對其他的團體亦復如此」(1965, 75)。他以宗教爲例，指出宗教除了整合功能之外，也可能成爲衝突的起源(多重信仰社會)，或散播其他和非宗教價值(如避孕觀念)相互抵觸的價值。因此，「功能分析的理論架構特別需要一種**有機一致性的定義**，文化元素或社會元素之所以具有功能，正是針對這種有機一致性而言」(同上, 78)。

**普遍功能原則**強調**一切的**文化和社會元素都執行一種社會學意義上的功能(參見第一節馬凌諾斯基對事物"持續存在"的見解)。莫頓則認爲這個假說並未能帶來任何新知，頂多成就了一些奇想。像克魯克宏(Kluckhohn)便提出"正統"功能來解釋西裝袖口邊鈕釦的存在。

**必要性原則**強調每一個元素的存在，對有機整體的運作而言都是不可或缺的。但莫頓卻認爲這個原則誤導了觀察者。事實上，元素之間若能互換，那麼它們勢必具有維持群體生活所需的相同功能。因此，莫頓提出下列定理：「既然一種元素能執行好幾種功能，那麼一種功能同樣地也能由幾個可以互換的元素來執行」(同上, 83)。這引進了**功能對等**或**功能替代**的觀念；如此一來，不僅取消了每個元素的功能獨一性，同時也排除了功能必要性，從而豐富了功能分析。

## 2.莫頓對功能分析的貢獻

　　理論關懷加上經驗研究的成果，讓莫頓提出了**反功能**
(dysfunction)的概念：「在觀察到的結果之中，有利於體系適應或
調整者是為功能，而反功能則是那些有礙適應或調整者」(同上，
102)。然而某些元素卻可能對一特定文化或社會整體具有功能，但
對其他整體卻是反功能。「反功能的觀念和結構層次上的強制、
效力、緊張等觀念有關；它提供了社會動力研究一種分析的觀
點」(同上，104)。在功能主義取向中，"反功能"是個基本概念，因
為它是解釋社會變遷的最佳理論工具。

　　此外，莫頓還區分了行為、信仰或態度的(主觀)動機和準備，
以及(客觀)結果。為了區分**動機**主觀範疇和**功能**客觀範疇，他援引
另外兩個不同的觀念，「根據主觀意圖與客觀後果吻合與否：**顯
功能**(fonctions manifestes)是那些有助於系統調節、適應，並為體系
份子所理解和預期的客觀結果。相對地，**潛功能**(fonctions latentes)
則是那些不在理解和預期之中的功能」(同上，102)。

　　這個(借自佛洛依德的)區分，在功能分析中的作用自不待言。
最常被舉出的例子，則有炫耀性消費以及美國的政治體系。財物
的獲得或累積，其顯功能在於消耗財物以滿足相對需求。但這個
說法並不能夠解釋購買貴重物品或對大型汽車的喜好等現象。炫
耀性消費的潛功能研究指出，這其中牽涉到的不只是更舒適的享
受(仍然屬於顯功能範圍)，而是為了炫耀更高的社會階級。

　　同樣的，透過研究美國政治機制中、不斷被道德譴責的政治
**黨老大**(Boss)以及政治**分贓**(racket)現象，莫頓發現了政治體系的潛
功能；這可能也是體系之所以能持續的原因。政治機制和政治代

表對社會劣勢團體的政治參與過程加以個人化、人治化。**黨老大**合理化了公務與私務之間的關係，並以無情的自由競爭或官僚拖拉的辦事態度來保護黨羽。莫頓結論道：「追求社會變遷而未能明確地認識到有待改變之組織所具有的潛功能和顯功能，與其說這是在進行**社會工程**，倒不如說是在重複社會儀式」(同上, 137)。

為了確立社會學功能分析的符碼化，莫頓暫時提出**一種功能分析典範**。典範形成了功能分析的理論核心和研究步驟，並依照步驟程序提出了十一條條例，以解釋莫頓本人所發展出來的觀念。如果仔細研讀，我們可以發現即使連莫頓自己也無法系統地運用這些典範(太過於一般化、太複雜、不容易運用)。在大多數的情況下，他只不過應用了他自己所創發的觀念(功能平衡、反功能、潛功能和顯功能)，或從他處借來但賦以新詮的觀念(內團體、外團體、附屬團體、參照團體)。此外，莫頓還將社會元素、社會對象或功能擺在**體系**、甚至一種**結構**之中(在其典範中，"結構"此一觀念尚未出現)：「一個組織的社會功能有助於決定其結構(其中包括了新進人員的招收)，正如結構有助於決定功能的執行功效」(同上, 138)。值得注意的是莫頓從文化人類學中借來的**角色**和**地位**這兩個概念。

## 3.角色和地位

米德(George Herbert Mead, 1863-1932)的"角色"一詞，指的特別是孩童在遊戲中扮演他人(印地安人、警察、教授…)。儘管意義近似劇場上所使用的概念，基本涵義卻大不相同：因為經由把自己放在他人的位置上，「孩童本身也領受到了引發反應(或反應群)

的刺激」(米德，1963，128)。米德認為孩童透過遊戲及角色扮演(role-taking)來自我社會化：他在其中學習並參與了社會對話。

不過，**地位**[5](statut)和**角色**(rôle)這一對觀念卻是由**心理人類學家**林頓(Ralph Linton, 1893-1953)首創。林頓認為，重要的是在「個人和社會結構的關係中，並經由結構，進一步在個人和其所屬社會文化的關係中來研究個人」(1967，170)。**地位的定義是：既定個人在既定體系、既定時間中所佔據的位置」**，它屬於社會結構的一部份。**角色指的則是「與既定地位有關的整體文化模式；它因而涵蓋了社會指派給個人(以及一切在此地位上之個人)的態度、價值和行為」**(同上，71)。

個人的地位隨著年齡、性別、出生、學歷、婚姻等狀況而有所不同(父、子、母、教授、工頭)。在《人類研究》一書中[6]，林頓區分了**歸屬地位**(ascribed status; statut assigné，地位的來源為出生、或生命的自然過程：如為人兄弟、女兒、青少年、老年人等)，以及出於個人意願、努力而獲致的**成就地位**(achieved status; statut acquis)。成就地位在農業社會或傳統社會中尚不多見，但在工業化社會中卻日趨重要。

---

[5] 我們依照法語系社會學及心理學傳統，將英文*status*譯為statut。然而二者意義未盡相同；法文statut有非常清楚的法律內涵。因此讀者必須時時念及status的美式涵義：等級、地位(此外，美國作者賦予該詞"社會地位"和"聲望"的雙重內涵則讓問題益形複雜；下詳)。至於以position一詞則不列入考慮；因為對某些作者而言該詞具有不同的意義(特別是對布赫迪厄及馬克思主義者而言)。

[6] R. Linton, *The Study of Man*, New York, Appleton-Century Crofts Inc., 1936.

　　角色則是個人以現在或未來之地位為基礎所學得的行為方式。角色對應著某種社會期待；為了正當化某一地位的佔有，個人勢將努力適應此一期待。

　　每個人可以先後擁有幾種不同的地位(並清楚在不同的地位必須扮演不同的角色)；父親、辦公人員、鄰居運動隊員。林頓區分了**實在地位**(statut actuel)，亦即個人在某一既定時刻所據以行動的地位，以及隱而未顯的**潛在地位**(statut latent)。同樣的，「潛在地位的相關角色指的是暫時被收藏起來，但它們仍然屬於個人文化裝備的一部份」(1967, 72)。

　　最後林頓強調，一般而言，一個人不同地位的諸多角色，逐漸相互**協調**以避免可能的衝突。根據林頓的看法，角色衝突最主要來自於因科技進步或強制性空間轉變所引起的快速錯亂。因此，林頓並沒有特別在角色地位體系的內在運作中尋求社會動力[7]。

　　莫頓重拾林頓的分析並提出兩個概念：屬於同一個地位的**角色組**(role set)，例如學生面對著老師、同學、病人、護士必須扮演不同的角色)，以及個人所具有的**地位組**(status set)。但是不應該混淆個人的角色多元性(因其所處地位之不同)以及上述定義的角色組。我們可以圖解如下：

---

[7] 關於心理社會學觀點的角色概念，請參閱A. M Rocheblave-Spenlé, *La notion de rôle en psychologie sociale*, Paris, PUF, 1969, p. 44 ff.。

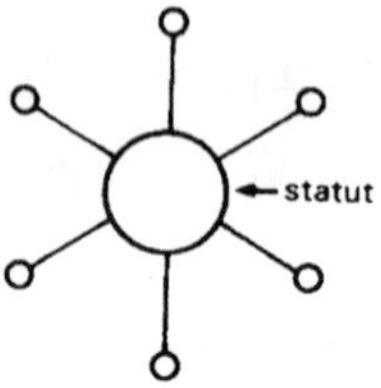

(圖一)角色組：同一個地位
的不同角色；在某些作品中
也稱之為角色場域。

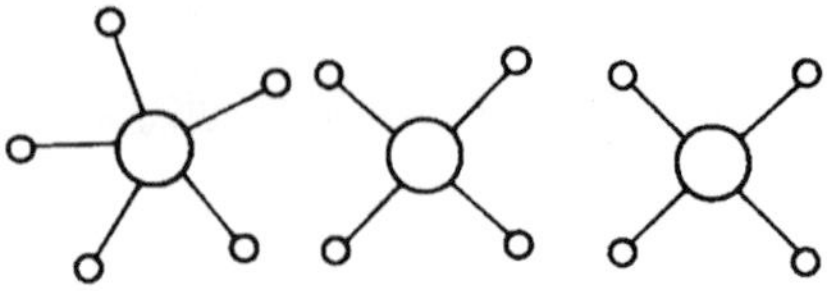

(圖二)地位組：個人先後具有的不同地
位。個人所認知的角色多元性有別於圖一
所示的角色組。

　　對莫頓而言，角色和地位其整體和時序串連，這一切構成了
**社會結構**。莫頓自問這些元素究竟如何整理排列，才使得個人無
須時時調適、或時時解決角色組或地位組中的衝突或緊張。

　　事實上，在同一個角色組(僅對應到某一種地位)之中，來自他
人的角色期待時有不同，甚至造成衝突：例如家長、同事或校長
對教師的期待不盡相同。此外，在特定的情況之下，共事者對個
人也具有程度不同的影響力，並可能設法使當事人的舉止符合其
期待。地位類似(透過結社、職業類別……)之個人間的相互支持也
有助於協調角色之間的衝突角色組。但是其中的殘餘衝突仍然可
能存在，有待當事者加以解決。

　　地位組中的所有地位也必須相互調整。一個人所在地位的複
雜與分歧，在於他很可能同時隸屬於不同的社會機構或社會次體
系。當一個人的舉止不符合期待時(就地位而言)，他人便會做出反
應使他精確地執行該角色應有的舉止。此外，某一種地位的(心裡
及社會)選擇過程，也讓個人得以規避其他不合適的地位。「個人
內化了的地位—價值，使他們不必不斷地去適應接踵而來的地

位，同時也允諾了一種較爲理想的整合」(莫頓，1953，292)。教育
和訓練的職責所在，正是個人的社會化，爲適應將來的地位做好
準備。對成人而言，在他過渡到新地位之前的準備時期中，參照
團體將長時間影響其行爲。因此，「個人將連續地在一組**地位序
列**(以及其相應的角色)上移動，序列之間不會產生太大的差異；我
們可以稱之爲"角色漸進"……。社會生活中的不連貫並不如想像
中那麼多，特別是在"通過儀式"的相關研究出現之後」(同上，
293)。

　　莫頓在功能分析中進一步發展出來的**角色—地位**觀念體系，
在50和60年代的社會學研究中蔚爲風潮，特別是社會流動和社會
階層方面的研究。我們在章末附錄幾本參考書目，其中也包括了
社會心理學方面的相關研究。其實角色和地位的概念化，是以一
種個人和社會共同分享的形式出現的。而把自己定位在社會學與
心理學之間的中介學科，必然也從中獲益匪淺。

　　研究社會階層的社會學家對地位觀念的使用，似乎集中在由
三個主要層面所定義的社會地位上；職業(由聲望構成的層級)、收
入和居住條件。社會地位的概念因而經常以這種和社會聲望息息
相關的形式出現。我們希望指出，社會階層分析家所使用的這種
意義大幅偏離了原意。如此一來，角色和地位這兩個觀念必將喪
失一切的解釋能力。莫頓在使用這兩個觀念的同時，強調他執著
於研究「維持一定社會秩序的內在機制」：我們從事的是內在的
社會學分析，而不是在搞史學或宏觀社會學(1965, 285)。

## 4.功能分析批判

　　莫頓嘗試證明功能分析既不保守、亦不激進,它謹守中立。這並不是說功能分析在功能論者的研究中隱而不顯。情況似乎是:與其說它屬於功能論的範圍,倒不如說它置身於功能理論之外(同上, 93)。

　　功能分析傑出地解釋了社會體系(亦即社會組織)的運作。莫頓所研發的概念(反功能、顯功能\潛功能、功能替代)為經驗研究和田野工作的事前準備提供了絕佳的工具。但是功能理論仍然停留在描述階段,並未能解釋功能的起源或基礎。其實,當我們試圖解釋一種社會現象時,我們應當分開研究現象之所以產生的實際原因和它所執行的功能(涂爾幹,《社會學方法規則》, 95)。但功能分析卻只對功能感到興趣。為了避免落入莫頓本人所拒斥的簡化有機論之中,我們仍然應將現象的功能與原因區分開來。

　　莫頓的理論也借助地位、角色、參照團體等觀念解釋了社會脈絡中的人際關係和個人行動。然而正如莫頓自己所承認的,他處理的只是社會結構的一部份,屬於微觀社會學的範疇。此外,個人之間的社會關係演變,莫頓亦未多作探討。

　　莫頓的功能分析為人詬病之處在於它無法解釋社會變遷,因為它並不具備這樣的工具。在莫頓的理論中,只有反功能的觀念有助於掌握變遷。在一篇比較功能分析和辯證唯物論二者之革命性的文章中,莫頓強調分析反功能的必要性,以「決定社會穩定的基礎,和社會變遷的原因」(莫頓, 1965, 91)。

　　其實功能分析志不在研究社會動態,它更善於處理社會結構的靜態研究;它是一種研究社會秩序和整合的社會學。譬如衝突

(角色衝突或地位衝突)便不是作爲變遷的動力因素而成爲研究對象；莫頓寧可從體系維持和體系連續性的角度來分析衝突的解決方式(見第3小節)。

# 三、帕森思的結構—功能主義

和莫頓一樣，帕森思(1902-1980)也從反對世紀初美國社會學的經驗主義出發。他嘗試建立一套涉及其他人類學科(經濟、政治、心理學、人類學……)的社會學一般理論，並試圖避免學科間的相互傾軋。帕森思行文駁雜，導致理論難以親近，甚至處處引起爭議。同時他的觀念不斷演進，發展方向時而出人意表，往往也令讀者不知所措。想要在以下十幾頁的篇幅中交代四十年的理論研究(和經驗研究，因爲帕森思從來未曾只鑽研理論)，顯然是種賭注。

## 1.帕森思的理論發展

後人一般將帕森思的作品分爲三大階段。第一階段結束於1937年《社會行動結構》(*The Structure of Social Action*)一書的出版。帕森思在該書中借用了韋伯的社會行動、馬歇爾古典經濟學中的個人動機，以及巴烈圖和涂爾幹等人的理論來建立他所謂的"行動的唯意志理論"(Théorie volontariste de l'action)。

從1937年至50年代初期，他在哈佛運用其**行動一般理論**，建立起一個抽象而龐大到足以容納一切社會行動的理論架構。他在其中規劃了社會學和其它人類科學的研究範圍。理論中的一部份以貝爾(R. F. Bales)的**四種初級功能**(下詳)為基礎，但貝氏的研究對象以中小團體為主。帕森思因而把結構的概念轉化成**體系**。第二階段以三本重要著作的出版告終：《社會體系》(*The Social System*)、《行動理論彙報》(*Working Papers in the Theory of Action*)、以及《邁向行動一般理論》(*Toward a General Theory of Action*)。逐漸地，「帕森思放棄結構功能一詞，60年代之後不復使用」(R. Boudon, F. Bourricaud, 1982, 246)。依照侯雪(Guy Rocher, 1972, 215)的說法，他的理論成為另一種"系統功能論"(fonctionnalisme systémique)。

　　如果第二階段是一般理論的成熟期，應用理論來研究**社會體系**這個社會學的研究對象，那麼第三階段便是理論拓展期，應用理論於其它學科之中(包括經濟學、政治學、心理學等)，並產生了相關作品[8]。這些研究在帕森思對不同社會的進化進行比較時(下詳)，再次豐富了行動一般理論[9]。

　　為了盡可能清楚地引介帕氏理論，下文中我們對不同的理論版本作了一番篩選整理。

---

[8] T. Parsons, N. Smelser, *Economy and Society*, New York, The Press, 1956; T. Parsons, *Social Structure and Personality*, New York, The Free Press, 1964.

[9] T. Parsons, E. Shils, K. Naegle, J. Pitts, *Theories of Society*, New York, The Free Press, 1961.

## 2.行動一般理論

### 1)行動次體系與初級功能

　　行動一般體系可以視爲(不斷地在變動的)整體社會理論的形式化。他以1953年所發現的四種初級功能爲基礎。根據帕森思的看法，這四種初級功能同時也構成了一切行動體系分析的典範[10]：

a.**維持**功能確保文化模式的穩定。這牽涉到價值、象徵體系及其結構化符碼的維持和再造。符碼的改變同時也遵循著某種規範秩序。一般而言，維持功能亦即參照(社會體系成員所共享的)價值體系功能及接受功能；

b.**行動體系之內在整合**功能協調組元(個人或團體)之間的合作。此一功能將每個部份的貢獻組織起來以利整體運作；

c.**整體目標之實現**功能同時決定了整體行動體系及其組元的努力目標；

d.**適應**功能則有助於行動體系(及其組元)適應環境條件，特別是社會行動區域之外的**物理**環境條件。

　　這四種初級功能在行動一般體系中，構成了四種次體系，如下表所示：

### 行動一般體系中的功能及次體系：

|  | 初級功能 | 次體系 | 操控關係及<br>功能環境 |
|---|---|---|---|
|  |  |  |  |

[10] Cf. le Chapitre d'introduction:"An outline of the Social System," de *Theotires of Society*, op.cit.

| 行<br>動<br>一<br>般<br>體<br>系 | 維持 | 文化體系 | "終極現實" | 最多資訊 |
|---|---|---|---|---|
| | | | ↓ | ↑ |
| | 整合 | 社會體系 | ↓ | ↑ |
| | 實現集體目標 | 人格體系 | ↓ | ↑ |
| | 適應物理環境 | 行為組織 | ↓ | ↑ |
| | | | 物理有機<br>環境 | 最高能量<br>（狀況條件） |

(資料來源：T. Parsons, 1973a, 36)

在行動一般體系中，文化體系專事維持模式，社會體系整合個體，人格體系實踐目標，行為組織則有助適應。「使個人獲得最大程度的滿意或滿足，是為行動的基本目的」(帕森思，1973a，5)。行為組織是「支撐其它體系不可或缺的人性泉源」(同上)，因為它既是行動的條件，同時也是行動的基礎。

在獨立分析過四種次體系的運作之後，帕森思以**社會體系**作為分析的中心對象。也就是說，「這意味著在行動體系的架構之中，社會體系所對應的整合功能，即為社會學的研究範圍」(侯雪，1972，78)。然而四種次體系之間的相互滲透，則令人想到「其它三個行動體系(文化、人格、行為組織)之中的任何一個，都構成了社會體系的部份環境」(帕森思，1973a，10)。事實上，行動所涉及的不只是物理—有機環境，行動更牽涉到概念、表現，或其它構成終極現實(réalité ultime，韋伯語)的文化對象，亦即人類行動的意義問題。

帕森思也將維納(N. Wiener)的操控論(la cybernétique)整合在一般理論之中，並以操控原則對其體系作了等級上的區分：具備豐富資訊的上層體系控制著下方資訊貧乏、但富於能源、提供行動條件的下層體系。文化體系在行動體系中佔有最高位置，其次是社會體系、人格和組織。最後，物理因素不爲體系的操控層級所支配，人類必須冒生命危險去適應它。在此我們可以指出，作者在社會進化比較的一般性著作第二冊[11]之中(1971，第一冊出版於1966)，不再強調操控層級的重要性，並且把**整合功能**和**社會體系**放在行動體系的頂端(帕森思，1973b, 6&11)。這再次證明了帕森思執意視社會體系爲其理論研究的首要目標。

## 2)社會體系與社會

在社會體系——社會學特有的研究對象——之中，帕森思給了**社會互動**(亦即行動者與行動者之間的活動)一個顯著的地位。但「必須要注意的是：社會體系的行動者並不只是個人，他們可以是團體或集體，例如一個村落、一種宗教、一種社會階級，或是一個國家。如此一來，帕森思的理論便可以應用到社會現實的每一層級，不再侷限於人際關係層次」(侯雪，1972, 81)。

在社會體系中，帕森思將社會定義爲：對環境而言(環境本身亦由其它的行動體系所構成)，具有最高自主程度之體系。它在某一種程度上，是社會體系發展的極至。自主性這個標準則以其他的標準(分化、適應改良、複雜性、整合等)爲基礎。我們在讀到進化變遷的範型時，會再提及。

在社會體系的研究中，或特別是社會研究(社會體系在此被視爲一種次體系，其環境則由其它三個次體系所構成)，帕森思再度

---

[11] 即《現代社會體系》一書。——譯註

提出四種基本功能的區分。在社會體系中，四種功能產生了下列四種次體系：

a)**文化模式維持體系**。帕森思在深植於社會的**價值約束**中，尋求**文化合法性**的基礎。這些使得行動者不得不遵守某些為社會所接受的規範。這也正是**價值**和**價值體系普遍化**這兩個概念之所以重要的原因。帕森思認為現代化過程的主要因素，即為這種價值體系的普遍化；

b)**社會團體**構成了社會的核心，社會次體系則構成了行動一般體系的主要次體系。同樣的，社會團體也以整合功能為主；它的主要功能在於定義對群體的**忠誠**義務，其中包括了透過「角色分化」和「地位分化」這樣的方式。在某種程度上，這是把次體系的價值轉化成一種**規範**，而規範則經由個人的尊重把個人**納入**群體之中。地位、角色多元性、階層化、聲望、影響等概念，在其中佔了重要地位；

c)**政治體系**則以集體目標之實現為目的；以**分化**(現代社會的特徵之一)為基礎。為了實現某一特定群體的目標，帕森思強調強制手段(警力、軍隊)的必要性。政府有責任維持社會團體的完整、領土的完整(抵抗外來的侵略)以及社會中的"公共"(規範)秩序；

d)**經濟體系**(以及科技體系)則致力於有效地管理資源：它以適應外在環境為目的，帕森思稱之為**調適改良**。交換、分配、產業、契約、金錢等觀念，但特別是分工(分化了的職業角色)觀念，解釋了這個次體系的運作過程。

## 社會(體系)中的功能及次體系：

|  | 初級功能 | 次體系 | 結構組元 | 進化變遷程序 |
| --- | --- | --- | --- | --- |

| 社會 | 模式維持 | 制度化的模式維持 | 價值 | 價值普及化 |
|------|----------|------------------|------|------------|
| (或一切 | 整合 | 社會團體 | 規範 | 納入 |
| 社會體系) | 集體目標實況 | 政治體系 | 集體 | 分化 |
| | 調適 | 經濟體系 | 角色(職業) | 調適改良 |

(資料來源：T. parsons, 1973a, 37)

帕森思非常重視社會體系諸次體系之間的相互滲透，以及次體系與社會體系環境(亦即行動一般體系的其它次體系，如文化體系、人格體系和行為組織)之間的特殊關係。在談及社會自主性的同時，他強調這種相互滲透的情況，並使用好幾個理論核心觀念。首先是介於人格和社會(或社會體系)之間、以從屬地位為基礎的"整合"觀念：「一個社會只有在"信賴"其成員能對整體運作做出正確貢獻的前提之下，才能成為一個自主的社會」(1937, 9)。這種納成員於社會之中的整合，不僅牽涉到了人格體系和社會體系的相互滲透，同時也涉及其它的行動體系：「這基本上是種三角關係，因為文化體系和社會結構的組成部份被**內化**在人格之中，而文化體系則在社會中進一步地**制度化**」(同上)。**內化**的觀念來自佛洛依德，指的是個人同化於社會模式之中，社會模式因而成為心理人格的整合部份。用帕森思的術語來說，這牽涉到對社會價值和社會規範的"吸收同化"。**制度化**指的則是社會與文化之間的相互滲透：「在社會層次上，制度化了的**價值**模式不外是那些決定社會體系之**偏好**類型的集體表現」(同上)。在此，觀念借自涂爾幹。

### 3)進化變遷

　　"進化變遷"，這個用來同時指稱社會進化和(或)社會變遷的複合術語，係由帕森思本人自創。它採取一種進化觀點，這種進化觀則以能夠增進一般適應能力的"導向因子"(facteur directionnel)為基準。由此，帕森思以**原始**、**中間**、**現代**三個進化階段描繪社會體系的進化特徵。第一階段到第二階段的過渡由**文字**開始，文字的出現使口頭語言得到進一步的文化傳佈，擁有文字的社會體系便可以擁有歷史。第二階段至第三階段的轉換，則以能夠樹立起普遍原則的**法律制度化**為基礎：現代社會和中間社會的區別，即在於這種法律層次上的普遍性(韋伯所說的形式理性)，以及對捍衛特殊利益之一般訴訟程序的重視。

　　進化變遷的產生仍然透過上文提到的四種程序和相應的四大功能，亦即**價值**、**納入**、**分化**和**調適改良**四者的**普遍化**。根據帕森思的看法，最重要的程序是分化，亦即「一個社會體系的統一或結構，分裂成兩種或多種單位或結構；這些單位或結構的特徵，以及他們對體系的功能意義各自不同」(同上, 29)。然而只有在價值達到一定程度的普遍化時——也就是說，在價值指導模式對新的行為模式而言仍然合法的情況之下——，分化才有可能產生。最後，「分化過程，只有在每一個分化出來的成份具有比未分化之前更高的適應能力時，才能導向更發達的社會體系」(同上)。在此，我們再度看到了**調適改良**的重要性，亦即因科技—經濟體系進一步適應環境，致使一般表現漸入佳境的過程。

　　這種社會進化的原則，一方面從**生物學**中提借了運作的概念(元素的分化—分裂、成功條件、適應改良)，另一方面則採用操控論對進化的定義(經由文化體系和價值體系中的改變，邁向資訊豐富的社會)。

在社會變遷這個社會學的重要研究對象之中，帕森思區分了**均衡變遷**和**結構變遷**。均衡(équilibre)的概念在帕森思的理論中是一種為了分析方便而將某種狀態固定下來、以便進一步研究變遷的方法程序。均衡變遷只影響到單位或次體系。換句話說，在混亂過後，新均衡取代舊均衡，但並未改變整體結構的特質。而社會體系的結構變遷，一般而言，來自於外在因素的刺激；這些外在因素可能由整體社會體系中的其他次體系(文化體系、人格體系或行為組織)所產生。至於變遷的內在因素(特別是社會體系的內在緊張)，則多為外在因素刺激的結果。這種影響到體系本質的結構變遷，同時也受到了模式修正及價值轉變的制約。這便是變遷的操控條件，為的是讓制度化和內化功能得以持續下去。但這些觀察並未增進我們對結構變遷條件的認識：它們對新價值的浮現和普遍化的過程，常常是描述多於解釋。

## 3.帕森思理論的幾點批判

根據侯雪的看法，帕森思理論中的觀念成分要大於理論成分：「與其說這是一套解釋一群現象的真正理論，倒不如說它是一種整理範疇、使範疇環環相扣的巨大架構。和馬克斯的解釋體系相較之下，在帕森思的理論模式中顯然少見因果關連」(1972, 228)。作者同時也贊成侯曼(G. C. Homans)對帕森思的批評：「如果說科學不能放棄建立一套範疇體系或一種觀念模型的企圖，這並不足以證明體系或模型就因而具備了解釋現實的能力。我們不

應該混同觀念模型和理論。科學需要一整套的一般命題來連結一
切的範疇；少了這層努力，沒有任何一種解釋是可能的。然而當
代的社會學理論卻自陷於應用觀念模型[12]」。在較爲實際的層次
上，帕氏理論模型中的形式主義以及連結範疇之一般命題的缺
乏，使它變得太抽象、絕大部分太難以駕馭，以至於在應用上很
快地便失去一致性。譬如藍席耶(D. Lancier)便引述李普塞(S. M.
Lipset)和羅坎(S. Rokkan)在運用帕森思理論來研究政黨時所說的：
他們必須以暴力來對待帕森思的理論，並加以轉化[13]。

　　儘管後來的進化論朝多元發展，而新進化論的新觀念也以解
釋歧異爲職志，但大部分的評論家仍然批評帕森思又兜回他在處
女作中所鄙棄的進化論老路。此外，分化、調適、複雜性等觀
念，也使得帕森思學說呈現出種族中心主義的傾向，亦即以美國
社會爲社會進化過程的終點：「一切功能高度分化，並具有相當
自主之司法、經濟、政治專門結構的社會，例如美國社會，都有
被視爲模式的危險：透過強調市場結構、四海皆準的法律體系、
官僚組織和民主結合等進化的共相，帕森思暗地歌頌美國社會」
(F. Chazel)[14]。這種視美國社會爲分化、調適之極致的進化主義—
—或更確切的說，這種目的論——可以部份解釋帕森思理論中的
**靜態性格**：帕森思爲了分析進化和變遷所建立的概念工具，並沒
能派上什麼用場，因爲美國社會被視爲——儘管這點從未言明—

---

[12] G. C. Homans, *Social Behavior: It's Elementory Forms*, N.Y., Harcourt, Brace & World, 1961), cité par G. Rocher(1972, 228).

[13] Cf. D. Lancier, "Formation et developpement des partis politiques modernes," *Sociologie du Sud-Est*, n. 11, janvier-mars, 1977, p. 34 ff.

[14] 帕森思作品(1973b)法譯本序p. XVI。

一進化過程的終點。這也正是美國社會分析專家對帕森思漸趨冷淡的原因，他們轉而研究"後工業社會"中的群眾溝通、娛樂、集體生活形式等新課題。

此外，值得注意的是帕森思對歷史並不如他對經濟、政治或心理學來得這般興趣濃厚。在他的研究或行動一般理論之中，歷史的地位遠不如這些其他學科，一切好似進化論適足以填補此一缺失。根據杜恆(Alain Touraine)的看法，「如果我們拒絕正視歷史行動之規範性定位的存在原因，那麼我們勢必被迫以環境本身的進化來解釋這些定位的狀態。從史賓塞、涂爾幹、涂尼斯到帕森思，這種進化論不斷地死灰復燃，充斥著以自然主義哲學來看待歷史的危機」[15]。

帕森思理論中令人驚訝之處尚有：儘管他重視控制模型的維持功能(根據操控原則，這種功能位於頂端)、價值和文化體系，以及價值的制度化，但他對這些價值本身的研究卻差強人意。如果說帕森思的價值社會學——某些學者批評其為主觀唯心論——以價值共識為基礎，我們卻從未看到這些共識的基礎和解釋。按照侯雪的看法，「帕森思的社會學把價值和規範當成理所當然，並未進一步探究它們的起源，以及產生和演化的過程」(1972, 225)。從某個角度來說，社會體系的價值對社會體系而言，是先天內在的；而價值和規範二者的地位、表現及制度化，則規避了一切對其合法形式的追詰。像彌爾斯(C. W. Mills)便認為：「規範性秩序的概念，既然已經發達而為人普遍使用……，這不禁令人想到一切的權力都是合法的」(1967, 47)。由此，我們可以把帕森思的社

---

[15] A. Touraine, *Sociologie de l'action*, Le Seuil, 1965, p. 82.

會學視為對既有秩序的合法化：「至上理論(此乃彌爾斯對帕森思
理論的諷刺稱謂)的意識型態，完完全全傾向於合法化佔支配地位
的穩固權力」(同上, 54)。

　　行動一般理論以最富於資訊的功能(亦即文化模式的維持功能)
為基礎，置社會體系於社會學研究的中心，這顯示出文化和社會
在帕氏理論中的重要性。而為了研究社會次體系和社會團體的組
元，帕森思在理論報告中屢次以**行動單位、行動者**或**個體**等類似
的術語來指稱單獨的**個人、集體**或**團體。個體**或**行動者**這些術語
的頻繁使用，以及很可能來自貝爾(Bales)的影響(如帕森思理論中
的四種功能，但貝爾研究的對象以小團體為主)，則令人對以研究
社會環境中之個人為主的帕氏理論做出了不同的詮釋。像布希果
(F. Bourricaud)便認為帕氏的作品「決定性地闡明兩個關鍵問題：社
會學的理論本質問題，以及**制度條件和個人選擇之間的關係**問題」
(布希果, 1977, 9)。

　　在我們看來，這種說法只是片面地斷章取義以化約問題。重
點並不是去宣告個人在帕氏理論中無舉足輕重，而是去欣賞帕森
思如何看待個人與社會條件之間的關係。如果行動一般理論是一
種"體系功能論"(侯雪)，或"系統社會學理論"，這是因為帕氏的理
論取向從整體、從體系開始，而不是從局部出發。這(也)並不是說
它否定了局部的獨立自主。帕氏對**行動**的定義，透露出一般理論
的特色所在正是集體和社會層次：「行動由結構和步驟所構成;透
過結構和步驟，人類投射出意向並在實際狀況中或多或少付諸實
現。"意義表達"意味著一種參照和表現的文化或象徵層次。意圖
及其實際衝擊二者一道，便顯示出(個人或集體)行動體系在所欲方

向上，改變自己和環境(或狀況)之關係的大致傾向」(帕森思，1973a, 6)。

布希果將institutionalized individualism(制式化的個體主義)譯爲individualisme institutionnel(制度上的個體主義)，以便總結帕森思對個人行爲與制度條件之關連的探討。但是這個翻譯卻造成一種語意上的滑移：側重法律、規章，而抹煞了象徵、合法的成分；然而後者卻因爲內化於人格之中、制式化於社會之中，而更具強制力。例如敬老尊賢並非制式具文，但卻制式化而成爲根深蒂固、難以踰越的規矩。個人或集體行動者的獨立自主則屬於另一種本質，絕大部分爲帕森思的體系或次體系所決定。

帕森的理論還有另外一點也常遭人詬病：他並未充分利用自己所鍛造出來的某些概念工具。比方說帕氏大多以外在因素影響價值，來解釋社會變遷或社會共識；前文已經指出這點在帕氏理論中的重要性。但是同樣重要的結構因素或概念工具，如行動次體系之間的緊張、個人或團體間的社會互動、或分化等概念卻遭到作者的忽視；刻意規避內在衝突及改變，導致理論僵化枯槁。侯雪便認爲我們絕對有理由譴責帕氏「未能堅持他先前引入理論之中、針對不同矛盾所做的動態分析。帕森思在他的行動體系模型中散播了一定程度的潛在矛盾，很可以成爲衝突或緊張的來源，並可以此來解釋社會變遷。但他並未能強調這些矛盾的存在和它們可能扮演的動態角色」(侯雪, 1972, 230)。

彌爾斯更激進地批判道：「對衝突的神奇解除以及和諧的天下奇觀，使得這個"系統"而"一般"的理論根本不夠資格涉足社會變遷領域，亦即歷史領域」(1967, 48)。

這一切似乎說明了社會學家常落入起始問題的圈套。事實

上，如果同霍布斯一樣視**社會秩序**為最基本的問題、追問人類在
社會中為什麼能夠共處而非相互撕扯，那麼當然，帕森思勢必得
重視整合而忽視衝突或社會離心力。然而整合功能作為社會次體
系——社會學之研究對象——的奠基功能，這個事實看來卻極富
教育價值。拉比耶(J. W. Lapierre)便認為：「功能論——不論系統
與否，但特別是帕森思的功能論——的大弱點，即在於分析時，
雖然觀察到了社會體系(或政治體系)中衝突(或分裂)的存在，但卻
未能進一步追究原因，或在不相干的體系環境分析中尋求解釋。
這種意識型態上的抑制不言自明。功能論是一種將部份整合在具
實整體中的理論；但它卻規避解釋組成部份之間的歧異、區分、
對立等現象。然而一旦少了這些現象，那麼整合在實際上或理論
上自然不成問題」[16]。

---

[16] J. W. Lapierre, "Systémisme ? Oui. Fonctionnalisme ? Non.," *Sociologie du Sud- Est*, n. 11, Janvier-Mars, 1977, p. 61.

# BIBLIOGRAPHIE

BENDIX Reinhard et LIPSET Seymour M. : *Class, status and power*, New York, Free Press, 1953, 727 p.

BOUDON Raymond, BOURRICAUD François : *Dictionnaire critique de la Sociologie*, Paris, PUF, *1982*, 651 p., 2ᵉ édition 1986, 714 p.

BOURRICAUD François : *L'individualisme institutionnel. Essai sur la sociologie de Talcott Parsons*, Paris, PUF, 1977, 350 p.

DURKHEIM Emile : *De la division du travail social*, PUF, 8ᵉ édition, 1967, 416 p.

GOULDNER Alvin M. : *The Coming Crisis of Western Sociology*, New York, Basic Books, 1970.

HABERMAS Jürgen : *Théorie de l'agir communicationnel*, Paris, Fayard, 1987, 2 tomes, 448 p. et 480 p. (1981).

LINTON Ralph : *Le fondement culturel de la personnalité*, Paris, Dunod, 1967, 139 p. (1945).

MALINOWSKI Bronislaw : *Une théorie scientifique de la culture*, Paris, Éd. Maspero, 1968, Points Seuil, 1970 a, 188 p. (1944).

MALINOWSKI Bronislaw : *Les dynamiques de l'évolution culturelle*, Paris, Payot, 1970, 237 p. (1961).

MEAD George H. : *L'esprit, le soi et la société*, Paris, PUF, 1963, 332 p. (1934).

MERTON Robert K. : *Éléments de théorie et de méthode sociologique*, Paris, Plon, 1953, 2ᵉ édition 1965, 514 p. (1957).

MILLS Wright C. : *L'imagination sociologique*, Paris, Éd. Maspero, 1967, 240 p.

PARSONS Talcott : *Éléments pour une sociologie de l'action*, Paris, Plon, 1955, 355 p. (1949, 1951, 1953).

PARSONS Talcott : *Sociétés : essai sur leur évolution comparée*, Paris, Dunod, 1973 a, 157, p. (1966).

PARSONS Talcott : *Le système des sociétés modernes*, Paris, Dunod, 1973 b, 170 p. (1971).

RADCLIFFE-BROWN Alfred R. : *Structure et fonction dans la société primitive*, Paris, Éditions de Minuit, 1968, 364 p., *Points-Seuil, 1972*, 317 p. (1952).

ROCHEBLAVE-SPENLE Anne-Marie : *La notion de rôle en psychologie sociale*, Paris, PUF, 1962, 2ᵉ édition *1969*, 534 p.

ROCHER Guy : *Parsons et la sociologie américaine*, Paris, PUF, 1972, 238 p.

STOETZEL Jean : *La psychologie sociale*, Paris, Flammarion, 1978, 350 p.

* J.W. Lapierre : « Systémisme ? Oui. Fonctionnalisme ? Non », *Sociologie du Sud-Est*, n° 11, Janvier-Mars 1977, p. 61.

# 4

# 方法個體主義[1]

　　方法個體主義與其說是一般理論，倒不如視之爲一種模型或範型。在法國，主要的開創人是雷蒙・布東(Raymond Boudon)。繼早期部份完成於美國的計量研究之後(與拉薩費爾德P. Lazarsfeld共事)，布東轉而研究形式模型；但他晚近的著作卻近似一種思辯氣質濃厚的社會學(參見《意識型態》, L'idéologie, 1987，以及G. Berthoud在1987對該書的批判)。

　　方法個體主義以四大潮流爲基礎：

1.古典經濟學中的功利主義，

2.帕森思的互動論及行動社會學，但帕森思本人亦受到了古典經濟學的影響，

3.海耶克(Friedrich Von Hayek)及巴柏(Karl Popper)等知識社會學家的學術態度：對他們而言，社會現象永遠是個體行動的後果，

---

[1] L'individualisme méthodologique; 方法個體主義中的行動者，可以是個人，也可以是某種集體單位，故individualisme一詞譯爲個體主義而非個人主義，而individu一詞則視行文需要譯爲個體或個人。——譯註

4.反常效應及非邏輯行動(巴烈圖)理論。

　　布東認為「"方法個體主義"的原則是：為了解釋某一社會現象
——不論它牽涉到的是人口統計學、政治學、社會學或其它特殊
的社會科學，我們首先必須重建和這個現象有關的個體動機，把
現象當作是這些動機所指使之個體行動的集結後果。這個命題永
遠有效，不論有待解釋的現象形式為何，不論它所牽涉到的是哪
一種特殊性或統計規律性，也不論它的呈現是經由一群定性資料
或是量化數據……」(布東, 1986a, 46)。

　　方法個體主義一詞出現於1871年，由奧地利的邊際效用經濟學
者門格(Karl Menger)率先使用，爾後有熊彼得(Joseph A. Schumpeter)
相繼採用。根據布東的說法，韋伯在1920致邊際效用經濟學者李
特曼(R. Lietman)的書信中也提到過類似的方法：「社會學同樣地
也只能源自於一個、幾個或眾多個人的行動。這便是為什麼它應
當採取純然"個體主義"的方法」。對布東而言，引號意味著該詞
不該以慣常使用的道德意義(自私自利)來理解——"個體主義"是相
對於"集體主義"或"全體主義"(偏重整體甚於部份的理論)而言的。
韋伯由此提議，社會學的建立應從個人，而非從社會開始。然而
關於韋伯是否具有個體主意傾向這個問題，社會學家們至今仍然
聚訟紛紜未有定論(P. Birnbaum, J. Leca, 1986, 15)。

　　本章旨在闡明何謂個體主義模型，以及它之所以反對"全體主
義"潮流的原因。社會變遷的問題也在討論之列，而結尾則以個體
主義批判為主。在還沒有開始之前，我們必須注意以下兩點以避
免一切可能的誤解。首先，「個體行動者不僅可以是個人，同時
也可以是一切具有集體行動能力的集體單位(工廠、國家等)」(布
東, 1979, 36)。其次，與下文方塊中第二命題所容易造成的誤解恰

好相反,「個體方法論絕對沒有社會原子論的傾向。它並未禁止、**甚至要求將個體放在社會脈絡中來進行考量**。此外,它把處於同樣情境之中的**個體看成是相同的**,並以此來**分析集體現象**」(布東, 1986a, 50)。

## 一、從互動到聚合

個體主義模型可以概括如下:**一切社會現象可以透過個體行動的聚合來解釋**。但是首先必須定義何謂**個體行動**?何謂**聚合**?拿布東作品中一再出現的例子來說:托克維爾試圖解釋十八世紀末期,法國資本主義農業和商業的發展不若英國迅猛的原因。托克維爾認為其中的差異在於:法國較為強勢的中央集權吸引地主到城市中謀求發展,以謀得一官半職。但是在英國,魅力不大的國家機構,則讓地主安心守著土地,投資資本和精力於土地之上,以待財富開花結果。

布東認為托克維爾的分析把個人行為當成**有意圖的行動**,個人則以這種意向行動來追求自身的**利益**。在這個例子中,法國地主搬到城市中居住,為的是謀得一官半職、甚至因而封爵。「這些個人的選擇加起來便產生了一種**宏觀社會學**效應,亦即農業和商業的落後……。在一切的個案之中,我們可以看到一種隱約的方法個體主義預設:**分析者假設行動者在試圖做出最佳決定的同時,必然也考慮到了體系所設定的限制**」(布東, 1979, 57)。

**方法個體論的來源：**

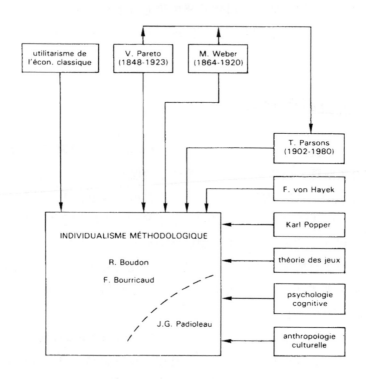

## 1.個人意向行動

　　根據巴鳩羅(J. G. Padioleau)的看法，「行動，強調下列幾項要素：a)**行動者**，可以是個人或團體，b)介入某種**情境**之中，情境的特質多少對行動造成限制，c)追求一定的**目的**，同時為了達成目的而d)**操控資源**，於是便形成了e)**義涵行為**」(巴鳩羅, 1986, 47)。

**方法個體論的三道命題：**(資料來源：布東, 1979, 33)

**命題一：**儘管研究主題分歧，社會學所處理的活動並非全般異質得無可救藥。不論社會學者研究的是特殊事實、統計上的規律性、或試圖證明一般關係，他的分析大都傾向於突顯互動體系的特質，而互動體系自然也必須對這些觀察到的特殊事實、規律性或關係負責。換句話說，令社會學家感到興趣的**現象**，是可以透過**互動體系的結構**加以解釋的。

**命題二：**社會學分析中的邏輯原子自然是行動個體。當然，行動不會發生在制度或社會之外，而是產生於由諸般**限制**(contraintes, 亦即行動者必須當作外在強制條件來接受的素材)所構成的社會脈絡之中。這個事實並不意味著我們就因此可以把行動者的行為，單單看成是這些限制的結果；限制只不過是解釋個體行動的要素之一。為數不少的分析認為，一般而言，只有當行為被視為具有目的之行動時，社會學者才可能理解介於互動體系特性與個體**行動**之間的因果關連。

**命題三：**正如巴烈圖區分了邏輯行動和非邏輯行動，在大多數的情況下，社會學應當採用較為複雜的圖式來分析個體行動，例如經濟學者的分析圖式。對古典經濟學者而言，畢奚丹之驢(l'âne de Buridan)[2]注定要餓死，但對現代經濟學者而言，最大程度的滿足應當包括最小的決定代價：因此驢子勢必隨機性地二者擇一。對社會學者而言，除非驢子信賴掛袋的農夫(在兩個袋子中裝了同量的秣草)，否則牠或許會以**陰影動機**(shadow-motivations, 例如右手的優勢)來進行取捨。

---

[2] 畢奚丹(1300-1358？)經院哲學家。在其寓言中，驢子身處兩袋燕麥之間，因無法取捨而餓死(一說二袋一為水袋，一為秣袋)。——譯註

　　方法個體論考慮到了個體行動的目的(性)以及行動者的意向性；行動者通常被放置在某些情境之中，令他不得不考慮在他追求目標途中所可能遭遇到的限制。這些限制可能來自於互動結構本身，可以遊戲理論加以分析(例如囚犯困境，下詳)；也可能來自環境脈絡或社會結構，迫使個人在幾種行動可能性之間做出選擇。方法個體論堅決反對那些過份強調外在限制或社會規範的社會學流派，並斥之為**社會學的決定論**。它一方面批判**社會結構的專制**，同時也指責規範內化這種「過於社會化的人的觀念」：「社會行動者通常被視為軟塌的麵糰，環境條件烙印其上，進而在情境中指使其行為」(布東, 1986a, 57)。巴鳩羅則抨擊馬庫色的**單面人**這種「以機器面目出現，為"社會"所複製，為體系所僵撐(carapaçonné)、操縱的個人」(巴鳩羅, 1986, 37)。

　　總而言之，在外在限制所設定的範圍之中，個體是一種行動的存有(巴鳩羅)。他的行動具有一定的目的性，或說得更精確一點，一種理性(布東)。解釋行動者的理性行為，「即在於找出讓他採取此一行為的**充分理由**；這些理由依情況之不同，可能出於實用考慮或為了實現某種目的，但也可能屬於其它不同的類型」(布東, 1986b, 25)。在各種充分理由之中，布東特別側重邊沁的功利主義類型：一切的行動都服從於快感和痛苦的計算，一切但求個人最直接的利益。布東為了證明個體主義典範的有效性而一再舉出的例證，多屬功利主義類型。在這些例子中，個體之間的互動大致可以簡化成類似上文托克維爾所做的分析。

　　當然布東也知道這種功利主義模式，並不足以解釋行動者推理計較的多元性，但他並未拓展出其它模式。相反地，他卻一味貶斥其它模式，宣稱「我們得提醒社會學者重視下列事實：在他所處理的問題之中，**經濟人**(l'homo oeconomicus)的模型往往比他想像中更具解釋能力」(布東, 1984, 55)。在這一點上，經由提借功利主義模型，布東和強烈反對功利主義的海耶克分道揚鑣。但他從英國功利主義處借來的理論，卻只牽涉到計較利益得失、謀求最大滿足的個人理性及個人利益，摒除了「為最大多數謀求最大幸福」的功利主義信條(布東認為這不過是蠢話罷了)。布東在此卻也和海耶克自由放任的新自由主義立場不謀而合。

其它的社會學家則把行動理性建立在**象徵利益**或**認知模型**(側重個人賴以行動的必要知識)之上。

根據巴鳩羅的說法，認知指的是**表現、記憶、知覺等精神活動；透過這些精神活動，社會行動者記錄、開發、轉化、使用，並再度活化存在於某一行動脈絡之中的刺激；**(這也就是說)，一方面，**行動的世界基本上屬於表現的範疇**，或根據專家的說法，屬於"認知"的世界。另一方面，**個體**，即使乍看之下他所承擔的不過是例行活動，**卻也總是以"行動著的存有"這樣的面目出現**(巴鳩羅, 1986, 48)。

在這種模型之中，文化、集體知識和個人之社會化，都有助於理解個人的理性行為。但是為了避免落入"海綿—社會(學中)人"(homo-sociologicus éponge)這種一味強調社會作用的觀點之中，巴鳩羅提出一種深受認知心理學和文化人類學影響的新角度來看待社會化：個體之間的差別一方面來自於早期學習脈絡上的歧異，二來則因為每個人在生命史中所學不盡相同。作者繼帕森思之後，再次從米德的學說中借取兒童遊戲的**角色互換**理論，以及**概化之他人**的建構程序：兒童在集體遊戲中一再以想像方式扮演他人，**自我**(ego)因而建構了多重的**他人**(alter)。這種象徵性替代在

維持個人認同的同時，也模塑出一種集體認同，使個人學習到了
互賴關係的結構。它讓個人加入"參照團體"的遊戲，個人因而認
同參照團體，希望成爲其中的一份子。參照團體便因此決定了個
人的行動和表現。

　　個人透過這種社會化所呈現出來的差別，還必須再加上行動
情境的歧異、甚至可以說是行動情境的不確定性。巴鳩羅認爲，
社會行動概念和它的隨機偶然特質是分不開的。唯有一定數量的
**相互期待**作用(如遵守規範；但特別是在互動中，扮演好個人地位
所限定的角色)才能削減這種不確定性、維持社會體系的穩定。這
也正是個人社會化和學習的成果。

　　儘管巴鳩羅以認知模型來樹立另外一種不同於功利主義邏輯
的理性，我們仍然可以觀察到他的功利理性傾向。事實上，認知
模式仍然屬於**代價─利益**的功利主義模型，即使當下的利益並非
唯一的目的：「我們必須注意："認知**社會人**"仍舊採用社會行動
者的功利觀和規範觀。因此，在交易現象之中，行動者依照自我
形成的主觀評價來採取行動；而個人則比較代價和利益，評估未
來作爲的諸般限制和資源……。功利行動者考量各種可能，形成
偏好並做出選擇，這一切都多虧認知過程對選擇的定義，讓選擇
具有意義」(巴鳩羅, 1986, 99)。

　　除了個體行動的理性和它的意向性之外，我們現在應該回頭
探討方法個體主義的第二個主要面向：行動**聚合**(agrégation)。

## 2.個體行爲的聚合

　　方法個體論試圖以個體行動的聚合來解釋宏觀的社會現象。在上文托克維爾的分析中，法國地主個人選擇的結合(定居城裡以謀得一官半職，從而封爵)，導致商業和資本主義農業的落後(相對於行政中央集權及國家威信程度較低的英國而言)。這種社會作用稱爲結合效應(effet de combinaison)、浮顯效應(effet émergent)或聚合效應(effet d'agrégation)。

### 囚犯困境：

　　囚犯困境是遊戲理論和互賴結構(見1.2節)的範例：每個人都追求自身的最大利益而毋需考慮他人的行爲。設有二嫌被控共犯重罪，但證據不足無以依重罪起訴，然而卻有一定的罪證可依輕罪判刑。預審法官隔離二嫌並提議如下：

--或二者同時俯首認罪，罪刑由二十年監禁減爲十年以獎勵其合作態度，

--或二者都不肯承認罪行，則以輕罪起訴各判兩年監禁，

--或其中之一認罪，另一方拒認：伏罪者當即釋放，拒認者判處徒刑二十年。

遊戲結構和可能的刑罰可以表列如下：

|  |  | 乙　　囚 | |
|---|---|---|---|
|  |  | 認罪 | 否認 |
| 甲 | 認罪 | 甲：10；乙：10 | 甲：0；乙：20 |
| 囚 | 否認 | 甲：20；乙：0 | 甲：2；乙：2 |

　　兩名嫌犯各自計算認罪的後果，另一方決定如何並不重要：其實如果自己承認對方也承認，那麼他已將罪刑由二十

年減為十年；如果自己承認而對方不承認，那麼他當即獲得自由，免去兩年的輕罪刑則。因此，若以理性計算得失為主要考量，二嫌都會承認罪行因而被判十年徒刑。然而如果沒有任何人肯承認，那麼二嫌只需服刑兩年，理性選擇的代價讓二者多服了八年的徒刑。

囚犯困境的遊戲結構常遭人批評(特別是益格魯—撒克遜的經濟、政治著作)：因為它牽涉到的是一種特殊的狀況，其中的主角(歹徒或罪犯)是反社會的個人。只要道德規範、傳統及行為隨著歷史、文化環境等條件而有所不同，我們便不能拿這個特例來以偏蓋全。

布東認為囚犯困境是種非零和遊戲(見第二節)。非零和遊戲同時也解釋了協和廣場上的交通阻塞、星期天早上麵包店前大排長龍、國際武裝競賽、文憑貶值等現象。但儘管這種遊戲結構能夠透過個人行動及選擇、描繪出某種社會現象的浮現，一旦抽離了環境脈絡和形成結構的決定因素，它似乎無法解釋現象產生的原因。

為了做一番更精確的分析，布東區分出兩種社會學家必須研究的不同情境類型。第一種情境可以稱之為**互賴結構**(structure d'interdépendance)：個人置身於"自然狀態"的環境脈絡之中，也就是說，「每個個體被組織、制度放置在一種情境之中，他可以決定是否需要取得他人的諒解或贊同；而一旦行動損害到他人的權益，也可以不受道德和法律制裁的約束」(布東, 1977, 225)。

相反地，在"契約"脈絡裡，個人置身在一種**功能體系**之中，他的行動和決定只能發生在社會交換之中：例如約會的時間地點、對某事的同意和日期等等。即使行動者經常透過理性選擇來追求利益，他們仍然必須考慮他人的期待。在這個體系分析中，莫頓的**角色**概念無疑佔了核心地位(參閱第3章第2節)。

互賴體系("自然狀態"脈絡)基於本身的結構特性，很可能從個體行動中製造出**意料之外**的社會現象。這種結構也正是方法個體主義的主要研究對象。對布東而言，「**聚合效應或浮顯效應**並不是體系份子所刻意追求的，而是源自於互賴情境」(布東, 1979, 98)。

托克維爾所說的法國商業及資本主義農業落後，即屬於這一類現象。同樣的，如果為了某種緣故，人人都相信某物價格即將上揚、進而導致突然的搶購，那麼價格勢必上揚。貨品缺貨供不應求也是相同的情況。莫頓已經仔細研究過這種浮顯效應，並稱之為**創造性預言**(prédiction créatrice)：「創造性預言由錯誤的情境釋義開始、引發一種新行為而弄假成真。創造性預言似是而非的真實性造成了一連串的錯誤。而預言者則拿發生的事件來證明自己有理。我們都知道密林維爾(Millingville)銀行(編按："黑色星期三"謠言受害人)絕對具有支付能力，要不是謠言給自己製造了實現條件的話，它很可能還在繼續營業。這便是集體邏輯的矛盾」(莫頓, 1965, 143)。

布東從遊戲理論中借用了另一個著名的例子，並以它來解釋都市空間的種族(或社會)隔離現象：「如果每個人都希望生活在一個大多數鄰居和他同屬一類的環境之中，那麼結果很可能每個人的鄰居都同屬一類。一定數量(而非少數)之個人要求的聚合，便產生了誇張而超過原先要求的隔離效應」(布東, 1984, 67)。

浮顯效應或聚合效應——亦即因個人理性或個人期待而產生之諸多個人行為的結合——這樣的宏觀社會結果屬於巴烈圖的**非邏輯行動**範疇(見第1章)。其實巴烈圖建議把經濟學當成研究邏輯行動(或理性行動,結果符合期待)的科學,而社會學則處理非邏輯行動(個人行為導致意外結果)。在這種情況之下,社會學得研究對象為**複雜**行動(行動者看來似乎被非理性或荒謬原則所牽引),並「以解釋限制個人自主性的社會決定為主要目標」(布東, 1979, 20)。

而**經濟人**則是理性的行動者;他的理性只有在最佳選擇不可能——由於無法匯集一切的情境相關資訊——的情況下才受到限制。理性行動者因而以自己的想象來填補這個資訊的空缺。但是在其它的情況之中,環境的複雜卻使得行動者不得不為自己簡化情境。由此而產生了"有限理性"的概念:在**最佳選擇**不可能的情況下,行動者能做出**滿意選擇**(J. G. March, H. A. Simon, 1974, 138)。儘管如此,我們仍舊認定**經濟人**的選擇屬於理性範圍。

**社會人**則置身於結構曖昧的情境之中,所謂的"較佳選擇"其實是個模糊的概念。除了行動的不確定性之外,選擇的"偏好層級"並沒有多大的意義。抽了五根煙之後,再吸第六根能讓我得到即刻的快感嗎?儘管煙毒的累積不大,我還是不能輕忽。在此,**漸進**或**增量**的陷阱讓短期行動產生了長期效果,後者甚至和短期行動的理性背道而馳。不少學者(特別是英語系的政治學者)大量採用方法個體論來分析政治行動:在政治行動中,短期效果和長期效果往往判若天壤。

## 二、反常效應與社會變遷

在《反常效應與社會秩序》(*Effets pervers et ordre social*)一書中,布東故意把組合效應(effets de composition)、聚合效應(effets d'agrégation)和**反常效應**(effets pervers)三詞等同起來，兼指可預期和不可預期的意外效果。但後來反常效應一詞則專指對個人或群體呈現出負面價值者(布東，1984, 66)。

當布東拿它們來解釋社會變遷時，他所側重的則是"意外效果"這樣的一般涵義(巴烈圖的非邏輯行動)。他一方面希望保留衝突在社會變遷中的地位，同時強調出這些效應應有的重要性。大型團體(如社會階級)之間的利益衝突及矛盾，在社會變遷中扮演著一定的角色。在此牽涉到的便是一種**零和遊戲**(jeu à somme nulle)，因為任何一方的獲得即為對方的損失。然而對社會學家而言，由聚合效應或反常效應所產生的變遷程序卻顯得更有趣，因為它們既不在預期之中而且更形複雜。這是一種**非零和遊戲**(jeux à somme non-nulle)，因為當事者雙方同為輸家(如囚犯困境，見上)。方法個體論認為此乃社會變遷分析的基本結構：社會變遷不外是個體行動集成的後果。

布東廣蒐因反常效應而導致社會變遷的例證。在借自謝林(Th. Schelling)的遊戲結構裡頭，毗鄰的棋子有50%的機率屬於同一類別。這解釋了美國都市中的種族隔離、顯著的移民運動、黑人住宅區的落後，以及市郊住宅區的發展等現象。

布東認為，類似的結構也解釋了為什麼教育普及並未促進社會機會的平等：「如果每個家庭單位都要求比先前同級家庭更高的教育程度，那麼結果必然使得每個人都必須以**更高的代價**才能換得其所在的社會地位。因此教育普及既未促進社會機會的平等，也未促進收入的平等。集體行動的邏輯為了提昇集體福祉(財富)，卻很可能造成寡頭勢力結構，結果對大家都不利」(布東，

1977, 47)。根據這個說法[3]——和已知意見相左,教育機會不平等
的消弭,特別是透過教育發展(教學機構容量的擴大),未必能縮減
社會機會的不平等。每個家庭在增加教育投資的同時,也提高了
社會成功的標竿。這個非預期而意外的效果當然是負面的;它形
成了一種不斷強化的惡性循環,雖然提昇了教育水平,但卻可能
與生產機制的需求有所抵觸(這是布東並未加以分析的)。

　　布東以反常效應來解釋社會變遷,用意在於指出:尋求社會
變遷的**首要動機**(primum mobile)或建立變遷法則,不過是在浪費時
間。「我們應當放棄試圖找出社會變遷典範這個流行於十九世紀
的觀念」(布東,1979, 145)。為了解釋社會變遷,作者提出三道社
會秩序:

1)**重複**、再造、或封閉過程(Les processus répétitifs, reproductifs ou
bloqués)並未對互動體系及其環境,或體系—環境關係造成影響;

2)**累進**過程(les processus cumulatifs)並未改造環境,但卻影響了互
動體系(如科學知識、分工知識等自我饋養的累進過程)。在各種累
進過程中,布東特別強調因個體行為結果之不確定而產生的**擺盪**
過程(processus oscillatoires)。例如大學科系的選擇:養成時間的差
距使情況變得不明確,因而造成一系列的醫生荒或程式設計師供
過於求。莫頓的創造性預言("黑色星期三"導致銀行破產)便屬於這
種**擺盪**過程。儘管大多時候,這些過程與內在因素息息相關,它
們也很可能受到外界因素的抑制或鼓勵。

3)**轉化**過程(les processus de transformation)則對環境產生反作用,
從而引起互動體系的改變。例如房租凍結和其它有利於承租人的

---

[3] 參閱R. Bourdon, *L'inégalité des chances*, Paris, Colin, 1973。該書23-28頁
有摘要說明。

措施，導致市場癱瘓，反而對承租人不利，而且還可能反過來進一步限制社會改革。我們可以把團體之間的衝突歸為此類。

布東強烈反對那些單以內在因素來解釋變遷的學者(他在此特別指出黑格爾、馬克思和功能論者)；但他同樣也反對尼斯貝(R. Nisbet, 1984)等人單以外在因素來解釋變遷。變遷的原因可能外在，可能內在，也可能二者兼有。變遷過程很可能發生在全然不同的狀況之中：對立團體的衝突、科技創新、團體**習性**的改變、某些互賴結構的"不均衡"狀態等等。「但沒有任何一種機制足以**概化**一切，我們甚至無法衡量孰輕孰重」(布東, 1979，202)。

## 三、社會學與知識論

對方法個體主義而言，拒絕以**首要動機**或獨特因素來解釋社會變遷意味著社會學的主要目標並不在於追求**法則**。事實上認定社會學(或人口統計、經濟……等)之於社會範疇，一如物理學之於自然範疇，這是一種自然主義兼實証主義的盲目偏見。馬克思和涂爾幹都是這種盲目下的犧牲品。法則，只具有一種**地域性**的效度，而效度的界線卻往往曖昧不明。由此滋生了對**模型**的偏好。布東寫道：「當然，在以理想條件為基礎的範圍內，模型僅適用於現實情境中的部份狀況；此外，模型也應該只被視為是一種近似」(布東, 1984, 79)。

在這樣的條件之下，模型研究因而自甘縮減社會學研究的效度；這和莫頓提出中程理論時的考量有異曲同工之妙。同樣的，巴鳩羅也強調社會行動的隨機偶然本質。以兩個人之間的溝通為例，他特別指出存在於可能訊息之間的歧異，其中包括了制式關係("契約"情境，伴隨著角色和角色期待)中的模糊地帶，這也讓角色詮釋擁有一定的空間。

方法個體主義對歷史法則的排斥，使它不得不把**解釋統計上的規律性**當成社會學研究的主要工作。「解釋，永遠是爲了找出在宏觀層次上所觀察到的規律性背後的個體行動」(布東，1977，58)。因此，**社會不再是個體行動的決定因素，相反的，它是個體行動者的行爲後果**。社會學常被人理解爲一種社會決定論的科學，這其實是一種誤解；如果它必須處理社會決定論，那是爲了說明這些社會決定論如何限制了個人的獨立自主。布東認爲這種對象上的翻轉極具發揮價值，因爲「知識的進步通常表現在全體主義典範轉換爲個體主義典範這樣的過程之中」(布東，1986a，57)。

這也是爲什麼一大票自稱方法主體論者的學人熱中於批判"全體主義"的原因。這種對"總體主義"(totalisme, R. Boudon, F. Bourricaud, 1982)、"社會學主義"(sociologisme, F. Bourricaud, 1975)、"極權(或總體)現實主義"(réalisme totalitaire, R. Boudon, 1977, 該詞借自皮亞傑)或"本體論成見"(préjugé ontologique, R. Boudon, 1984)的批判，不但箭頭針對功能論者、結構論者和馬克思主義者，甚至布赫迪厄(P. Bourdieu)也在撻伐之列。**海綿—社會人**，或被社會環境制約的被動主義，正是這些方法個體論者從其它學派中揪出來的小辮子；後者當然也回過頭來抨擊方法個體主義。

# 四、方法個體主義批判

方法個體主義遭人非議的主要癥結之一，在於它對古典社會學家如涂爾幹、馬克思或韋伯進行了一番"個體主義"式的重新詮釋(P. Birnbaum, J. Leca, 1986, 15)。像布東在每一部作品中，把馬克思當成信守方法個體論的作者而不自覺，這恰好落人口實：一切都是方法個體論！譬如布東便認爲利潤率遞減法則，實以資本家集體行爲之後果爲基礎：每位投資的資本家都力圖縮減可變資本——亦即剩餘價值的生產者——從而促進了資本主義的發展(R. Boudon, 1979, 66)。事實上，如果情況眞的如此，那麼馬克思的論證其實超越了描述層次；他不但證明了社會體系的內在矛盾，更指出了圍堵其負面效果的可能途徑。

同樣的，如果我們和布東一塊兒駁斥某些學人對涂爾幹所做的"全體主義"詮釋，那麼反過來把這位社會學之父奉爲方法個體論的先驅(R. Boudon, 1979, 235)，也不見得理所當然。涂爾幹寫道：集體現象「是因爲它存在於整體之中，所以才存在於部份之中；而不是因爲它存在於部份之中，所以才存在於整體之中」(《社會學方法規則》, 10)。由此看來，涂爾幹甚至反對上述的個體主義典範。關於布東對韋伯的重新詮釋，我們也可以提出類似的批評：理解社會學並不像布東所說的那樣，只是單方面地對社會和歷史做出個體主義的詮釋而已！因此，方法個體主義論在韋伯、涂爾幹或馬克思的作品中尋求合法性的方式也就不足爲奇(參見 V. Sivré, 1987, 160-161)。

## 1.個體自主性及結構重擔

　　方法個體主義的主要貢獻，在於它提醒了社會學者"個體"在社會學理論中的重要性。這對某些偏執的功能論者、馬克思主義者或結構主義者的"社會學主義"無異當頭棒喝。然而或許也不應該吹毛求疵、一筆抹煞這些學派的貢獻。事實上，它們的創始人及先驅從未像布東指控的那樣陷入全體、集體或整體主義而不可自拔。為了合理化這種偏見，布東三番兩次重新詮釋這些學說(R. Boudon, 1977, 235-243；1984, 140-144；1986, 227-228)。到頭來反而和儒蛋先生(Monsieur Jourdain)⁴一樣矛盾，既把馬克思當成方法論者，又把他奉為全體主義的創始人。

　　然而批評的箭頭主要指向下列這個邏輯矛盾：方法個體論一方面不斷強調個體的**自主性**(甚至個體的自由)，但另一方面卻也不斷地舉出一些例證，突顯出結構或情境**限制**的重要地位。因此，呈現在我們面前的是一種游移的理論，作者時而強調個體(此外，這通常是"純粹"個體：彼此之間毫無差異而且不具實體，參見4.2節)選擇的可能性，時而強調限制這些個體選擇的情境效應。情境效應作為個體行動(聚合效應或反常效應)的產物，這一點我們將在下文中加以檢視。

　　在布東的作品中，結構和情境制約(或限制)了選擇的例子不勝枚舉。拿他引自托克維爾的例子來說，法國地主的行動與國家無遠弗屆的權力和行政中央集權息息相關。又印度農民和賤民之間關係的轉變，實以灌溉為緣起(布東，1986, 52-53)。在此，科學研

---

⁴ 莫里哀喜劇《資產貴族》(*Le Bourgeois gentilhomme*)劇中主人翁，常為了附庸風雅而遭人愚弄，做出各種招搖賣弄的蠢舉。——譯註

究的對象似乎是圍繞著個體行動的情境和限制；這點是布東肯接
受的，因為他「建議把社會學當作一門旨在解釋約束個體自主之
社會決定的科學」(1979, 20)。因此，他的研究步驟既與其他的"社
會學主義"差異不大，而方法個體論看來也像是種丐論(pétition de
principe)[5]。方法典範的公式化證實了這個看法：M=MmSM'，在式
中「現象M為行動m的函數；行動則取決於行動者的外再情境S；
而情境本身則受到了宏觀社會條件M'的影響」(布東, 1984, 40)。
我們在此看到了情境S和宏觀社會條件M'的重要性。法弗(P. Favre)
也得出相同的結論：「反常效應社會首先是一種決定論社會學而
不是自由社會學」(1980, 1233)。布東的理性行動者顯然不是自由
的，因為他的行為受到情境邏輯的制約：「行動者被放置在一種
互動結構之中，結構只留給他自由的幻象」(法弗, 1980, 1233)。在
一條註釋中，法弗甚至認為「布東雖然斷言方法個體論的必要，
但卻不時反映出整體層次在邏輯上的優先地位」。

　　事實上，方法個體論的獨到之處，在於它試圖以個體行為的
聚合效應來解釋社會現象。如公式M=MmSM'所示：現象M為個體
行動m的函數，個體行動則取決於環境S和M'(選擇有限)。這陷入
一種論證循環，同時也讓人看到了理解社會運動和變遷(參見4.4節)
的困難所在。這個循環可以圖示如下：

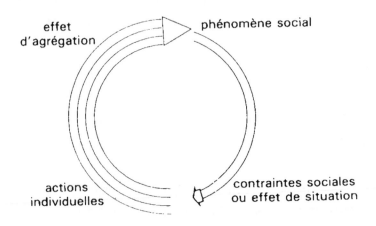

　　以個體為主要考量、拒斥一切所謂的全體理論，這剛好和布東自己所提出來的"價值中立"(neutralité axiologique)態度相左。尤有甚者，以個體主義/全體主義、個體自主性/社會決定論這種二元模式來提出問題，也落入了個體/社會截然兩極化的陷阱之中。拿組合效應或聚合效應來解釋社會現象，這並不能兼顧到個體與社會之間的連續性。一方面，因為這些效應只解釋了社會現象的極小部份，但特別是因為這種連續性也存在於個體之間(不一定非得採用巴鳩羅的**海綿─社會人**模型)；在此，個人則是作為社會之結晶、社會關係之凝聚而出現的。如此一來，方法個體論的豐富性便遭受到雙重銼傷：

1.既然多處採用社會決定論的觀點，那麼便不得不與全體主義妥協(見上)；

2.拒絕考量個人的社會化(布東, 1977, 239)。

這第二點——方法個體主義的前提之一——使得個人喪失了主體性；而這種缺乏主體性的個人，方法個體論者卻未必人人同意。

## 2.非具實個體(Des individus désincarnés)

拒絕考量個體的生活史，結果得到的是一群光裸的純粹個體。要麼像巴鳩羅一樣(1986, 65, 81-82)，給他們穿上文化這件認知主義的觀念外衣，但這更屬於心理學的研究範圍；要麼像布東一樣，把他們當成概化(抽象)而不具肉身的個體，但如此一來，卻又脫離了實際情況，因而也脫離了社會學。

在布東的論證之中，個體永遠**相同**而**可以互換**。這個事實在借用遊戲理論時變得荒謬諷刺。在我們的預料之中，一位肯定個體優先的社會學家，應該會贊成「視個體爲獨特主體」這樣的主張才是。「布東的作品，其實像是一種去主體的社會學，這可不是他的小矛盾之一！」(法弗, 1980，1255)。

布東並不是沒有聲明過——一般而言是爲了反對"全體主義"——應當考慮行動者的主體性(布東，1984, 41)，但似乎**模型**方法(我們已經提過它在布東作品中的重要性)令他不得不採用中性而缺乏靈魂的個人：「模型因此顯露出它們眞正的地位：一種幫助理解的形式化工具，要言之，一種理念型；它們既不是、也不能是像布東有時認爲的那樣，只是一種行爲的解釋性圖像而已」(法弗, 1980, 1242)。

爲了彌補這種缺憾，法弗建議結合布東的**情境邏輯**和布赫迪厄的**稟性效應**(les effets de disposition, 個人的稟性指的是在生命的

每個階段中，決定個人實際行為方式的整體內化模式)。這個建議
儘管聽來誘人，但實際上卻難以實現，因為二者的出發點實在相
去太遠。到頭來社會學家既不可能同時掌握二者，更可能陷入描
述多於解釋的混亂狀態。

　　最後，布東之所以偏好模型和情境效應，或許來自於他個人
的方法歷史：從量化方法和數學模式(1965-1973)到形式邏輯和推
論邏輯，布東首先希望成為一名邏輯學者。這種性格加上田野工
作的缺乏(布東作品中的例證和統計資料完全引自其它學者)，很可
能是這個"去主體社會學"的起源。

## 3.功利主義批判

　　選擇理性(後來轉變成"偏好")並不足以將個體轉化為主體；因
為代價和利益的無情計算是以**情境**為考量，並未顧慮到個體生活
史或稟性。

　　蓋野(A. Caillé)努力揭穿社會學從政治經濟學中借取觀念的危
機，他認為這是社會學被政治經濟學吞噬的跡象。一旦把利益當
成公理，那麼側重利益的功利主義和一些社會學流派便自然而然
地把利益當成不辯自明的事實、不會再費神去分析它的**本質**。
「利益的本質究竟是不是屬於維持本能和/或自我本身的衝動範
圍？它與慾望及熱情的關係又如何？……利益的本質究竟是物質
性還是非物質性？貨幣性還是非貨幣性？經濟性、政治性還是象
徵性？它最主要是屬於意識層面還是潛意識？同時，計算本身究
竟是明顯的抑或隱含的？這又是以什麼樣的標準而言？在未能確
認和量化計算之條件資料的情況下，我們是不是可以侈談計算？

如果答案是肯定的，那麼定義、形成計算層面者爲何？什麼又是不同利益層面之間的共同標準？此外，社會行動者是不是人人都被本質上同樣、但表面上卻因特殊狀況之客觀偶然而有所不同的利益所驅動？或恰好相反，利益根本就是隨著個人、團體而有所不同？如此一來是不是縮減了——或許暫時地——建立一套利益公理體系的科學機會？」(蓋野，1986，103)。規避探討利益的本質，這是把社會當成一種可互換元素所組成的機器，同時也拋棄了個體之間的歧異性，以及個體—情境互動的豐富資訊。「談利益而不談其本質，等於是空談。這也正是利益公理體系必然面對的困境。要麼把利益形式地定義成純粹而抽象的公理，那麼討論也因而陷入套套邏輯；要麼對公理進行一番詮釋，但如此一來，則走出了公理體系的範圍而必須提出本體論[6]及意義的問題。那麼人們原先想把握住的現實便再度脫離掌握，只得轉而在社會關係的其它層面中尋求——儘管人們先前認爲社會關係不過是個虛幻的上層結構而已」(蓋野, 1986, 104)。

　　不管功利主義的前提是什麼，不少作者卻對它抱持著懷疑的態度。因爲功利主義以**幸福**(E. Gellner, 1986, 34)這般模糊的概念爲基礎，更何況「在生命中，大多時候人們既未刻意強求，亦未努力達成某種最佳目標，只是單純地執意被整合在或待在一齣正在上演的好戲之中」(同上, 33)。拉沃(G. Lavau)對方法個體主義所採取的功利模式，提出了一長串的批評：它並不能夠解釋選舉行爲(拉沃, 1986, 311-329)。同樣的，皮佐諾(A. Pizzorno)也徹底反對新功利主義，認爲它並不能夠解釋"選民矛盾"；他提出另外一種**象**

---

[6] 形上學的一部份，主要在於研究**作爲存有的存有**，而不論其特定的目的。

**徵性利益**為基處礎的理論：參與投票和競選角逐構成了一種**集體認同**(皮佐諾，1986, 339)。而尙未形成一致實體的政治象徵模型則以下列主題爲基礎：

1.種族、語言、宗教、階級等團體的凝聚和忠誠，在政治選擇之前即已存在。這些社會凝聚不外是社會結構的表達以及團體認同的宣告；二者無疑比個人利益的獲得慾望更爲強勢。因此，選舉中的選擇實爲一種信念行動；

2.政治充滿了各色儀式：典禮、節慶、公眾儀式、各式討論……。儀式在不確定或見棄時刻產生了象徵性的安撫作用。參加儀式成爲一種強化凝聚、肯定認同的方式；

3.政治生活的戲劇層次：在台前，國家頒佈象徵性的措施來緩息興情，但在台後，不同的利益團體卻爲了眞正的公眾福祉爭論不休。戲劇模型考慮到了群眾的無能、無力和不滿；儘管群眾的要求表面上看來被接受，但實際上卻被政權狡黠的穩固性所吞噬(皮佐諾, 1986, 347)。

　　象徵性利益模型或認同模型出色地解釋了功利觀點所無法解釋的現象。它很可以在政治社會學或一般政治學中開花結果。但是這種模型對**社會想相**(imaginaire social, 見第9章)和**集體表現**的強調，卻令人難以想像它在布東的個體方法論中，如何能夠取代或補充功利主義。象徵性利益模型的本質實爲"全體主義"；它認爲只有透過社會歸屬以及肯定集體認同才能解釋個體行爲(在此爲投票)。這其實和「以個體行爲之聚合效應來解釋社會現象的」方法個體主義格格不入。

## 4.從聚合效應到歷史運動的缺席

　　我們先前(1.2節)已經看過了方法個體論如何利用個體行為的組合或聚合來解釋社會現象。但是對於下列問題，方法個體論卻顯得束手無策：為什麼(為數不少的)個人寧可組織工會而不是滾球聯誼會？(但在另一個時刻，卻又為了文化或休閒活動而把工會活動擱在一邊？)方法個體論能夠解釋示威或罷工的絕對勝利或失敗，也能夠解釋為什麼一個工業單位會因為工會組織的過於強大而變得岌岌可危(反常效應)；但它卻無法解釋工會事實本身。在某種程度上，這個問題並不在它的討論範圍之內。

　　集體行動的問題很可能是：「既然已知一切的集體行動均來自於——或至少取決於——諸多個人的決定，那麼成千上萬的個人選擇又如何縱橫交錯形成一場大規模的社會運動？」(Ch. Tilly, 1986, 221)。如果說一些化約觀念把集體利益機械性地轉譯成個體行動的集成("全體主義")，那麼從單獨特殊的利益中推斷出集體行動，這種理論模型也不見得令人滿意。

　　解決之道，首先必須先行考慮存在於行動之前的**社會**脈絡——社會活動(le social)一詞強調的是把超越個人互動結社、衝突、社會力等現象結合在一起。普澤沃斯基(A. Przeworski)便認為：「工人組織"工會"，資本家構成壓力團體，他們經由這樣的過程找到了自己的問題；一旦運作成功，他們或許終將相會。但在一切組織程序之前，在一切組織程序之外，工人與資本家(以及其它階級)都相輔相成：他們永遠是和另外一個階級相較之下，才自我組成一個共同體」(1986, 95)。

因此,社會團體的狀況、建構、社會結構以及團體之間的關係(牽涉到物質或非物質、商品或非商品的交換或生產),就它們持續發展、具有個體歷史這一層意義而言,早在個體或集體行動產生之前便已經存在了。

為了走出全體論/個體論這個二元對立的死胡同(見4.1節),我們勢必得**同時**考量衝突、矛盾、結社等現象以及屬於不同社會團體之個人的特性。比方說,在研究罷工工人的行動及其特性的同時,我們也應當考慮雇主的性格以及雇主和工人之間的關係。

換句話說,個體方法論和聚合效應模型只照顧到社會學領域中的一小部份,並偏重分析互賴結構(見1.1節)。廣義上的社會運動(衝突、示威、思想運動……),除非它們來自於互賴結構,否則一概不在方法個體論的研究範圍之內。此外,值得注意的是:在布東一再提出的例證之中,卻找不到有關社會運動的例子。「今天,方法個體論的理論工具——遊戲理論,頂多只能夠解釋在特定條件之下所產生的獨特事件。它並不能夠帶給我們有關歷史的知識」(普澤沃斯基, 1986, 106)。

法弗則認為拒絕考量互動結構及情境的起源,勢將導致歷史面向的闕如。這種拒絕「使得布東未能提出一套社會動力理論:他只能以分析的方式來思考社會動力,譬如將之設想成一切情境邏輯的運作程序,或頂多是反常效應惡性累積的後果。也難怪布東會把一切都認定是反常效應,在社會生活的每個時刻裡尋找反常效應」(1980, 1257)。最後,在拆穿幾個從《反常效應與社會秩序》一書中挑出來的例子之後,法弗結論道:「如果說布東——多虧情境邏輯分析——中肯地解釋了社會過程的某些片段,那麼他卻未能闡明正在發展的社會變遷機制」(1980, 1258)。

　　透過本章的介紹，讀者應當可以理解，為什麼方法個體論常常得和它所謂的全體理論劃清界限以自我定義、宣告其科學結論之無效以自居社會學主流。其中牽涉到了80年代方法個體論的發跡，以及當時賦予個人的社會新地位：學校和企業中個人競爭的加劇、薪資個人化、注重個人主動精神、去工會化、戰鬥精神危機……。樂卡(J. Leca)並不像「布東或布希果那般地肯定方法個體主義和個體主義之間的關連，這就好比天犬星座和地上的吠犬，也就是說毫不相干」(1982, 289)。作為一種方法的方法個體主義，以及作為其有利氛圍的社會學個體主義[7]，二者之間或許存在某種關連——儘管個體主義氛圍並不必然導致方法個體論這樣的選擇——，但至少二者對世界的看法很可能是一致的(1986, 160)。

　　說的更精確一點，布東另外(1986, 288)有想到要去核對——但避免串通——方法個體論和自由主義意識型態。其實，我們可以觀察到：西方強權的自由主義如日中天的時候，也正是方法個體論聽眾暴增的時候。

　　為了超越全體論/個體論的爭議，我們可以將社會學設想成一門具有多重入口的社會科學，但同時也必須仔細區分個體研究和集體研究。然而採取或偏愛某道入口都不是中立的。情境似乎是：如果我們選擇處理個體，則勢必導致理解社會動力時的無能，同時也只得採用某些偏重社會秩序的模型。不少書名便證實了這一點(參見參考書目)。

---

[7] 根據樂卡的定義，其研究內容為社會行為、機構、規範等(同上, 13, 160)。

## BIBLIOGRAPHIE

BENETON P. : « Logique et prégnance du social chez Boudon », *Revue Tocqueville* 1980-81, III, 1, p. 119-136.

BERTHOUD Gérald : « Le piège des idées reçues », *Bulletin du MAUSS*, juin 1987, n° 22, p. 193-204.

BIRNBAUM Pierre, LECA Jean (Dir.) : *Sur l'individualisme*, Paris, Presses de la F.N.S.P., 1986, 379 p.

BOUDON Raymond : *L'inégalité des chances*, Paris, Librairie A. Colin, 1973.

BOUDON Raymond : *Effets pervers et ordre social*, Paris, PUF, 1977, 284 p.

BOUDON Raymond : *La logique du social*, Paris, Hachette, 1979, 275 p.

BOUDON Raymond : *La place du désordre*, Paris, PUF, 1984, 245 p.

BOUDON Raymond : « Individualisme et holisme dans les sciences sociales » in Birnbaum, P, Leca J., *Sur l'individualisme*, Paris, Presses de la FNSP, 1986 a, p. 45-59.

BOUDON Raymond : *L'idéologie*, Paris, Fayard, 1986, 330 p.

BOUDON Raymond, BOURRICAUD François : *Dictionnaire critique de la sociologie*, Paris, PUF, *1982*, 651 p ; 2ᵉ édition, 1986, 714 p.

BOURRICAUD François : « Contre le sociologisme : une critique et des propositions », *Revue française de Sociologie*, XVI, suppl., 1975, p. 583-603.

BOURRICAUD François : *L'individualisme institutionnel, Essai sur la sociologie de Talcott Parsons*, Paris, PUF, 1977, 350 p.

CAILLE Alain : *Splendeurs et misères des sciences sociales*, Genève-Paris, Librairie Droz, 1986, 411 p.

DUMONT Louis : *Essais sur l'individualisme. Une perspective anthropologique sur l'idéologie moderne*, Paris, Le Seuil, 1983, 279 p.

FAVRE Pierre : « Nécessaire mais non suffisante : la sociologie des "effets pervers" de R. Boudon », *Revue française de Sciences politiques*, XXX, 6, 1980, p. 1229-1270.

GELLNER Ernest : « L'animal qui évite les gaffes, ou un faisceau d'hypothèses » in Birnbaum P., Leca J. (dir.), *Sur l'individualisme*, Paris, Presses de la FNSP, 1986, p. 27-44.

LANTZ Pierre : « Holisme ou individualisme : un faux dilemme », *Bulletin du Mauss*, décembre 1986, n° 20, p. 71-87.

LAVAU Georges : « L'électeur devient-il individualiste » in Birnbaum P., Leca J., *Sur l'individualisme*, Paris, Presses de la FNSP, 1986, p. 301-329.

MARCH James, SIMON Herbert : *Les organisations*, Paris, Dunod, 1971, 1974, 253 p. (1965).

MERTON Robert : *Eléments de théorie et de méthode sociologique*, Paris, Plon, 1965, 514 p.

NISBET Robert A. : *La tradition sociologique*, Paris, PUF, 1984.

OLSON Mancur : *La logique de l'action collective*, Paris, PUF, 1978, 199 p. (1966).

PADIOLEAU Jean G. : *L'ordre social*, Paris, L'Harmattan, 1986, 222 p.

PIZZORNO Alessandro : « Sur la rationalité du choix démocratique » in Birnbaum P., Leca J. : *Sur l'individualisme*, Paris, Presses de la FNSP, 1986, 330-369.

PRZEWORSKI Adam : « Le défi de l'individualisme méthodologique à l'analyse marxiste » in Birnbaum P., Leca J., *Sur l'individualisme*, Paris, Presses de la FNSP, 1986, p. 77-106.

SCHELLING Thomas C. : *La tyrannie des petites décisions*, Paris, PUF, 1980, 247 p. (1978).

SIVRE Vincent : « L'individualisme méthodologique chez Raymond Boudon », *Bulletin du MAUSS*, juin 1987, n° 22, p. 155-192.

TILLY Charles : « Action collective et mobilisation individuelle » in Birnbaum P., Leca J., *Sur l'individualisme*, Paris, Presses de la FNSP, 1986, p. 213-243.

# 5

# 策略分析

　　米歇·郭其野(Michel Crozier, 1922-)首先是一位組織社會學家。繼研究工人運動、社會主義運動、以及美國的工會制度之後，他與**社會學研究中心**(Centres d'Études Sociologiques)以及**勞動社會科學協會**(Institut des Sciences Sociales du Travail)合作研究，並將結果整理爲《官僚現象》(*Le Phénomène bureaucratique*)一書。他於1963年同其他社會學者創立**組織社會學中心**(Centre de Sociologie des Organisations)，隨即成爲**國家科學研究中心**(Centre National de la Recherche Scientifique, C.N.R.S.)的附屬實驗室。

　　本章第一部份的介紹僅限於郭其野的一般社會學；誠如作者所言，「組織分析能爲人類事務的新型態推理方式做出決定性的貢獻」(郭其野，費里德別，E. Friedberg, 1981, 18)。職是之故，某些分析家甚至以**策略分析**(l'analyse stratégique)來分析體系限制下的權力結構，而不再侷限於組織分析。

　　最後，1987年的作品《中庸國，現代國》(*État modeste, État moderne*)繼《阻滯社會》(*La société bloquée*)以及《我們不是以法

令來改變社會》(*On ne change pas la société par décret*)之後，再次顯露他擴大應用策略分析的企圖。

# 一、官僚現象

　　爲了掌握《行動者與體系》(*L'acteur et le système*, 郭其野及費里德別, 1981)一書中的理論模型，或許應該先介紹《官僚現象》的經驗研究結論。郭其野雖然受到了韋伯、功能主義(帕森思、莫頓)以及美式組織科學的深刻影響(見《行動者與體系》的參考書目)，然而這些理論的不足與缺陷卻也令他亟思超越。他批評韋伯迷信「規章與官僚階層模型在效率上的絕對優越性，(因爲)事實分析指出，此一模型越佔優勢，組織的效率也就越打折扣」(郭其野, 1971, 9)。

　　郭氏同時以合作遊戲或競爭遊戲的方式來探討官僚體系的運作。下文的介紹，細節部份多採自作者對巴黎會計事務所、以及對國家工業壟斷所作的田野分析。

### 策略分析的起源：

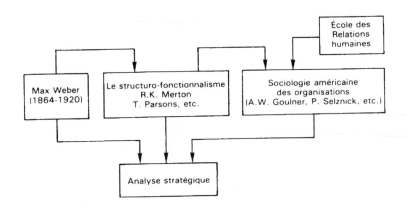

## 1.權力關係與不確定地帶

　　郭其野攻擊科學組織的理性主義主張，並與馬曲(J. G. March)及西蒙(H. A. Simon)共同揭發理性的限制。根據郭氏的看法：「人類為了實現集體目標，必須求助於功利理性與人為方法；因此，他也必須在不同的層次上，同時面對功利理性的要求與方法本身的抗拒。權力問題，永遠是他必須介入的仲裁網絡。正如同帕森斯所說的，這些問題構成了一切組織理論的核心」(郭其野，1971，184)。組織理論的出發點即達爾(R. Dahl)對權力關係的定義：「甲方對乙方的權力，即為甲方令乙方做一件非甲方介入則乙方不能完成之事的能力」。

　　郭其野的經驗研究指出：在組織之中，某些成員之所以具有影響他人的權力，係因為後者的行為完全為規則所限，而前者行為所受到的束縛卻相對有限。換句話說，行動者的權力，取決於其行為的**不可預見性**(imprévisibilité)。組織中的權力關係以行為的**不確定性**(incertitude)為基礎。「甲方對乙方的權力，取決於乙方行為的**可預見性**，以及乙方面對著甲方行為時所產生的**不確定性**。只要行動需要本身製造了不確定的情境，那麼此一情境中的個人，便能夠左右那些受其選擇結果影響的人」(郭其野，1981，196)。

權力關係，因此便成為一種經常的協商；每個人在協商之中，企圖擴大其行為的不可預見性，同時制定規則或設法縮減他人行動的不確定地帶(見第三節中〈工頭與部屬的關係〉)。郭其野區分了**專家權力**(pouvoir de l'expert)，以及**功能性階層權力**(pouvoir hiérarchique fonctionnel)。前者來自於掌控某一情境所特有之不確定性的能力(例如專業工人或電腦專家的專業知識)；後者則是為了限制專家權力，縮減專家行為的不確定性(見第三節〈工頭與部屬〉)。

## 2.官僚結構的惡性循環

為了控制專家權力，運作規則日益健全；加上部屬對規則的遵守，導致不確定地帶(亦即自由地帶與反權力地帶)日益縮減，造成了**組織的僵化**。對這些**拘泥儀式**或規則的大型組織而言，一切外來的威脅只會加深組織的因循守舊與僵化；因為改變勢將引發新的權力關係協商，不但耗時耗力，甚至耗費組織成員的情感。**有組織的官僚體系**，指的正是那些拒斥外來壓力、拒斥適應及改變，並對現行危機充耳不聞的組織。在這些組織之中，「流通模式(錯誤—資訊—修正)運作不良，因此不能針對錯誤迅速地修正行動計畫」(郭其野, 1971, 229)。

此種官僚結構的"惡性循環"特徵有四：

1)**非個人規則(règles impersonnelles)的發展**主導著組織的運作。在韋伯的體系中，這些非個人規則鉅細靡遺地界定了組織的運作與成員之間的關係。這些規則旨在去除任意行為，但同時也因此限制了個人的主動性：「組織的成員因而**不為上級或下級壓力所擾**；但這種保護同時也是一種隔離：既令他喪失一切的主動性、一切但以章程為依歸，卻也讓他完全自由，免於一切人際煩擾。他無需畏懼任何人。從這個觀點來看，他甚至和他不領薪水時一樣自由」(同上, 232)。

2)**決策中央化(centralisation des décisions)**是非個人規則的另一個後果：為了泯除任意行為或來自個人的壓力，決策權力必須遠離執行部門。這點加深了組織的僵化：「決策者並未直接認識到問題所在；而執行者卻又無法盱衡全局以採取調適或創新」(同上, 223)。

3)**階層類組(catégorie hiérarchique)的獨立隔離**則是非個人規則與決策中央化的後果：情境多被預見，決策關係疏遠，類組(catégorie)與層級(strate)之間不再有溝通餘地。這種隔離**對團體中的個人造成雙重壓力**。類組之中的內在衝突為類組之間的外在衝突所取代；而類組之中也因此產生了強大的內聚力(《團隊精神》)。

4)**並行權力關係(relations de pouvoir parallèles)的發展**則肇因於無法全面消除不確定地帶。在殘存的不確定地帶周邊，「將發展出並行的權力關係，並導致衝突或依賴等現象。在活動及關係體系之中，每個人的行為可以被預期；但控制這些體系之恆不確定資源的個人或團體，則能夠左右那些受到不確定狀況影響的成員。此外，他們的策略處境佳，權力自然也大，不確定資源亦相對縮減。一個組織體系越是"官僚"，其階層越是明確，工作界定越趨精細；並行權力自然也越趨重要。」(同上, 236)。

郭其野的"惡性循環"模型用意在於指出：一切的外在壓力都會強化既有的反功能；而反功能反而成為組織內在平衡的要素：「工作內容的僵化界定，以及工作—人際網絡的關係，使得團體與團體、團體與環境之間的溝通倍感困難。然而這些困難非但沒有造成模式的重鑄，反而被個人或團體所利用，借以改善他們在鬥爭中的地位並奪取權力。這些行為對非個人性與中央集權造成了新的壓力，因為在這樣的體系之中，只有非個人性與中央集權才能擺脫特權的濫用」(郭其野, 1971, 238-239)。

因此，改變不可能直接由外而內。然而組織仍舊應當調適轉化，否則即有消失的危險[1]。所以，由於決策中央化之故，外來的強制改變及生活條件，只能**由上而下**。此外，在非官僚組織中，改變多循序漸進；但在官僚組織中，改變卻突然而猛烈；權力關係中的協商其實毫無規則可循。

# 二、從策略分析到具體行動體系

策略分析處理組織中的權力關係問題。首先，這假設了行動者之間存在著一種**合作**關係，也就是說，一切的集體行動必以整

---

[1] 除非這是一種壟斷組織，譬如國家的行政機關。這也正是《阻滯社會》一書的標題由來。

合為基礎。因此，組織並不是一種自然的賜與，而是一種**集體行動的建構**。但它並未完全限定行動者的行為。若有**限制**則必有**不確定地帶**。行動者在**組構了的遊戲**(jeux structurés)之中，從諸多可能性裡挑出一套**穩贏策略**(stratégie gagnante)。

## 1.遊戲與偶然

　　策略分析反對一切的結構決定論或社會決定論。「**完全被調整了或控制了的社會體系並不存在**。組成體系的個人或集體行動者永遠不能被化約為不假肉體或抽象的功能。這些行動者單獨來看亦為整體；只是在"體系"往往沈重的限制之下，他們擁有自由空間，並在和他人的互動中策略性地加以運用。這種自由的持續存在，威脅著最精密的體系調節」(郭其野，費里德別，1981, 25)。

　　從每個行動者試圖擴大的自由與不確定資源出發，策略分析所得到的結論往往是社會建構與互動的**偶然**(contingence)特質。郭其野與費里德別在指責過組織科學的理性主義、以及民俗方法學派(見第7章)與高夫曼的互動現象學之後，轉而批判結構功能學派所鍾愛的角色概念。對功能論者而言，角色分析所提出來的問題，不外是結構制約下的個人**調適**與**被動性**：個人在事先被限定的範圍中詮釋被授予之角色，並力求符合他人的期待。然而觀察卻指出：行動者是自由的，而且經常偏離他人的期待。由此產生了**遊戲**的觀念。這不僅僅只是換個詞彙而已。遊戲「是一種具體機制；多虧這種機制，人類得以組構其權力關係、時時調適，不但給了權力關係，同時也給了自己一片自由空間」(郭其野，費里德別，1981, 97)。換言之，行動者在諸多可能性之間作出選擇；同時因為情況不斷在演變(其中包括了限制的改變,譬如他人行為或不確定地帶的變化),行動者也因而握有一套類似發現遊戲的理性策略。最後,這也證明了一切的集體行動結構,都是以社會方式建構而成的。

## 2.從行動者到具體行動體系

但是個人行為之間的相互依賴卻造成了"反常效應"或"體系效應"。因此,除了**策略性**推理之外,還必須佐以體系推理。前者「從行動者出發以發掘體系;唯有體系,透過其限制,才能夠解釋行動者的行為在表面上的不理性。體系推理則從體系出發,以期找出體系既有秩序之偶然、任意與非自然的層面」(同上,197-198)。

觀念的選擇,事實上與體系的實際存在無關。二者之間的關係與因果類型並不是直線性的,而是體系性的:體系因果關係將原因與後果視為體系中相互依存的兩種元素。

郭其野與費里德別不但融合了策略推理與體系推理,更認為二者之間同時具有互補、對立、會聚等關係。他們接著攻擊長期以來荼毒社會學的個人/社會,或個人自由/社會限制這類關係模式。他們以遊戲的概念來掌握上述兩種推理。因為只在遊戲模型之中,兩種邏輯才能兼容並蓄:一切的整體都是組構(structuré)而成的;但只有部份的組構(structuration)事出偶然,同時不斷地被個人行為以及權力關係所實現。

為了解釋一般的社會整體(自然不再是一個簡單的組織),這個遊戲模型也提出了界限明確的適用範圍:社會學者應當建構的是

**具體行動體系**。作者大力聲討傳統的體系論與操控論，因為二者雖然以一控制社會的調節概念為基礎，但卻忽略了人類行為的策略性層面(以及人為建構的偶然性此一必然後果)。相反地，具體行動體系卻是「一種被組構的人為整體。它透過相當穩定的遊戲機制來協調其成員之間的行動，並透過其他遊戲的調節機制來維持其結構，亦即其遊戲之間的關係與穩定性」(同上, 246)。

事實上，只有遊戲模型才能讓行動所在的結構(具體行動體系)，以及結構的調節機制開放自由。然而郭其野派所發表的個案研究僅限於組織與準組織，這點卻令人感到遺憾。此外，將這套模型擴大應用於整體社會之上(見第四節)也引發了一些知識論方面的問題。決策理性也因此再受質疑。而其中的變遷問題更是一般社會學的關注焦點。

# 三、變遷，體系現象？

郭其野和費里德別對先前出現在社會學中的變遷模型頗有微詞。他們排除了專制的改革者或識見超卓的獨裁者，拒絕了人際鬥爭或權力鬥爭的解釋，同時更駁斥功能主義過於理性化的靜態模型。對他們而言，問題在於：「一向只會強化既有行動體系的各種緊張(譬如在官僚結構的惡性循環之中)，究竟在什麼樣的情況之下，又從什麼樣的程度開始，會引發變遷？」(同上, 330)

為了回答這個問題，作者提出了**體系效應**(effets de système, 見上)：「遊戲與調節模式，透過限制參與者的權力策略、削減其改變能力，以建立起(並維持)一切的行動體系，從而抵消了一切的變遷動機。而在遊戲與調節模式之建構—非自然特質出現的同時，體系效應這種不可避免的後果也順勢產生。……換句話說，變遷一如決策，都是體系性的；雖然體系產生變遷，變遷改造體系，但是對行動體系而言，變遷卻是**偶然的**」(郭其野，費里德別，1981, 333)。在兩位作者的筆下，"偶然"一詞不僅只是意外、機遇、「不可化約地不確定」(同上，211)，它同時還具有**建構**、非自然的性質；這也正是一切人為體系的特徵。而造成這種偶然的，則是那些出現在遊戲與行動者反應之中不可逆料的不確定地帶：「和那些自然主義模型(特別是操控論)以及結構—功能主義模型恰好相反，具體行動體系是一種可以以經驗方式加以證實的體系，而不是一種抽象體系；是一種偶然的、建構的體系，而不是一種自然體系」(同上，211)。藉著肯定變遷的偶然性，作者二人自然可以不必再去窮究變遷的起源，而只需要描述變遷。

　　成功的變遷是「集體程序的成果；透過這種程序，體系動員了、甚至開創了建構新遊戲所不可或缺的能力與資源。而這種新遊戲的自由(而非侷限)發揮，則讓體系——作為一種人性總體、而非機器——得以自我定位或再定位」(同上，338)。此外，變遷不但是功能、情境與運作方式的修正，同時也是調節模式的轉化。

　　透過新型態的集體能力、推理模式與關係模型，行動者實現了一套集體程序，或者說是一種**集體學習**；而這也正是變遷的關鍵所在。這一套社會調整序列構成了一種正在自我修正的體系，有抗拒，也有前進。在集體學習之中，行動者不但介入學習，同時也設定了新的遊戲模型(其中包括了情感層面和認知層面)。由於有著無限的可能性，因此結果亦無以確定：這也正是社會革新與創造的關鍵所在。當然，一切又回到了作者所鍾愛的偶然。

　　變遷的條件，主要是制度上或關係上的充裕；也就是說，一個制度眾多、關係複雜的社會(因此"惡性循環"亦多)，比起一個方法匱乏、行動體系薄弱的社會，更能夠接受社會整合性元素的改變。換言之，現代複雜社會比起舊時社會更有利於變遷。「這也正是為什麼去中央化(décentralisation)與各種看得見的自治形式均能使變遷加速的主要原因」(同上, 346)。但在郭其野的體系之中，決裂只有在人為領導(leadership humain)介入，才可能帶來正面的學習效果(即成功的變遷，同上, 346)。於是，這種**為人領導的變遷**(changement dirigé par un leadership)同時也改變了組織社會學與組織模型。

因此，既然權力關係無可豁免，那麼我們便註定生活在一個衝突、操縱的矛盾世界！這便是為什麼我們會說「**和諧的社會，因為美德根本不存在**」(同上, 376)。尋求社會目的，無異杞人憂天。而所謂的**知識**，也應以理解集體行動的建構為職志(現今社會的集體行動之所以日趨複雜，係因個人或集體行動者的獨立與自由與日俱增)。一旦掌握了這種有關行動建構與行為實踐的知識，那麼成功的變遷指日可待。

### 工頭與部屬的關係：

(資料來源：郭其野，《官僚現象》, 1971, P. 198)

工頭如果未能掌控任何影響其部屬行為之變數，事實上在部屬面前無異繳械。由於無法施加影響，工頭既無法要求部屬增加產量，亦無法促其改善工作品質。但假設—通常事實情況如此—工頭具有若干控制執行規則的權力，譬如他可以允許某些破壞作坊紀律、或改變運作模式以換取時間的脫軌行為，那麼想要、或需要這些工作例外的部屬便屈居從屬地位；而工頭也因此掌握了若干權力，可以當成籌碼加以利用。

　　分析這樣的一種情境，讓我們看到了組織中兩種互補的任意情境。界定第一種情境的是影響工作本身的**不確定因素**；而界定第二種情境的，則是使工作更理性，更可預期的**規則**。只要在其工作執行中存在著一丁點的不確定，那麼即便是最卑微的部屬也握有一定的自由決定權；而一項特定工作，只要人工執行比機器執行佳，那麼其中便存在著一定程度的不確定。然而規則的強制實施，為的正是讓部屬方面的任意成份減至最低，同時允許上級控制一定的寬容空間，使上級具有壓制或協商的權力。

　　部屬在執行工作時，具有一定的自由決定權；同樣的，工頭在規則工作方法的運用與詮釋上，自然也有一定的自由決定權；這是組織令其成員利用自己所掌有的主動空間以嘉惠組織的唯一方式。

## 四、從阻滯社會到中庸國家

　　在社會整體層次上，成功的變遷有賴改革者鼓動風潮、誘發動機；而這也正是郭其野自許的角色。這是一次社會—政治方面的嘗試。《阻滯社會》一書雖然沒有前面幾本書來得嚴謹，但作者轉而以法國行政制度為研究田野，同時仍然以體系策略分析的原則為支拄。

　　一如其他的社會學者(特別是阿宏和杜恆)，郭其野在《阻滯社會》(1970)一書中分析六八學潮危機。首先，郭氏探討後工業社會的革新所引發的問題。如果說，在古典市場或十九世紀的社會之中，個人(企業家)剷除保守團體壓力、鼓勵革新，那麼在由大型組織把持的當代體系中，情況卻完全兩樣。革新成為一種**集體現象**，只有在個人主動性之自由發展與維持受到保障、同時又能兼顧組織之效率與團結的情況之下，才有可能發生。

　　然而郭氏指出：滲入法國社會、以法國政府為代表的**法蘭西官僚模型**並未能滿足這些利於革新的條件。一方面，這是一種**極端中央集權**的體系；「它在受決策影響者與決策者之間，劃下了一道鴻溝或保護屏障」(郭其野, 1970, 95)。另一方面，法國行政機關的**層層節制**又令不同單位之間的溝通倍感困難。穩定、協調、可預見性等優點不敵僵化、溝通不良等缺點：決策者往往搞不清楚其決策所適用的狀況。他們制定抽象的規則，致使例外叢生，不確定地帶倍增，終於導致並行權力齟齬不休。

　　如果這種官僚劣根性來自前工業的歷史，那麼現代的管理方式(特別是資訊管理)卻只讓情況更形惡化，因為政府機關的無效溝通(循環、照會、統計……)有增無減，終究導致組織癱瘓。尤有甚者，除了政府之外，法國人習慣推諉問題，硬教政府去當代罪羔羊：「其實，法國社會的組織與行動模型，都來自行政風格」(郭其野, 1970, 129)。由此，作者提出了**阻滯社會**的觀念——肇因於主導的行政風格無能革新。

　　六八學潮以及大學危機即為阻滯社會的危殆表徵。根據郭氏的說法，運動中的訴求重點不外是人際關係體系、行動風格以及管理方式：「阻滯社會的基礎，一是對**面對面**的恐懼，一是權威的階層概念。這下可好，危機就是面對面的節慶，就是對權威的抗議」(同上, 171)。如此一來"五月革命"(譯按：即六八學潮另稱)

既非社會、亦非政治,而是一場文化革命。

但五月革命卻對政府及一般組織影響不大。因此,為了提昇組織效率、強化**組織能力**或體系能力,郭氏提出幾點建議:

1)培養一種嚴肅分析的能力,因為「要是不認識這些體系的調節模式與權力癥結,那麼即便是最有趣的研究也將付諸流水……。研究,是用來合理化既存的實踐,而不是為了認識實踐。分析能力的投資培養比起任何經濟投資或現代化投資,都要來得急切」(同上, 231);

2)理解變遷與主使變遷的行為類型;

3)學習創造、傳授管理、鼓勵發展、活絡社會機構(如醫院或大學)。

郭其野的建議顯然未被採納,因為他接著出版了《我們不是以法令來改變社會》(1982)。該書指出:人際關係的轉化——亦即社會的疏通,是變遷成功的首要條件。最近所出版的《中庸國,現代國》(1987),主要的論題(已經出現在前兩本書之中)正是**阻礙革新、限制發展的國家落後**:「變遷的關鍵並不在於群眾,因為群眾適應環境的能力要比我們想像中強;關鍵在於無能適應現實、卻又奢望控制現實的行政、教育、政治、工會等體系。增加就業機會,並不是"打壓"群眾,而是去創造新市場與新需求;這必然意味著革新。然而革新的障礙卻不是文化性的:法國人同他們的鄰居一樣富有革新精神。革新的障礙在於社會及行政制度;而廣義上的國家則為罪魁禍首」(郭其野, 1987, 55)。

在這段文字之前,郭氏曾指出:「國家刻正成為整體社會組織中最泥古不化的部份」。在分析中,他區分了**公共行政的一般危機**(所有現代國家皆有之困擾),以及**法蘭西官僚國家**特有的危機；批判的箭頭自然指向後者。他同時重新引用《官僚現象》的結論：在法蘭西國家中，官僚現象特別出現在專家政治與現代化的層次上。然而「弔詭的是：在現代化的同時，行政部門雖然轉化了技術的方法，但卻只讓傳統更形根深蒂固。我們幾乎可以說，現代化已經爲自己找到了最佳方式來"預防"變遷，或至少死守既有的調節以維持認同」(同上, 97)。爲了反抗此一官僚國家，郭氏提出了現代國家的概念。現代國家必然也是**中庸**(modeste)國家，也就是說，它以「長期投資爲考量，傾聽社會以服務社會，並在人們能夠成功地掌握行動時退居幕後」(同上, 59)。

　　但在目前的情況下，國家的官僚庇護不僅滲入了經濟之中，同時更影響到了諸如保健、教育體系、福利等社會保護範圍。然而其整體花費的擴充卻常常浪費在不良的組織或內在的人爲調節上；後者往往脫離了現實原則。解決之道，在於「重新引入顧客—受益人(的意見)」；這正是部氏所說的社會活動之自動調節。換句話說，重要的是在這些組織(或準組織)的內在運作中，重新引入使用者今天在外部所表達的意見、判斷以及反應。

　　這和今天到處可見的**品質提升**要求不謀而合。既然高級教育是法國社會體系的鎖鑰(因爲它培養菁英)，郭其野進一步指出，教學機構之間的競爭提升了人員的素質。他認爲：「我們絕對應該從篩選學生的教學機構著手進行改革；這麼做並不是爲了製造一種選釋性的等級制度，而是爲了保障教育的品質」(同上, 183)。

　　《中庸國，現代國》的最後一部份看起來像是《君王論》的續篇；作者在此建議改變菁英的推理方式以及人員的精神狀態。郭氏提出**策略性推理**來解決下列的基本矛盾：要改變社會，首先得改變國家及公務人員的角色；然而國家及公務人員和所有的法定社團一樣，均對一切的改變懷有敵意。郭氏並不認爲公務人員是中庸國度的限制或阻礙。因爲在國家之中，掌握決定大權是資源——在此爲公務人員，而不是古典分析中的各種目標；目標，其實得放在資源的功能中來界定或校訂。

此番策略推理的結論帶領我們進入了《行動者與體系》一書中的體系策略分析。針對該書，我們可以提出下列批評。

# 五、批判反省

## 1.遊戲中的資源不均

從**權力關係**的概念出發，體系策略分析(analyse stratégique systématique)無疑參與了組織社會學的改造工程。然而在權力關係中，不平等的起源卻常遭忽視。也就是說，大部份的分析並未處理這些權力關係不平等的社會、經濟、政治、心理、人口等決定因素。換言之，社會組織分析、權力關係分析或衝突分析多在原地打轉，未曾考量其他外在因素。郭其野與費里德別寫道：「權力、財富、聲望、權威，總之，一切的資源只有當它們提供更多行動自由的時候，才會被人重視」(同上，60)。但這些資源從何而來？它們產生於權力關係之中，抑或權力關係**之前**？作者承認，他們並未忽視「組織中涉及不同"遊戲者"之行動可能性的結構性不平等」(同上，70)，但他們卻從未把它放在模型裡頭。候勒(P. Rolle)亦指出：「作坊，不過是體系的一種結晶；體系不但遠超過作坊，同時也設定了互動的基本條件。即便組織者無能改變體系，他也不能無視體系的存在」(候勒，1980，109)。因此，可能存在著一種被多重外在因素界定的權力關係等級；而這也可能是郭其野的分析未曾考慮到的情況(參見J. Leca, B. Jobert, 1981, 1189)。

根據散索留(Sainsaulieu)的說法，策略分析的獨到之處，在於它把權力的來源鎖定在「組織的結構，而不是外在資源如資本、警力、階級、氏族等，或甚至身體上、心理上的個人影響」(1981, 448)。如果說，策略分析證明了組織中遊戲的重要性，視不確定性為權力的起源，那麼把組織(以及不確定地帶)當成權力的唯一來源是不是太言過其實了？為了找出權力的其他來源或一般社會關係的其他解釋，難道我們不能多加考慮組織的社會、經濟、政治功能，以及這些功能在組織中的地位？斷言組織是權力的來源，看來似乎是種成見，或甚至是種公設；因為如此一來，我們便無需加以證明；而在介紹研究方法時，只消抬出公設，一切便不辯自明？

但如果社會是一種由組織與體系所構成的複雜瓦鱗結構，而社會學只不過獨立出**具體行動體系**這樣的簡單單位以進行分析，那麼權力製造者自然是具體行動體系的整體複雜組織(每一個行動體系都參與了製造)。然而郭其野卻把組織**中**的個人權力關係擴展為組織、團體或"壟斷勢力"**之間**的關係，甚至擴及全體社會，這個做法委實有待商榷。雖說"行動者"一詞，作為這一切層級的共名，是論證時的必經關口；但是否就因此可以由個人而團體，由團體而社會整體這般地附比類推呢？散索留從另外一個批判角度也提出同樣的質疑：遊戲，與權力機會所造就出來的重要團體以及能夠開發策略的個人之間，究竟有何共同之處？我們是否可以用同一種語言來談論團體與個人？由於沒有分開處理個人活動和集體活動，郭氏的分析看來像是一種驚世駭俗的奇怪組合：一方面是當他把團體或作坊視為行動者時所表現出來的心理主義傾向；但另一方面卻又嚴苛地假設個人酷嗜純粹策略計算以及權力的危險遊戲」(1981, 454)。

因此，策略分析在由微觀社會學轉換為一般社會分析時勢必會遭遇到若干難題，因為它所假設的個人—社會連續，事實上並不眞是如此。換句話說，社會活動不僅只是窩藏不確定性——權力之來源——的組織活動；在社會活動之中，鐵定還有另外一些本質不同的權力。那麼單以這種分析來解釋一切的社會情境不是危如壘卵麼？

最後，散索留認為郭其野的分析把行動者轉化成一種以計算、議價及理性為主要特質的**策略人**(homo strategicus)。一方面，這些身陷權力遊戲中的個人變成了可以相互替代的個人；另一方面，集體行動者也只能由類似的同質個體所組成。根據散索留的說法，「這一套策略體系分析的窒礙之處，在於它未曾考慮到精神表現、文化、規範、價值以及意識型態……。個人既為他所繼承的文化所限定，復為強勢文化的象徵性暴力所制約。這種決定論，從來未能完整地解釋組織中複雜的關係遊戲；我們卻可以在其中看到作者一再肯定的組織效應之自主力量。然而權力遊戲是否就因此獨立於意向、價值和表現的世界之外呢？思考本身，不也正是一種介於認知的現實與行動之間不可或缺的力量和媒介？視文化為一種介入策略遊戲的能力，這當然是一種肯定自由、批評文化決定論的方法。但是文化、觀念以及表現等基本問題，作為一切關係甚或策略關係的人性層面，該書卻未置一辭，這點未免令人感到驚訝」(散索留, 1981, 455)。

## 2.策略分析與方法個體論

在體系策略分析之中，我們已經見識過了情境偶然的重要性：一切的行動體系，不外是一種偶然的人為建構。而源自不確定地帶的變遷以及權力關係，同樣也是偶然的；這種偶然或未決(indétermination)，即為作者所肯定的"行動者自由"此一公設的直接後果。因此我們可以追問，面對著如此偶然的人為建構，知識究竟扮演著什麼樣的角色？社會規律性的研究空間究竟何在？「事實上，社會體系並未受制於任何具體法則；它只是層級較低的諸多體系相互協調的結果：我們大可只以一種分析方法、一種新的推理模式來進行描述。根據兩位作者的看法，這是唯一可以讓人接受的社會學理論」(侯勒, 1980, 103)。

由不確定地帶和行動者自由所產生的人為建構，其偶然性不免令人想到郭其野的分析模型與布東的方法個體論之間的關連。二者皆以"行動者自由"或"個體自由"這樣的公設為基礎；但這種自由卻被「組織——亦即一種大肆縮減行動者之協商可能性的整體化約機制」所限制(郭其野, 費里德別, 1981, 46)，或被「限制個人自主性的社會決定」(布東,《社會邏輯》, 1979, 20)所限。

這種偶然(行動者之間的權力關係與協商結果)與個體行為的聚合效應(布東)實有異曲同工之妙；因為它們都是個體行動的結果。然而這種以個人和自由為起點的理論親和性，無論如何仍有若干不同。一方面，布東的聚合效應並非為人所欲的(也就是說它是種反常效應)；但是在郭其野的分析之中，這種非邏輯行動的主要特質卻不是如此。另一方面，如果聚合效應能夠被加以分析(布東的社會學目標)，那麼在郭其野這邊，權力關係的結果卻是偶然的、不可預見的，同時也不能成爲科學預測的對象。

　　其實這兩種理論並行發展：一邊由邏輯學者理論家進行開
發，另一邊則有田野研究者努力經營(參見《行動者與體系》一書
的方法附錄)。我們可以在郭其野的研究中發現布東功利主義下的
行動者之理性計算。透過"行動者之間的社會遊戲"這個新觀念，
郭、費二人的抽象行動者，爲了利益、偏好與需要(p. 79, 97,
198)，只得採取以獲取和損失(p. 198)作爲衡量標準的理性策略計
算(p. 244)。

　　組織運作、權力關係以及協商機制等組織社會學的核心綱
目，繼續成爲《行動者與體系》一書的討論主題。作爲社會活動
結晶的個人歷史及建構逐漸地被邊際化，以利於可替代之個人、
或個人─卒子的出現。除了批評作者忽略了權力關係的環境脈胳
之外，我們還可以批評他們忽略了個人的歷史。侯勒便指出：
「我們可以證明，"資源"、"能力"、"王牌"等爲行動者所安排的觀
念只不過是些幌子；目的不外是給個人的屬性添加點社會色彩罷
了」。

　　體系與策略分析主要是作爲微觀社會學(特別是組織與準組織
社會)的分析工具而出現的，因此也應當──如同一切的微觀分
析，限用於研究它們所屬的社會脈胳，以避免落入"結構決定論"
的窠臼。

### BIBLIOGRAPHIE

CROZIER Michel : *Le phénomène bureaucratique*, Paris, Le Seuil, 1963, *Coll. Points, 1971*, 384 p.
CROZIER Michel : *La société bloquée*, Paris, Le Seuil, *1970*, 252 p., Coll Points, 1971.
CROZIER Michel : *On ne change pas la société par décret*, Paris, Grasset, 1979, 2ᵉ édition revue et augmen-
tée, Coll. Pluriel, *1982*, 310 p.
CROZIER Michel : *État modeste, État moderne*, Paris, Fayard, 1987, 317 p.
CROZIER Michel, FRIEDBERG Erhard : *L'acteur et le système*, Paris, Le Seuil, 1977, *Coll. Points, 1981*,
444 p.

LECA Jean, JOBERT Bruno : « Le dépérissement de l'État. A propos de « l'acteur et le système », *Revue
française des Sciences politiques*, XXX, 6, 1980, p. 1126-1170.
ROLLE Pierre : « Analyse stratégique et liberté humaine », *Connexions*, n° 30, 1980, p. 103-113.
SAINSAULIEU Renaud : « Du système à l'acteur », *L'Année sociologique*, n° 31, 1981, p. 447-458.

# 6

## 從行動主義到社會學的介入

　　行動主義(actionnalisme)是阿嵐・杜恆(Alain Touraine, 1925-)及其工作班底的研究成果。嚴格說來，這並不是一種帕森思式的一般理論，而是一套令社會學者準備就緒以進行分析的社會學步驟(杜恆, 1973, 19)。如果我們還可以稱之爲一般理論的話，那麼這道緩慢的成熟過程仍在持續進行；因此既不可能系統性地加以介紹，亦無從蓋棺論定。下文所介紹的內容主要是以《社會生產》(*Production de la société*, 1973)一書爲主，佐以其他的理論著作(《致社會學》, *Pour la sociologie*, 1974;《行動者的重返》, *Le retour de l'acteur*, 1984)，以及研究報告(特別是《工人運動》, *Le mouvement ouvrier*, 1984)。

　　在這個不斷發展的思想當中，有時同樣的觀念在不同的地方有著不同的意義，造成整體理解上的困擾。杜恆的思想主要是建立在六、七個關係密切的基本觀念之上，再加上一些關係較爲鬆散的次要觀念(參見梅陸其A. Melucci, 1978)。因此，讀者必須自行找出其中的隱晦關連，以求融會貫通。

# 一、杜恆的思想發展

杜恆首先是在"社會學研究中心"(Centre d'Études Sociologique)從事工業社會學(由費德曼 G. Friedmann主持)方面的研究,並於1955年出版《雷諾工廠的工人勞動演進》(*L'évolution du travail ouvrier aux Usines Renault*)。他在該文中,建立了A、B、C三階段的職業演進。1958年,杜恆在"高等研究實踐專校"(École Pratique des Hautes Études)創立"工業社會學研究室"(Laboratoire de Sociologie Industrielle)。他同時也是《勞動社會學》(*Sociologie du travail*, 1959)雜誌創辦人之一。勞動(travail)便成為早期理論作品《行動社會學》(*Sociologie de l'action*, 1965)的中心概念;該書同時也提出了**歷史主體**(le sujet historique)這個觀念。歷史主體界定了社會[1](société, 譬如集體工人)與社會自身的關係;也就是說,作為一種歷史主體,社會掌握了自身的勞動以及勞動成果,以便為自身的歷史行動尋求意義:某些社會建築大教堂、某些社會參與生產開發、其它的則從事技術改進。每一次,社會都會利用**勞動**剩餘(surplus du travail)來自我定位。

該書中,**勞動情境**(situation de travail)的觀念舉足輕重;工人意識也有一定的重要性,可再細分為驕傲意識、順從意識、建設意識等。緊接著《行動社會學》之後的作品,書名即為《工人意識》(*La conscience ouvrière*, 1966)。勞動、工人意識以及工人運動,構成了這些作品的核心概念:「**勞動是人類的歷史處境**。它既非天生自然,亦非超越社會,而是一種義涵經驗。舉凡文明的

---

[1] 此處société作狹義解,意義近似"會社"或"職業團體"。在杜恆的理論中,這種小型的社會往往是社會運動的主要單位——譯註。

創造或社會組織的形式，都可以透過勞動來理解」(杜恆，1965，11)。勞動同時也是**歷史主體**和**歷史行動**的概念基礎，它甚且催生了**行動主義**這套方法。

如此一來，杜恆思想之深受研究勞動的思想前輩如馬克斯、費德曼和居維奇(G. Gurvitch)等人的影響也就不足為奇。如果說行動主義是分析勞動以及歷史意識的利器，那麼杜恆龐大的社會學規畫卻不僅止於此，他更採取其他的方法來探索其他的領域。譬如他便以**功能主義**來處理社會關係或社交性(sociabilité)、以**結構主義**來探討存在意識或人類意識。因此，60年代的學術泰斗如李維史陀、沙特、帕森思(影響較深，下詳)等人的學說，也對杜恆產生了一定的影響。

### 社會學家對杜恆的影響：

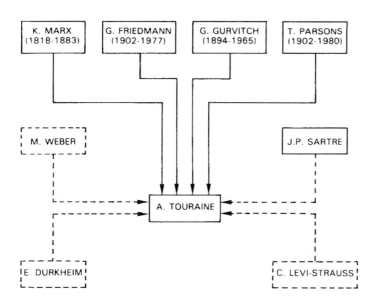

　　杜恆以勞動分析(就廣義勞動而言；並不限於時下某些工業社會學所研究的勞動過程)為基礎的研究、先是轉變為工人意識分析、爾後發展成工人運動分析、終於擴大為**社會運動**研究。**工業社會學研究室**終於在1970年改制為**社會運動研究中心**(Centre d'Étude des Mouvements sociaux, C.E.M.S.)。自此，分析不再侷限於企業範圍而擴及一般社會。1968年春，歐陸諸邦及北美少數民族均爆發社會運動。此番易名，多少也反應了時代局勢。這段期間杜恆出版了不少運用行動主義步驟的作品，如有關法國五月學潮(1968)、後工業社會(1969)、美國(1972)、智利(1973)、以及都市社會運動等研究報告。同時，這也是理論妊娩期，出現了大作《社會生產》(1973)以及《致社會學》(1974)。

　　《致社會學》標示著行動主義的轉捩點；書中重新界定了社會學者與科學研究對象的關係。為了擺脫實踐的強制範疇，杜恆提出了**社會學介入**(l'intervention sociologique)：「積極投入運動，可；但同時也得擺脫運動組織」(1974, 53)。社會學介入因此成致社會學者疏離其研究對象的利器，使他得以超然於敵對團體的表現及意識型態之外。經由此番疏離(distanciation)，社會學者不但催生出歷史行動的背後意義，甚至可以走得更遠：「社會學的目的在於刺激社會、彰顯其運動、促進其形成、並摧毀一切強加於集體之上的實質統一：價值或權力」。又，「我們不能說社會學家觀察一場運動，因為運動是觀念而非實踐；它只有藉助社會學者的介入才能建構完全」(1974, 236, 52)。我們稍後將會探討社會學介入的運作及內容。

## 杜恆思想演進：

| 出版作品 | 機關狀況 |
|---|---|
| 1955：雷諾工廠工人勞動的演進 | 社會學研究中心(費德曼主持) |
| | 1958工業社會學研究室(E.P.H.E.) |
| | 《勞動社會學》發起人之一 |
| 1965：行動社會學(理論著作) | 行動主義——勞動做為人類的歷史處境(杜恆, 1965, 11) |
| 1966：工人意識 | |
| 1969：後工業社會 | 研究工人意識及不同的社會運動 |
| | 1970：社會運動研究中心 |
| 1973：社會生產(理論著作) | 行動主義成熟之作 |
| 1974：致社會學(理論著作) | 社會學介入誕生；社會學介入之運用，研究不同的社會運動 |
| | 1981-1982：社會學介入及分析中心 |
| 1984：工人運動 | |
| 1984：行動者的重返(理論著作) | 社會學介入及社會運動研究 |

　　從70年代中期開始，行動主義思想略有變化：同樣以勞動為基礎的社會學介入凌越了歷史行動。社會運動分析不再嚴格奉行《社會生產》所提出的理論架構。杜恆及其班底(F. Dubet, Z. Hegedus, M. Wieviorka)研究學生運動(1978)、反核運動(1980)、奧克語運動(1981)、團結凝聚(1982)、工人運動(1984)及女權運動等。新的社會學方法宣告"社會運動研究中心"壽終正寢，並在1981-82年交創設"社會學介入及分析中心"(Centre d'Analyse et d'Intervention

Sociologiques, C.A.D.I.S.)。理論傾向較爲濃厚的《行動者的重返》亦於此時出版，肯定了行動主義思想上的轉變。

# 二、行動主義分析

行動主義分析以六個基本觀念爲中心：**歷史性**(historicité)、**歷史行動體系**(système d'action historique)、**階級關係**(rapports de classes)、**制度體系**(système institutionnel)、**社會組織**(organisation sociale)以及**社會運動**(mouvements sociaux)。由於觀念所屬層次不盡相同，介紹起來頗爲複雜。總而言之，礙於其共時取向，這些觀念無能處理社會變遷，只能解釋社會生產與社會結構。以歷史取向來分析**社會變遷**則是另外一回事；即便是這種分析實以共時步驟的理論所得爲基礎，它仍然屬於另一層次的分析。

下文針對每個觀念及其相關之特殊概念詳加介紹。透過元素之間的互動，此舉將有助於建立一整體觀點。

## 1.歷史性

在《行動社會學》一書中，**歷史性的觀念**僅佔次要地位，意義也有失偏頗；但在《社會生產》一書中，它一躍而成爲行動主義分析的起點。而《行動社會學》所發展出來的**歷史主體**觀念也正是歷史性的基石。

首先，杜恆駁斥一切試圖以非社會原則(天意、律則、進化、自然需求等)來解釋社會事實的社會哲學，從而罷黜了他所謂的超社會保人：上帝、歷史進化、歷史意義等。他認爲"社會"是其自身勞動及社會關係的產物，所以社會應當確認自身的創造性的意義：「我所謂的歷史性，亦即社會與其自身活動所保持的距離，亦即社會決定其實踐範疇此一行動。社會非其所是，而是令己如是(La société n'est pas ce qu'elle est, mais ce qu'elle se fait être)；它透過知識(connaissance)、積累(accumulation)和文化模型(modèle culturel)來自我建構。知識創造了社會及其環境的關係狀態；積累則從消費性流通產品中提存部份(以備后用)；文化模型掌握了創造性——社會對其自身運作的實際操控；創造性亦有不同形式。社會透過一種既是勞動又是意義的歷史行動，找出自身的文化及社會定位」(杜恆, 1973, 10)。

我們姑且試著解釋社會的自我疏離、以及社會對自身運作的實際操控。前者意味著在人類實際活動(勞動)和歷史性(賦予勞動的意義；杜恆亦稱為"勞動中的勞動")之間存在著緊張與疏離。後者來自於前者、考慮到了社會在對其實踐(特別是勞動)賦予意義時的選擇——相對於實際運作而言。這些意義的選擇同時也是文化模型的選擇，它們指出了勞動剩餘的投資方向：「社會同樣也能夠從消費中提取、製造出部份資源，並利用這些資源來服務社會本身所認定的創造性原則：在某些情況下是上帝，但也可能是科學或發展。這種自身與自身之間的距離，並未創造出一個夢幻界或表象界，而是創造了各種定位(orientations)與歷史行動體系，社會實踐也因而成形」(杜恆, 1974, 37)。

因此，社會賦予其實踐一種意義，從而自我創建、確立定位的能力即為歷史性。這也正是為什麼**社會非其所是，而是令己如是**的原因。誠如吾人所知，此番自我創建的能力，有賴社會自我疏離。

最後，決定**積累**(參見第2小節)之定位的**文化模型**，則爲歷史性所本。社會同時也應當建立一套界定人類與物質之關係的**知識模式**(mode de connaissance；對觀念體系的介紹，從此處起或許稍顯艱澀，讀者可以參閱2.3節的概念一覽表以求貫通)。

## 1)知識模式

杜恆認爲自然不過是人類對物質的文化定義，由此駁斥了社會與自然之間的對立。對他而言，知識體系實以人類種屬的**象徵能力**爲基礎。因此，社會既有活動範疇，亦有**表現範疇**(ordre de ses représentations)。歷史性既然被定義爲社會與其活動所保持的距離，表現範疇自爲其存在條件。「一個社會之所以能夠自我掌控，首先是因爲它並未與自身重疊：社會擁有一種象徵能力，一種知識官能；也就是說，它能夠依其認同，調整自身與環境的關係。人類社會肯定是自然的一部份，但它並不屬於任何範疇；它透過勞動來修改範疇」(杜恆, 1974, 63)。

在人類與環境的諸般關係之中，知識(科學與技術層面的生產力)實爲關鍵所在。然而知識的使用，卻有賴文化模型及積累形式的界定。換言之，知識雖然身爲歷史性的基礎，但對社會分析而言，影響仍屬有限。

## 2)積累過程

社會提取一部份的可消費產品、投資於由**文化模型**所模塑出來的作品之中。在歷史性薄弱的社會裡，投資(investissement)不見得立刻有回報，如寺廟與僧侶、城堡等等。「積累越多，它也就越能轉化生產條件。積累一旦減弱，蒐得的生產剩餘便與經濟活動分離，轉而用於進行大工程。相反地，在工業化社會之中，一大部分的積累資源被用來直接轉化工作條件、製造工作機會，如當今科技。投資改變了工作組織，從而改變了生產率」(杜恆，1973, 29)。

社會抽取勞動剩餘，用以**自我超越**：這可能是一種宗教或政治上的超越；但也可能是一種經由增長、邁向未來的超越。無論如何，積累形式多少左右著階級關係形式，這點留待下文探討。

## 3)文化模型

文化模型賦社會實踐以意義；予歷史行動以方向。然而，它卻不是一套價值體系、也不是一種定義或判斷基礎(決定對社會而言孰優孰劣)。它是創造性的表現，同時也掌握了社會活動與社會支使此一活動之能力二者之間的關係。

在歷史性薄弱的社會裡，文化模型是抽象的，猶如一種超社會範疇(上帝、戒律)。相反地，在歷史性強大的社會裡，「勞動生產凌越財富生產，這是一種創造性的**實質掌握**：科學被認為是一種創造性、是轉化自然狀態的直接力量」(杜恆，1973, 29)。

文化模型作為歷史性的主要面向，代表著社會自我改造的行動能力，並由此界定了社會關係場域與歷史行動體系(見2.2)。但是，「即使當統制階級完全操控著歷史性，文化模型仍然不可化約為主導的意識型態。意識型態屬於特定的行動者；文化模型卻屬於整體社會、有助於界定社會關係場域。不論再怎麼勢不兩立的行動者，也必將在同一種文化模型之中交互影響、干戈相見」

(同上, 30)。這說明了文化模型—作爲社會與其自身關係的表現—不外是支配著整個社會的目標群。

## 4)歷史性與階級衝突

根據杜恆的說法,歷史性直接引出了對立社會階級的衝突與存在。也就是說,社會並不是以轉向自身內部的方式來自我定位或自我轉化。**領導階級**控制著知識模式、積累以及文化模型:「它自視爲歷史性;但它只不過是社會的一部份,因此,它拿自身片面的利益當成歷史性,從而混淆了文化模型與自身的意識型態」(同上)。我們在此看到了馬克思的影響,只不過杜恆對調了意識型態和文化模型的角色(參見《德意志意識型態》)。

歷史行動定位和文化模型是階級衝突的核心:「被統治階級採取兩種方式回應統治:一方面堅守階級的文化和社會認同;另一方面則抬出被領導階級據爲己有的歷史性,來反制領導階級的權力。歷史性的定位不能自行決定其行動規律,因爲定位與定位之間存在著階級衝突;此外,社會統治的本質也多有影響。歷史行動的定位是爲階級關係的賭注」(同上, 31)。

總而言之,作爲特定時刻的社會活動狀態,歷史性催生了階級關係;而階級關係則導出了歷史性。換言之,社會實由其所是(階級關係)出發,而令已如是(歷史性)。二者循環,有疏離、有張力。最後,歷史性體現於歷史行動體系與階級關係之中(一切的階級關係構成了歷史性場域以及歷史行動場域),也體現於制度體系與社會組織之中(參見2.3節一覽表)。

## 2.歷史行動體系

歷史行動體系(le système d'action historique, S.A.H.)掌握了社會實踐的歷史性。換句話說，它確保歷史性與社會運作之間的關連：「在歷史行動體系之中，決定社會實踐的，既非其內在法則亦非社會生活之需求，而是被動員起來為文化模型效勞的各種資源」(杜恆, 1973, 82)。換句話說，文化模型透過歷史行動體系，控制了社會實踐的各式範疇。

由於歷史性與社會活動之間的緊張，社會行動體系自然成為這些張力的競技場。杜恆特別提出其中三組緊張關係：

1)運動─秩序：此係歷史性場域中，介於社會功能之超越(即運動)與社會組織(秩序)之間的張力；

2)定位─資源：歷史性之定位(文化模型)與各式資源(自然、科技、生理、心理)相互對立；

3)文化─社會：此係由一文化模型(創造性模型)轉變為消費模型(屬於秩序、資源這個方面)的過程。

從這些對立出發，杜恆提出了組構歷史體系的四種元素：文化模型、動員(資源為文化模型效命)、階層化(組織社會─經濟活動，特別是資源的分配)以及需求(或是一種需求的界定和消費模型)。

歷史性透過社會與文化，控制定位並指引社會實踐；其間關係可以圖示如下(非關社會運作)：

|  | 運動 | 秩序 |
|---|---|---|
| 定位 | 文化模型 ↘ ↗ | 階層化 |
| 資源 | 動員 ↙ ↘ | 需求 |

(交叉線左為社會，右為文化)

事實上，文化模型對應著生產(透過歷史性，與積累關係密切)，動員攸關工作組織，階層化涉及分配，需求則刺激消費。據此，杜恆建構起四種社會類型：

1)在**規劃社會**(société programmée, 或後工業社會)裡，所積累的是創造出製造生產的能力，亦即知識(參考知識模式在歷史性中的地位)；

2)在**工業社會之**中，積累以工業組織(動員資源)為基礎；

3)在**交易社會**之中，積累以分配為基礎；

4)**農業社會**積累薄弱，大部分的生產多付諸消費。

行動主義分析大力駁斥一切進化主義觀點：這四種歷史行動體系並不是在同一條直線上演進，而是各自建構出同一體系的特殊風貌(杜恆, 1973, 131)。

## 3.階級關係

階級關係是歷史性場域的第二個組元。文化模型左右著歷史行動、建立起社會運作與歷史性之間的關連；而階級關係卻透過**積累**(社會經濟活動)來確保社會組織與歷史性之間的聯繫(見下圖)。

杜恆以階級關係分析來取代階級分析；言下之意，**階級關係**界定了階級的特性與內容：「階級關係既不是社會秩序內部的競爭或重疊關係、也不是矛盾關係，而是衝突關係。而最能體現衝突關係者莫過於社會運動。運動之中，雖說對立階級各為己利拼搏，但同時也背負著歷史行動體系；於是便形成了社會階級的雙重辯證」(杜恆, 1973, 145)。因此，這既不是一種建立於價值之上的社會層級理論(如帕森思或美式社會學)，也不是一種矛盾理論(馬克思、恩格斯)，而是一種以**社會運動**爲主的**階級衝突**理論。

社會階級的雙重辯證對立起**上層**階級與**大眾**階級。前者作爲文化模型的社會表達，約束著整體社會；也就是說，雖然上層階級實現了文化模型，但同時也據爲己有。這便是爲什麼它既是**領導階級**，又是**統治階級**的原因。譬如，在後工業社會之中，「領導階級擁有動員社會資源以進行科學及技術發展的權力；它控制著這些投資，視其機關之利益爲文化模型當然之利益；因而能夠從中漁利、掌握權力。領導階級控制著社會發展的技術及行政機關，並且限制私人機關——亦即自身利益與"普遍利益"衝突齟齬之機關——的利益及發展」(杜恆, 1973, 147)。相反的，大眾階級既**爲人領導**，亦**爲人統治**；因爲它無能經營文化模型，只得任其擺佈。因此，面對著上層階級的強制，大眾階級除了**抗議**之外，只得採取**守勢**。

杜恆屢次強調：這兩個對立階級並不等同於任何實際團體。言下之意，階級並不是具體的行動者。他在分析社會運動時——對認識社會階級而言，不可或缺——亦抱持著同樣的看法。其實「**階級行動即爲社會運動**，因爲社會運動是**一種企圖控制或轉化歷史行動體系的集體行動**」(同上, 169)，也就是說，這是一種對文化模型的質疑。

在對立階級的關係中，被統治階級處於從屬地位，因而產生了**異化**。換句話說，被統治階級由於無法進入文化模型的定位層次，所以只能權充資源任人指使。因此，「異化指的是被統治階級的定位與社會—文化實踐均爲上層階級的利益所決定；而上層階級復以某種社會—文化情境來掩飾階級關係，聲稱此一情境，實爲攸關一切行動者的公共場域，無涉統治關係。異化首先是對統治的否定」(同上, 199)。然而大眾階級卻不能被動地接受此一情境；因此階級成員參與階級關係的方式，既有隸從又有抗爭。

由此，不但產生了大眾階級自身之定位與外來強制定位之間的矛盾，同時也產生了階級意識與異化；誠如杜恆所言：沒有階級意識，就沒有階級。然而不要忘了這是一種抽象概念，爲的是區辨出不同層次的社會現實：歷史性場域(歷史行動體系與階級關係)、政治體系、以及社會組織(詳見下頁圖)。

## 4.制度體系與社會組織

不同於歷史行動體系和階級關係的抽象地位，制度體系與社會組織卻是一種身繫時空、具實存在的社會單位。

### 1)制度體系

制度體系或政治體系介於歷史性場域與社會組織之間，爲歷史性場域所支配、以社會組織爲依歸。「透過制度體系這一組機制，歷史性場域被轉化爲一組社會生活規則，而後者則事先決定了組織的運作」(杜恆, 1973, 212)。因此，制度成爲**設限**與**合法化**的工具。但因爲它們同時也是討論和協商所在，因此並未單方面地把整體歷史性場域組織成系統，而是排除某些元素、扭曲歷史性場域並限制社會階級—特別是被統治階級的行動。

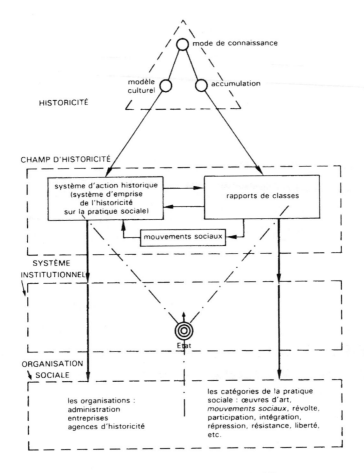

*mode de connaissance*

*modèle culturel*　*accumulation*

HISTORICITÉ

CHAMP D'HISTORICITÉ

système d'action historique (système d'emprise de l'historicité sur la pratique sociale)

rapports de classes

mouvements sociaux

SYSTÈME INSTITUTIONNEL

État

ORGANISATION SOCIALE

les organisations : administration entreprises agences d'historicité

les catégories de la pratique sociale : œuvres d'art, *mouvements sociaux*, révolte, participation, intégration, répression, résistance, liberté, etc.

(圖表來源：A. Touraine, 1973, 150, 90)

　　分析政治體系，需由程序而非內容著手；再加上政治體系是一種中間狀態，所以情況相對複雜。經由交錯三道軸線(一元／多元，行動者／場域，政治制度)，杜恆界定了政治體系的四項要素：統治階級、社會問題、政治力以及政府。

| | 一元 | 多元 |
|---|---|---|
| 政治 | 統治階級 ╲　╱ | 社會問題 |
| 制度 | 政府　　╱ ╲ | 政治力 |

(交叉線左爲場域，右爲行動者)

　　社會問題產生於歷史行動體系諸元與社會組織之間的差距；階級關係只讓問題變得更嚴重；政治力則表達了社會階級和政治黨派之間不可或缺的區分；至於政府，四者之中最明顯的元素，則代表著制度體系的獨立自主。透過政府，制度體系(以疆界來界定)經營社會組織、分配資源、確保權威、並設定規範與秩序等等。

　　我們應當獨立看待植基於政治―制度體系的國家。事實上，國家的行動同時擴及歷史性場域(歷史行動體系與階級關係)、制度以及社會組織(參見圖示)。根據杜恆的看法，「**國家與某一階級或某種社會運動關係密切，它是制度體系與其他社會體系(歷史行動體系、階級體系、組織體系)的結合所在**」(1973, 256)。

　　根據社會類型的本質，國家與領導階級關係密切，並以不同的方式介入社會生活。在前工業社會之中，文化模型引入超社會保人(如上帝)；而國家、君主則與此保人部份相連。而在後工業社會之中，國家成爲領導階級之組元，直接介入歷史性場域並經營積累：知識(這種知識構成後工業社會的文化模型知識)或科學研究的政策，越來越操諸國家。

## 2)社會組織

杜恆理論架構的最後一層——社會組織，則屬於實際層次。組織是「一種特殊單位，為追求特定目標而產生；指揮它的，則是一種建立各式權威、從而決定組織成員之角色與地位的權力」(杜恆，1973，280)。至於權力，則透過政治體系組織起合法的階級統治。也就是說，組織中的權力必然涉及歷史行動與階級關係。此外，尚有"組織性權力之意識型態"此一觀念。

受到盎格魯薩克遜組織科學以及組織社會學的影響，杜恆指出：組織運作的賭注不外乎技術活動與社會活動的棘手關係，以及外在壓力(為了生存不得不依賴環境)與內在壓力(運作的自主與規範)之間的矛盾。

杜恆區分出由政治體系所創立的**行政部門**(administrations)，在階級關係中實現歷史行動體系之定位的**企業**(entreprises)，以及**代理單位**(agences)，特別是**歷史性的代理單位**，如教會、城堡、國家府會、大學校園、研究中心等等)。代理單位亦即活動於某一歷史行動體系框架中的階級行動者。它們擁有專業人員；這些專業人員「既是歷史性的代理(agents)，又是社會創造性的代表。創造性雖然超越了一切的社會運作，卻也只能體現於社會運作之中」(同上，307)。

分析組織必然得進一步分析**社會實踐的範疇**，這些範疇並非由特殊組織所產生，而是直接取決於制度的決定，因此也取決於階級關係及歷史行動體系的定位。這便是為什麼這些社會實踐範疇受制於統治意識型態的原因。然而，階級衝突以及大眾階級的抗議能力，卻也使社會實踐範疇不能單純地化約為統治意識型態。

　　受制於歷史行動體系與階級關係的定位，社會實踐於是產生了藝術品、社會運動、造反、參與、介入、流動性、整合、鎮壓、反抗、平等、自由等各個範疇。

　　社會實踐，杜恆亦稱之為**一個社會的言談**(discours d'une société)。它並未形成結構緊密的單一整體，而像是一種地質學上的剖面，由年代不同的沈積所構成。這似乎說明了一個社會的歷史性、異質性，要比想像中來的更強更大。國家，是統一社會實踐各個範疇的代理。我們已經看過了國家所扮演的垂直整合角色，但它同時也透過學校這樣的**社會化**機關，而成為**再生產**的代理。

　　行動主義架構於此完成。此番扼要的介紹當然不能盡窺其中的複雜。就其形式而言，它讓人想到了帕森思。而當杜恆將社會結構定義為體系中的體系時(1973, 343)，二者益形相似。

　　談行動主義分析，不能不談**社會運動**與**社會變遷**。

## 5.社會運動

　　社會由其歷史行動體系出發，透過階級衝突與政治協商等多重程序而產生組織；社會運動即屬程序之一。杜恆把社會運動定義為：「**為了控制歷史行動體系，諸社會階級代理之間相互鬥爭的衝突行動**」(同上, 347)。由此可知，在行動主義對社會生產的分析中，社會運動舉足輕重。在本章一開始，我們便已提及杜恆及其班底所研究的各種社會運動。

　　然而，我們應該在不同分析層次所觀察到的**集體行為**中，區分出何者屬於階級衝突，何者僅屬制度體系對外來壓力或權威的反抗；也就是說，我們應當區辨出與社會行動體系、政治制度、或組織體系相對應的集體行為。

在組織體系層次，行動者處於組織**之內**，受到了組織規則與組織習性的約束。集體行為意味著一種組織危機，但它並未能參與或形成社會運動，因為它尚未與歷史行動體系發生關連。同樣地，在制度層次，壓力團體——作為回應制度層次上之功能不良的社會力——卻很可能類似某種社會運動；但由於壓力團體並未質疑歷史行動體系的統治，所以仍與社會運動有段距離。

社會運動位於社會體系層次，其定義為：「為了爭取控制一個社會的歷史經驗場域與發展力，相對利害之間所爆發的衝突」(同上，360)。這意味著每個社會運動(例如工人運動)皆有其反運動(領導階級)。不論對歷史行動體系的質疑是傾向改革或革命，行動者都根據一種一般性的社會衝突來自我定位；而社會衝突的賭注，即為歷史行動體系的定位。然而這個衝突並未直接對立起實際社會團體。

一切的社會團體均透過認同、對立以及整體三個原則的結合來自我定義。透過行動**認同原則**(principe d'identité)，行動者自我定義並意識到了此一定義。但行動者卻是經由衝突才得以自我組織、自我建構；於是透過**對立原則**(principe d'opposition)，行動者找出其對手：衝突不但令對手現身，同時還形成了行動者的意識。衝突的賭注，到頭來只能是文化模型。透過**整體原則**(principe de totalité)，社會運動能夠發動反計畫或提議建立另一種社會。根據整體原則，兵家所爭不外是歷史行動體系的支配權。

三種原則的不同結合，形成了不同的社會運動或社會運動的不同狀態。行動主義分析同時考慮到了社會運動及其反運動。也

就是說，社會學分析的對象，正是由集體行動者與其對手之間的
互動所構成的歷史行動場域；在此一場域之中，我們也可以發現
歷史行動體系(特別是文化模示)的各種表達，或歷史行動體系對這
些互動所產生的影響。譬如發生在**歷史行動場域**之中的工人運動
和雇主行動之間的關係，可以圖解如下：

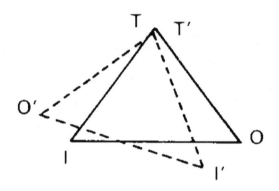

在此，對立雙方都同意工業化的"進步"(**整體**原則)所帶來的好處。
相反的，在生產組織與成果分配上，卻形成**對立**，顯示出不一樣
的**認同**。

　　社會運動分析自然必須重提異化；但異化在此卻被設定為
「因依賴性參與(participation dépendante)和階級意識之間的矛盾吸
引所引發之個體或集體意識的爆發」(同上, 377)。因此，與其說社
會運動是一種有意識的組織意志，倒不如說它更像一面**破鏡**。

　　總而言之，如果說社會運動是一種為了控制歷史性場域而引發的衝突行動，那麼它必須要有一套**規劃**。剩下的便是去觀察這套規劃和社會變遷之間的關連。

## 6.社會變遷

　　直到目前為止所使用的概念(歷史行動體系、階級關係、社會運動)都是為了分析**社會結構**，這是一種共時取向的分析。但是解釋**社會變遷**卻是另外一回事：即使這種解釋以社會結構分析的概念為基礎，它仍然必須求助新觀念，特別是知識的其它層面。

　　首先，杜恆駁斥**歷史主義**(historicisme)；因為這是一種意識型態的偏見，並且必然認同行動者、以行動者的觀點來重新詮釋社會場域及其轉變。因此，社會學者應當和其研究對象保持距離。此外，如果說社會的**外在**因素能夠解釋歷史性薄弱之社會的變遷，那麼，在歷史性強大的社會之中，變遷卻是一種內在程序。

　　**社會變遷必須從歷史性場域(歷史活動體系及階級關係)、政治—制度體系，以及社會組織之間的緊張和差距(特別是時間性方面)來理解**。然而這並不能建立起社會衝突與變遷之間的因果關連，儘管二者必然會產生關係。社會變遷旨在改變歷史性場域(特別是歷史行動體系的定位)；然而仍舊有一些社會衝突並不是以改造社會或階級關係為目的(如調薪要求、生活狀況改善等)。因此我們必須嚴加區分社會衝突與社會運動：前者志不在改變歷史性場域，但這卻是後者的目的。換句話說，如果一切的社會運動都意味著衝突，那麼衝突卻不見得意味著運動。此外，如果社會運動是歷史運動不可或缺的一部份(1973, 452)，那麼它只有在革命性批

判行動出現的情況之下，才能導致決裂(參見以下1、2小節)；因爲
視社會運動爲進步之代理，這只不過是在兜翻歷史主義罷了。

　　社會變遷以下列兩種集體行動爲基礎：**決裂行爲**(conduites de
rupture)以及**內在轉變行爲**(conduites de transformation interne)。

## 1)決裂行爲

　　決裂行爲除了抗議階級秩序之外，多少也直指歷史性。我們
可以從中區分出**社會運動**以及**批判行動**(actions critiques)。社會運
動置身於某一歷史性場域**之內**，並對立起領導階級和抗議階級(見
2.4節)；批判行動則從**外部**攻擊整體社會秩序。革命性批判行動與
社會運動的分野，在於處理認同、對立、整體三原則的方式有所
不同。在革命性批判行動之中，

a.社會行動者的認同乍現，同時爲見拒意識(conscience d'exclusion,
行動者意識到自己爲統治階級所排除)和社團意識(見拒之社團)所
取代；

b.對手並非某一行動者，而是整個社會秩序；

c.整體原則超越了歷史行動體系：回歸過去(重返起源狀態)或邁向
未來(人性的進步)。

　　雖然我們在分析中特別區分出社會運動與革命性批判行動，
但二者在現實之中卻息息相關。「社會運動是社會內在動力的元
素之一，因爲社會內在動力實以階級衝突爲基礎、以歷史性之掌
握爲目的。相反的革命性批判行動卻是一種變遷的代理。它把統
治意識型態眼中的非法性、偏差或邊際性轉化爲反對統治的抗議
力量。這股力量目前雖無能抗爭，但卻把掌握歷史性的企圖投向
未來，並提出一套社會整體模型來取代現行模型」(杜恆，1973,

458)。換句話說，社會運動屬於社會結構的分析場域，而革命性批判行動卻屬於變遷的分析場域。

我們可以看到：在社會變遷之中，杜恆特別重視「批判菁英深具革命性及先知色彩的介入角色」。

## 2)內在轉化行為

在此討論的是轉化歷史行動體系、形成社會發展的階級關係。

統治階級一手包辦整體社會的歷史性，其**權力**(puissance, 也就是它對大眾階級之抗議行動的防禦控制能力)可能成為社會自動轉化的能力。統治階級對社會成員的**動員**(與統治階級設限以解散大眾階級的階級支配恰好相反)也可能導致歷史行動體系的轉變。最後，在一開放社會之中，**革新則**可能出現於制度層次或組織層次；這種革新體現了階級衝突的動力：儘管未曾聲討支配，階級衝突動力仍然可以改變歷史性的組元。

## 3)秩序與運動

變遷社會學的基礎既非進化分析，亦非運作分析。因為運動與秩序並不是對立分明的兩種範疇。所有社會都同時是秩序和運動。

社會變遷可能同時來自於內在轉化或與既定秩序的決裂；二者同樣導致歷史行動體系的改變。社會的歷史性越強，變遷就越有可能經由革新的方式。相反的，歷史性越弱，變遷就越可能採取決裂之道。

社會運動如未能與革命批判行動相結合，便不能稱之為變遷之代理。但「它們卻同時是革新和決裂的所在。它們是制度化與現代化的導引；而它們對統治的抗爭，則導致批判行動與變革」(同上, 511)。這便是為什麼社會運動會成為行動主義分析的核心。

# 三、社會學介入

行動主義者以**社會學介入**這種特別的方法來研究社會運動，它結合了歷史方法(為了與其研究對象保持距離)與介入觀察(observation participante)。

杜恆認為，與其分析行為本身，不如**研究行為產生的情境**。基於這個理論，研究者聚集行動者(大部分為活動份子)並加以分組，以協助他們**自我分析**。這些團體可以擴及朋友、對手或證人，凡一切有助反省者皆可加入。在進行自我分析的同時，研究者同樣必須參考其它的論據，不論書面或口述，並加以記錄形成假設。這些假設涉及行動最高層次的涵義，亦即社會運動的本質。

決定性的一刻是在形成假設之後，研究者將假設提交給團體(但該團體必須已經完成了基本的自我分析)、試著讓團體根據其所做出的社會運動來分析自己的行動。這種轉入行動分析的過程稱之為**換位**(conversion)(杜恆, 1984, 93)。「只有研究者才能完成這種換位。他應當在團體面前提出社會運動的形象，這個形象同時也掌握了最高層次的意義」(杜恆, 1984, 206)。

由於方式拿捏不易(研究者不應該認同行動，而只是找出社會運動的最高涵義)，行動者團體因此由兩位研究者共同參與，第一位(即詮釋者)伴隨著團體的自我分析、接近團體並扮演煽動者的角色;第二位(即分析者)則從既有假設出發,引領團體朝假設方向前進。這些假設的有效性並不只是以符合現實的程度來衡量(假設多少有添加的成分),假設同時也必須有助於強化**行動份子的行動能力**、使行動者的意識更加清明:「假設的有效性,端視團體是否能夠依照原先的假設來重新詮釋並定位其過去、現在、未來的經驗」(杜恆, 1984, 211)。

社會學介入的方式飽受攻擊,有人認為這是社會學家在操縱行動者,有人則批評歷史實驗法不過是閉門造車。批評者中最具代表性的首推阿彌歐(M. Amiot),他懷疑行動者團體在社會運動中的代表性,此舉只不過是重新祭出團體動力學,「讓這些主角同其實際對手或同志自演自唱,光是敘述壯舉而未採取行動;社會學者—分析者從中煽風點火、大玩淨化花招、詮釋衝突意義,並試圖將所有的行動者及其相互關係帶到更高的平衡層次」(阿彌歐, 1980, 417)。

為了回應上述批評,杜恆強調,重要的是從答覆中回溯問題:「任何人如果想從答覆回到質疑、想要超越意識進而發掘潛意識,並從中理解人格形成的機制與歷史,那麼除了觀察之外,更應該介入。從佛洛依德開始,他們已經認識到個人之所以能夠變換層面,完全得歸功於他們的介入。就方法而言,或許我的研究步驟和其它的步驟雷同,但是我的目標和推理卻與他人不一:重要的是放棄實踐—答覆層面,邁向情境的衝突發生層面。為了達到這個目的,除了利用研究者做為層面之間的"渡人"、作為觀點轉換(以換位為中心)的工具之外,我並未發現其它的方法」(杜恆, 1980, 426)。

　　運用佛洛依德的方法來分析社會並非完全妥當。阿彌歐不忘批判道：「其中牽扯到的不是把慾望轉移給分析者，而是強迫他人去"同意"社會學家的觀點」(阿彌歐，1980，418)。只有社會學者握有定義行動的能力；只有社會學者才能催生社會行動和運動潛藏的意義！透過將知識傳遞給行動者，社會學家造就了歷史。這成了一種"永恆社會學"，「掌握自己行動的社會學者，成了其中的活動份子，試圖延長他們對自身行動所作的社會分析」(阿彌歐，1980，424)。社會介入似乎成了社會學者—造物主這種杜恆式理念在方法上的實現。

　　無疑地，社會學介入是透過對峙行動者來收集大量資料的方法；較諸傳統方法，孰優孰劣猶未可知。至於強調只有社會學介入才能執行「回溯運動，從答覆回溯到社會產生衝突的幽壑」，這只是在貶抑其它的社會學研究罷了。

　　此外，雖說假設的有效與否(這樣的運動是否會形成社會運動)，端視團體的換位和行動份子之行動能力是否增加，然而假設的有效性卻大有商榷餘地：要麼假設得不斷地修正以通過換位測試(例如杜恆及其班底對奧克語運動所做的研究)，要麼假設輕易略過測試，以避免科學上的質疑。另一方面，一些根本結論和先前的假設太過吻合(例如工人運動的式微)，卻也導致人們不再追究社會學介入(資訊製造)和結果陳述(認知製造)之間的關連。在此，這種方法看來不但了無新意，甚且時時以偏概全。

# 四、批判評註

為了避免錯誤詮釋和誤解，杜恆明確指出：以歷史作為分析的起點，並非意味著我們應當誇大歷史性的重要(一種新的決定論)，或謳歌人類征服野蠻自然的能力(杜恆, 1973, 35)。

杜恆試圖以**歷史性**的概念來摧毀**歷史主義**(同上, 43)；因此，有關歷史性的論戰亦由杜恆本人首開其端。我們不禁要質疑：歷史性的概念是否引進了一種新的**歷史意義**、一種新的**進化論**，並以其方式導致**歷史的終結**？

杜恆自然否認其觀點悉為進化論；而對那些把四型社會(規劃性、工業、商業、農業)當成歷史連續的解釋，杜恆亦斥為天真。然而他以**歷史性的強弱**來分類社會，這點卻耐人尋味。如此一來，那些具有強烈歷史性的社會(尤其是美國社會)即為今日或明日之翹楚！在這些社會之中，社會行動對自身的作用最為強烈；在這些社會之中，超社會保人讓位給新的社會保人——亦即社會自我主宰的能力。

杜恆因此將社會置於歷史性這道新的軸線上，並以規劃性社會(即後工業社會)為極致(下詳)。就知識論觀點而言，我們實在難以分辨歷史性概念和法理、天意、生產資料之持有(馬克思)或生產力發展(某些馬克思主義者)等概念之間的不同。歷史性像是社會運作和社會運動的馬達。我們可以補充說，歷史性元素，往往帶有種族中心主義的色彩(就像馬克思的歷史主義包含了資本主義，以及其中的階級鬥爭等特性)：「溝通量與社會自我掌控能力成正比。沒有任何一個工業社會的溝通量會小於前工業社會。人們常以大眾傳媒和溝通的重要性，來形容經濟發達社會的特徵。儘管這些溝通的運用和特質依政體而有所不同，但組織的形式或社會階級的狀態卻是顯而易見的。溝通不斷地多元化；在最發達的社會中，溝通的管道暢通無阻；這些社會因而也最具發展潛力。」(同上, 437)。

在規劃性社會裡，被**積累**的是創造出製造生產的能力，亦即創造性工作的原則——**知識**。在歷史性的定義之中，人類種屬的特性即為**文化模型**和**知識模式**的結合。隨著規劃性社會的出現，新的歷史行動體系不再可能出現，這也正是歷史**分期的終結**(同上, 129)。這並不表示後工業社會就不會再轉變，而是說其轉變勢將在歷史性場域之內進行，因此也必須以其他的(非社會學)工具來分析。這便是為什麼**後工業社會即為後歷史社會**的原因(同上)。轉變只能透過文化模型進行。後工業社會將越來越能自我掌控；我們也可以說它置身於**歷史創造性**之中。

按照杜恆的說法，「構想出一系列無止無休的階段，這是落入十九世紀歷史進化論的窠臼。社會越能自我掌控，就越能脫離不明確的進程，因為發展的模型越來越屬於運作的一部份。在這層意義上，歷史性的勝利也正是歷史的終結」(同上, 130)。

杜恆於是便借助變遷終結和歷史終結兜繞過進化論者的絆腳石。社會創造性、社會自我掌控、加上歷史性，在在都令人想到黑格爾體系中"觀念"所扮演的角色。而歷史性此一概念，不正是來自黑格爾麼？

對於歷史主體此一概念所可能遭受的批評，杜恆預先做出了答覆。對他而言，主體並非引進一套主體哲學，而是一套行動社會學。這並不是上帝或市場法則這樣的瘟神，而是整體文化定位以及社會衝突；社會亦由此而得以自我建構，成為一歷史性之代理(同上, 39)。這個說法顯然無法說服梅陸其，他認為杜恆「似乎並未能完全避免主體哲學的危機，也就是說，他把行動的概念當成創造的原則」(1975, 364)。歷史性的觀念在此遭到了質疑，特別是「歷史性的文化組元以及積累這兩個觀念的理論地位，雖然類似卻無甚關連」(梅陸其, 1975, 364)。

至於以積累和文化模型為基礎的階級關係也可能招致類似的批評。如果積累和階級之間的關連顯而易見，文化模型和階級之間的關連卻難以掌握。因為文化模型不易捉摸，而它與歷史性其它組元之間的關係，同樣也不明確。文化模型難道不是依附於積累(經濟主義？)、文化因素或其它未經界定的元素之上？

無論如何，就階級關係而言，行動主義分析企圖超越以分析資本主義經濟體系之危機和矛盾為主的馬克思理論(杜恆, 1973, 387)。社會運動這個新觀念，旨趣大不相同：「它並**非以矛盾、而是以衝突的方式呈現**」(同上, 387)。也就是說，社會運動並不是矛盾的表現；它引爆了一場衝突(同上, 365)。這兩個觀念涵義不同，層次亦不同。儘管行動主義者大部分的語彙——而非概念工具——均借自某時期的馬克思主義，其理論架構卻與后者無涉。

瀏覽杜恆和其弟子的作品，我們不難發現：《行動社會學》或《社會生產》中的若干主要概念，如今不是完全見棄，就是淪為次要角色。譬如**勞動**和**階級關係**這兩個觀念便因為文化衝突的重心偏移而失勢：「由勞動世界(工人運動的式微, N.D.R.)轉變為整體文化場域，由反對生產支配轉變為反對擴及全面社會生活(消費、資訊和教育等各個領域)的支配」(杜恆, 984, 408)

《行動者的重返》(1984)一書正式宣告放棄生產場域。杜恆說道：「或許應該稱之為"主體的重返"，因為當行動者處於歷史性層次時，行動者便成了主體」(1984, 15)。在規劃性社會之中，社會自我掌控的能力(其歷史性)不再牽涉到生產要素，而是象徵性財產的社會運用；這也正是後工業社會的特徵(同上, 84)。

行動者並不自限於根據情境來反應，他也可以製造情境(同上, 69)。杜恆因而提出了"主體行動者"(acteur-sujet)的全新概念：「人性主體之本質在於確保人類行為之層級，發揚科學知識以闢謠去謬，從事革新投資以離每日常規，並能堅守善道、改造習俗。社會生活所產生的歷史性層級越高，行動者也就越能肯定意識權利的重要性。"現代性"的歷史不外是意識逐漸彰顯的歷史：反君權、反習俗、反利益、反無知、反恐懼……

「社會生活首由日趨活躍的主體—行動者意識所界定。主體—行動者視其投資所得為創造，同它保持距離並反省自身的創造性。同時以知識為中心價值，以自身經驗為主體；他人若與自己類似，完全在於他人身為主體的能力」(1984, 38-39)。又，「根據此一觀念，一切視社會為一致整體的超社會原則皆為人類勞動的實現所取代，亦即為自由所取代。自由取代了古典社會學中的理性化和現代化；說的更深刻一點，自由即主體，它代表了人類從超驗原則和團體規範中自我解放的能力」(同上, 96)。

自由、創造力、主體等概念說明了杜恆思想的演變。其中不但涉及喚醒工人、掌握命運的工運烏托邦理想(他曾在他處透露)，同時也契合了某種觀念論(儘管杜恆屢次辯解)：主體和行動者都脫離了現實。如果當今行動主義的要務在於確認現代社會的中心衝突(同上, 100)，那麼我們不得不結論道：在當今規劃性社會之中，社會狀態與杜氏理論並不相符，除非社會學者——隱晦意義的催生人——能夠在後工業社會中，找出代表中心衝突的社會運動。

# BIBLIOGRAPHIE

AMIOT Michel : « L'intervention sociologique, la science et la prophétie », *Sociologie du travail*, 4/80, p. 415-424.

MELUCCI Alberto : « Sur le travail théorique d'Alain Touraine », *Revue française de sociologie*, n° 3, 1975, p. 359-379.

TOURAINE Alain : *L'évolution du travail ouvrier aux Usines Renault*, Paris, Éditions du CNRS, 1955, 202 p.

TOURAINE Alain : *Sociologie de l'action*, Paris, Le Seuil, 1965, 507 p.

TOURAINE Alain : *La conscience ouvrière*, Paris, Le Seuil, 1966, p.

TOURAINE Alain : *La société post-industrielle*, Paris Le Seuil, 1969, p.

TOURAINE Alain : *Production de la société*, Paris, Le Seuil, 1973, 543 p.

TOURAINE Alain : *Pour la sociologie*, Paris, Le Seuil, coll. « Points », 1974, 249 p.

TOURAINE Alain : « Réponse à Miche Amiot », *Sociologie du travail*, 4/80, p. 425-430.

TOURAINE Alain, WIEVIORKA Michel, DUBET François : *Le mouvement ouvrier*, Paris, Ed. Fayard, 1984, 438 p.

TOURAINE Alain : *Le retour de l'acteur*, Ed. Fayard, 1984, 350 p.

# 7

# 互動論與民俗方法論

　　互動學派誕生於50年代的芝加哥大學。在60年代，先是傳到了加州各大學，爾後遍佈美國東岸並衍生了不同的取向。舒茲(Schütz)的現象社會學或理解社會學、高夫曼(Goffman)的劇場模型、葛芬柯(Garfinkel)的民俗方法論、塞克斯(Sacks)的會話分析以及席考若(Cicourel)的認知社會學，或多或少都和互動論的分析架構有關，取向歧異自然可知。而在法國，對日常社會學的興趣復燃多少也受到了學派的影響。

## 一、新學派的誕生

　　芝加哥大學向來是實用主義的大本營，而互動學派卻革新了芝大的傳統。

## 1.芝加哥傳統

　　十九世紀末的約翰・杜威(John Dewey, 1859-1952)是第一位以芝大為爐灶的實用主義思想家。實用主義(pragmatisme)發源自邏輯學者皮爾斯(C. S. Peirce, 1893-1914)的學說以及詹姆士(W. James, 1842-1910)的功利主義(utilitarisme)。實用主義以實驗方法和眞理的工具性概念——觀念是有待驗證的假設——為支扛。科學觀念一如日常觀念，都必須以經驗為基礎。而眞理則產生於交換之中(今天，互動論者會說「眞理來自於互動」)。

　　繼杜威之後，米德(G. H. Mead 1863-1931)成為芝大的第二代祭酒。他認為社會是一種有意義的人際溝通體系。死後所彙集的生前課程《精神、自我與社會》(*L'Esprit, le soi et la société*, 1934)，提出了一些日后成為互動論者探討的主題，特別是：社會並非賜與，而是透過人際(或互動)之間的社會行動(或交換)、不斷地自我建構。米德深受庫里(M. Cooley, 1869-1939)學說的影響；後者不但提出了眾所周知的**社會角色**概念，同時也將自我視為社會互動的結果。

　　和米德同時，還有另外一門芝加哥學派，由湯馬士(W. I. Thomas)、帕克(R. E. Park, 1864-1944, 齊默的學生)以及柏杰斯(E. Burgess)、麥肯奇(R. Mckenzie)等人共同帶領。他們以城市、移民現象以及社會分裂為研究主題。這場運動的特徵主要是實用主義傾向、堅決的田野研究、理解社會秩序及其不良運作，並以社會工作者的實際行動來改善現狀。這也正是安德森(N. Anderson)的遷移工人(1923)，或崔雪(Trasher)的少年犯罪集團(1927)等專題研究的濫觴。

## 2. 1950左右的局勢

40年代末期,由於三大學派的匯流,造就了新的研究趨勢;這三大學派的代表分別是:米德和社會心理學家布蘭姆(H. Blumer, 1901-);工業社會學專家休斯(E. C. Hughes, 1897-1983);以及人類學者瓦納(L.W. Warner, 專事研究小型團體,並於1930至1935年間對美國小城進行大規模的調查(*Yankee City*, 1949)。

而日後的互動學派,象徵互動學派以及民俗方法學派的主要代表人物多跟隨過休斯、布蘭姆或瓦納;他們大多畢業於芝大,或在芝大作過研究:如高夫曼、貝克(H. Becker)、史特勞斯(A. Strauss)、李莫特(E. Lemert)、葛芬柯、史東(G. Stone)以及吉祖斯(J. I. Kitsuse)等(參見N. Herpin, 1973, 67)。

## 3.貝克訪談

貝克(H. Becker, 1928-)在一篇訪談中所披露的學習生涯(*Sociétés*, No. 12, Janv.-Févr., 1987, 38-40)可以視爲標準的求學過程。在分析大學時代所修習的課程時,他坦承受到了**芝加哥學派**的啓蒙。「能夠在芝大就學是我日後學術生涯中的一張王牌,它影響了我對社會學的看法」。他並區分出三道思想系譜,各以休斯、布蘭姆以及瓦納爲代表。

1)**休斯**(E. Hughes):「我上了休斯很多堂課,他讓我知道一切與社會組織有關的知識:然而休斯卻是帕克的學生;而帕克又是齊默的學生」。事實上,貝克同休斯、吉爾(B. Geer)及史特勞斯一塊研究過醫科學生職業生涯。

2)**布蘭姆**(M. Blumer)：「我向赫伯特‧布蘭姆學習社會心理學。
這道學術源頭可以上溯至米德、杜威和詹姆士」。

3)**瓦納**(L. Warner)：「洛伊德‧瓦納則深受布朗(Radcliffe Brown)
和涂爾幹的影響」。

# 二、互動論

　　湯馬士和帕克在世紀初所樹立的實證研究傳統培養出一批生
力軍。這個運動同時也產生了許多專題研究報告，成為日後美國
社會學的必要參考。

　　從1957年起，布蘭姆便使用**象徵互動**(interaction symbolique)一
詞；而從1960年開始，**互動論**(interactionnisme)一詞便用來指稱休
斯與布蘭姆的學生所作的研究。然而學派基礎仍舊以米德的思想
為主。即使像高夫曼這麼一位獨特而無法歸類的學者，也受到了
米德深刻的影響。譬如為了分析**規範表現**(apparence normale)，亦
即個人為了不遭人側目所應有的表現，他便以米德的學說作為基
本原則：「我們應當取法米德。個人所認識到的自己，並不是他
自己憑空想像得來的」(高夫曼, 1973, 263)。

　　這般潮流透過**象徵互動研究協會**的成立得到了進一步的發
展。

## 1.田野研究與小型社團

　　互動論反對量化分析、取法人種學的田野工作、並以小型社
團為研究目標。除了人類學者瓦納之外，尚有雷德菲(R. Redfield,

1897-1958)。貝克在上文的訪談中對雷德菲有這樣描述：「羅伯特·雷德菲的《小型社團》(*The little Community*)，是以不同方法來研究小型社團的傑出研究。他也是出身於芝加哥學派的人類學家」(貝克, 1987, 40)。

事實上，整個芝加哥學派與人類學有密不可分的關係(雷德菲是帕克的女婿)。休斯強調**原地觀察**(observation in situ)並要求學生從事田野工作，發表專題報告。布蘭姆本人也持相同看法(參見J. M. Chapoulie, 1984)。

高夫曼的博士論文便是在瓦納的指導下，以田野調查和小型社團觀察法，研究北蘇格蘭謝特蘭(Shetland)島民的溝通方式。而在《日常生活中的自我呈現》(*La présentation de soi dans la vie quotidienne*, 1956-1959)這部作品中，他多次引證上述研究以說明面對面的互動策略。

**互動論與民俗方法論的起源：**

## 2.偏差團體、邊緣團體

　　工業社會下的**偏差**環境，構成了小型團體研究的絕佳田野。在這種意圖之下，貝克於1953年先是透過大麻吸食者來研究吸毒現象，隨後分析爵士樂手的職業生涯(他自己本人亦為爵士樂手，參見*Outsiders*, 1963)；李莫特則以空頭支票的犯罪行為為研究主題(1953)；而高夫曼則花了一年的時間與華盛頓聖伊莉莎白精神病院中的精神病患保持連繫(參見*Asylums*, 1961)。

　　這些研究題材所選擇的互動過程，事實上多發生在相當封閉的環境之中；而觀察也以人種誌的模式爲主。貝克由此發展出**標籤理論**：偏差，並不單純只是未能符合規範(功能主義的解釋)的客觀事實，而是那些處置者和裁定人在偏差者背后貼上標籤的後果。同樣地，高夫曼也指出：由收留所所構成的全面體制(institution totale)，不外是一種製造精神病患及標籤的特殊互動體系！精神醫師群情譁然。

互動體系與偏差的分析不斷縈繞著互動論者以及那些取法互動論的社會學者，如第一代芝加哥學派(參見安德森，The Hobo, 1923, 及其他)。高夫曼再以《印記》(Stigmates, 1963)一書研究殘障者與正常人之間的關係型式、以及前者爲了不被人瞧不起所採取的策略。此外，尚有馬特拉(Matra)的犯罪研究(1964)，葛拉舍(Glasser)與史特勞斯的死亡研究(1965)，席考若的兒童司法機關研究(1968)等皆可視爲此一傳統下的研究。

## 3.拒絕主流社會學

爲了掌握這個以日常互動爲研究對象、強調田野研究與原地觀察的新取向，美國社會學中不同學派的傾軋和競爭也不容忽視。

芝加哥學派之所以強調人類學取向和專題分析，部份的原因即在於反對由莫頓、拉薩費爾德(Lazarsfeld)及史杜佛(Stouffer)等人所領導的主流社會學(強調以問卷方式蒐集資料，再加以統計分析。見J. P. Chapoulie, 590-591)。此外，量化主義者當然也不會忘記批評定性分析不夠精確：諸如由觀察者的主觀態度所產生的不確定性、非系統性觀察或取樣瑕疵等。這些批評當然也有助於改善原地觀察法。布蘭姆則反過來批判量化步驟對問卷的"標準化幻想"、"以任意分類的組別當變數"以及"調查情境下的回答與實際行為之間的不確定關係"等(同上, 591)。

# 三、互動論問題綱領

## 1.原地觀察

　　原地觀察是一條貫串芝加哥傳統的方法主線；從學派一開始到民俗方法論和會話分析，原地觀察一直是個鐵律。正如許多評論家(參見N. Herpin, 1973, J.,M. Chapoulie, 1984)所指出的，這套由休斯與瓦納所樹立的方法要求，逐漸發展出一種新的理論取向。直截了當地說，這意味著觀察到的日常互動運作包含了社會理論的一切要素。只要懂得觀察便已足夠，無庸汲汲尋找背後的意義。其實，社會行動的意義是在行動本身的發展中產生的。在這個觀點之下，研究者的興趣所在與其說是建立**事實**集體，到不如說是在仔細觀察由行動者直接互動所形成的社會**程序**。

　　同樣的，互動社會學並不想以客觀事實來證明理論，而只是與發生事件同行共存。因此，部份學者之所以偏好介入觀察，其來有自。貝克描述爵士舞者的世界，而他本身也是爵士樂手；高夫曼不但與精神病患親密來往，更在拉斯維加經營賭檯(參見Y. Winkin, 1981, 97)。

　　總之，這種態度可以概括如下：拋開理論，觀察特殊互動過程中的涵義！

## 2.互動作爲經驗涵義

　　互動論者一般多使用互動一詞來代表最小的社會交換單位，並以此來指稱每個人根據他人反應來行動或表現的社會情境。當然，每位學者因其概念工具的不同，在態度上以及與學派的關係上，多少有些微妙的差別。無論如何，這個經驗主義式的觀念將社會結構碎化爲微觀結構：**互動**。

　　這個影響主要來自米德。米德駁斥行爲主義分析刺激—反應的僵化模型，強調人際交換的象徵性特質；也就是說，如果刺激未被加以詮釋，那麼便沒有社會交換。韋伯(學說由舒茲大量引入美國)在他的理解社會學中已經強調過：社會活動是一種朝向他人的義涵行爲(參見第2章)。涵義應當是共享的，因爲只有如此，活動才能進行。而在每一個特殊的情境之中，這種共享都會出現。因此，分析互動，亦即參照互動情境的特別條件以掌握行動者的詮釋。這也正是爲什麼學派會特別強調專題研究以及現實分析的原因。

　　這種心理社會學取向同時也以功能主義批判爲基礎。功能主義過份高估社會行動者的社會化以及他們對習得之規範的順從。但對行動論者而言，許多情境都是曖昧不明的，因此也就給策略操縱或即席表演留下了發揮的空間。高夫曼說明了收留所的**全面體制**如何在組織規範之外造成了**二次適應**(adaptations secondaires)：「組織一旦認定個人的身份，便會向個人要求該有的表現。而二次適應正是允許個人利用禁止的方式，或達成非法的目的(或二者同時)，以轉移組織要求的一切習慣性傾向。對個人而言，二次適應是擺脫體制指派之角色或人物的一種方式」(高夫曼，1968, 245)。

史特勞斯則提出**協商出來的秩序**(ordre négocié)，強調社會並不是(或不完全是)像功能論者所說的那樣依照著功能整合模型來運作。同樣的，李莫特也指出，對妄想病患的治療，其實只加深了他們的迫害感——特別是他們所受到的嚴密監視。

　　在這些嘗試之外，社會學的實證模型也日遭唾棄：在個人之外，並不存在著什麼事實本體。意義畢竟來自於日常過程，即使是在特殊的互動之中，它仍舊以日常過程為依歸(參見C. Bachmann, J. Lindenfeld, J. Simonin, 1981, 119-121)。對互動論者、民俗方法學以及理解社會學的擁護者而言，這個道理是不變的。

## 3.自我及其角色：演出

　　從50年代開始，高夫曼便嘗試以**表演的戲劇模型**來解釋互動遊戲(《日常生活中的自我呈現》, 1973)；該模型以「在一座大樓或一個機構這樣的物質界限中所組織起來的社會生活類型」為基礎(同上, 9)。面對面的互動，或**微型社會體系**(système social en miniature)發生於行動者與他人之間；而他人也正是觀眾。我們可以假設：「一切出現在他人面前的個人，有多重理由促使他去控制他人對情境的感受」(同上, 23)。在這個觀點下，一切的互動都像是一種戲劇遊戲或**演出**(représentation)，而行動者則在其中當著觀眾的面發展出一個或幾個**角色**。其實，高夫曼在把精神收容所描繪成禁閉的典型互動例子時，已經開始使用此一分析架構。但現在卻把它應用在一般面對面的互動情境中。「借由互動一詞(亦即面對面互動)，我們指的差不多是當對手直接地面對面時，他們對彼此行動的相互影響」(同上, 23)。而**角色**則是人們在表演中加以發揮的**預先建立之行動模型**；如果它重覆上演，那麼便有可能形成**社會角色**(或功能論者所說的Social Role)。「一旦把社會角色定義爲既定地位之權利與義務的實現，我們可以說，社會角色包含了一個或數個角色(或部份)；而行動者則可以在一系列的場合中，對同樣的觀眾或同類型的觀眾，表演每一個角色」(同上, 24)。

在該書結論中，高夫曼認爲，他的**戲劇取向**在於描述「左右他人感受的技術」，並把它和其他的社會組織取向作了一番比較：

1)**技術取向**以體系根據目標所採取的方法之效率爲對象；

2)**政治取向**以他人——透過懲罰或獎勵——所要求的行動爲對象；

3)**結構取向**則特別注重地位的平行分化與層級化(功能主義)；

4)**文化取向**則以影響活動的道德價值爲重心(同上, 226-227)。

同其他的取向一樣，戲劇取向也是一種在事實中建立秩序的方法。此外，它也可以與其他四種取向合併使用。但高夫曼終究還是強調了戲劇取向的原創性：它並不耽於使用劇場譬喻或是將社會遊戲劇場化——這麼作沒什麼大不了的！重要的是這個取向強調了**演出**，而這也正是自我結構(structure du moi)的特色；社會互動的結構只能允許我們維持一種情境釋義；爲此，自我必須粉墨登場。

《印記》(1963)所研究的主題正如副標題"恥辱身份的經營"(management of spoiled identity)所示，正是印記[1]這種不名譽差異的遊戲；例如殘障隨時可能成爲一種印記。而想要維持屢遭威脅的個人認同，印記者一如正常人，都需要一套獨特的策略。事實上，印記者和正常人構成了不同的觀點(高夫曼, 1975, 16)、不同

----

[1] 諸如有色膚色、同性戀、破相等弱勢團體或"負面"偏離常態的現象皆可視爲印記——譯註。

的角色。最後，印記也意味著個人可能的社會身份及其實際社會
身份之間的分歧。印記產生於互動之中(同上，12-13)。在此，劇場
比喻的使用就顯得謹慎多了。

　　然而，如果說印記者的策略代表了面對面互動的限制之一，
那麼正常條件下簡單的面對面關係，其實也需要一些最基本的演
出、儀式性地維持一道行為線以**保持顏面**。基本上，互動由一種
儀式性的秩序支配著。至於這種儀式化的過程，最佳的例子莫過
於會話(參見高夫曼，《互動儀式》，*Les rites d'interactions*, 1967)。
高夫曼的會話研究——特別是他的最後一本書《說話方式》
(*Fraçon de parler*, 1987)——其實已經和民俗方法論者的會話分析
(見3.3.2節)不相上下。然而戲劇性的主題終究還是清清楚楚地受到
作者的肯定：「我會說社會生活是一座舞台，這不是一種文學性
的宣告，而只是一種技術觀點：也就是說，一旦深入說話的本質
之中，我們便可以理解戲劇比喻的必要性」(1987, 10)。

　　民俗方法學家席考若(A. V. Cicourel)再次借用此一模型，同樣
也將互動詮釋為一種遊戲；在互動之中，每個人都依照他人的角
色來調整自己的角色(見4.3.3節)。只是席考若走得更遠，指出互動
是一種賭注：秩序終將形成，無需導演介入。如此一來，分析行
動者的互動能力自屬當務之急(席考若，《認知社會學》，*Sociologie
cognitive*, 1972)。

## 四、互動論的革新：民俗方法學

　　互動論、理解社會學以及語言社會學分析這三道潮流的匯合
革新了美國當代社會學。

# 1.舒茲與理解社會學

　　舒茲(A. Schütz, 1899-1959)的學說同時受到了韋伯理解社會學以及胡塞爾(E. Husserl, 1859-1938)現象學(互爲主體性理論)的雙重影響。舒茲生前唯一出版的著作《社會世界的心智結構》(*La structure intelligible du monde social*)1932年出現於維也納；他在該書中提倡一種具有現象學觀點的社會學，但他並未把互爲主體性建立在先驗自我——亦即一獨立於經驗之外的主體——之上，而是將它設想成一種由社會世界的經驗本身建構而成的社會事實。他曾經上過胡塞爾的課，並於1932年由維也納抵達紐約。從1952年開始，成爲紐約社會研究學院的教授直至謝世。他的教學強調日常生活的涵義以及生活世界的重要性。

　　自抵達美國之後，舒茲大力駁斥行爲主義。他認爲自然科學的方法並不適用於理解互爲主體性的現象。在主觀論與客觀論之間，存在著第三種可能性。「研究社會世界的人並不一定非得在下列兩種態度之間作出選釋：或是接受最主觀的觀點，研究行動者的思想和動機；或是自限於描述表面行爲並接受行爲主義的原則：我們既不可能探知他人的精神狀態，也不可能證實他人的才智。其實還有另外一種可能的基本態度……。我們可以天眞地接受社會世界以及其中一切的他我(alter ego)和制度，並視之爲一種義涵的宇宙。而唯一的科學工作，便是去描述和解釋觀察者及其夥伴身處其中的經驗。」因此，問題在於「對我——作爲一個觀察者而言，這個社會世界意味著什麼？」。然而我們可以進一步提出下列問題：「社會世界，對我們在其中所觀察到的行動者而言，究竟意味著什麼？而透過他的行動，他又想傳達些什麼？」。這個問題回到了**眾人共享的生命世界**。「我們總是可以回歸被社會科學**遺忘的人**、回歸行動者。行動者的行動和感覺構成了社會體系的基礎。因此，我們可以借由這些行動和感覺來理解行動者，以及令他對其社會環境採取某一特殊態度的精神狀態」(舒茲，〈社會世界與社會行動理論〉, "Le monde social et la théorie de l'action sociale," *Sociétés*, No. 0, 1984, 6-10)。

每個人都擁有一種世界經驗(expérience du monde)；這種世界經驗同時也是他和其他人共同組織起來的。舒茲把這種"由自然事實所組織起來的認識"稱爲"理解"(同上, 9)。然而在社會世界之中，光像物理世界一樣用一件事實來解釋另外一件事實，是不夠的。爲了理解他人的行爲，我必須首先認識他們的動機；而動機則可分爲兩種：所爲動機(les motifs en vue de，或目的動機)與因爲動機(les motifs parce que，或原因動機)。

由此，韋伯**理念型**(見第2章)所提出來的問題再度被引入討論。舒茲公開參引韋伯的學說以建構他的**典型性**(typicalité)理論：即使我們無由親密地認識行動者，「爲了理解他，我們只消找出典型行動者在典型情境中所採取之典型行動背後的典型動機。在牧師、士兵、僕人、農夫等各行各業的行動與動機之中，都存在著某種類似性。此外，還有一些極其普遍的行動，我們只要將它們化約爲**某人**的典型動機，即可加以理解」(同上, 10)。

此一**行動理論**除了讓人聯想到韋伯的學說之外，更讓人憶及齊默的形式社會學(見第1章)；而互動論者與民俗方法論者亦多取法齊默。最後，理解社會學預設了一種行動者之間的基本相互理解，亦即**行動者動機之間的交互關係**(interrelation des motifs des acteurs)；這種交互關係可以在**動機與動機間的互爲主體關係**中

(liaison intersubjective des motifs)找到原型。「我們可以證明：自我
天真地存在於一個以自身為中心的世界，而自我所理解的一切社
會關係，其原型不外是自我與另一個和它共享時空之**他我**所構成
的社會關係」(同上，10)。

這也難怪舒茲會特別強調：首先應該分析個人行動者之間的
日常關係。

柏格(P. L. Berger)和魯克曼(T. Luckmann)則以知識社會學的形
式發展出此一研究取向的**現象學版**；1966年的作品《現實的社會
建構》(*La construction sociale de la réalité*)可以視為代表。

## 2.民俗方法論與會話分析

民俗方法論雖然源自互動論傳統，但卻受到了現象學以及日
常語言分析的深刻影響。從反對古典社會學(特別是功能主義)出
發，它一五一十地遵循著舒茲的教誨，以掌握行動者自己所作的
涵義分析為宗旨。

### 1)葛芬柯與民俗方法論

民俗方法論的基礎步驟是社會秩序的內在分析：我們必須從
**內部**(du dedans)看事情。為了解釋現象，我們必須利用行動者本身
所負載的知識。這和舒茲的分析並無二致。葛芬柯或許是推廣此
一"商標"的功臣；他從1946年起在哈佛大學師事帕森思，但同時
也在紐約旁聽舒茲，並借用了"日常知識社會學"的觀念。此外，
他也運用了一些現象學的原則，諸如梅洛龐蒂的(M. Merleau-
Ponty, 1908-1961)的"親近日常奇蹟般的世界"(familiarité avec le

monde qui est un miracle quotidien)。

葛芬柯於1965年起使用"民俗方法論"(ethnométhodologie) 一詞。根據他的說法，該詞可以上溯至1954年，他在芝加哥法律學院針對陪審員之決議所作的研究報告；在分析決議(祕密)記錄副本的同時，他突然想到可以分析陪審員爲了取得同僚諒解、符合他人期待所使用的方法及資源。民俗方法論一詞係仿效其他鄰近的概念而來：民族植物學(ethnobotanique)、民族生理學(ethnophysiologie)、民族物理學(ethnophysique)等，研究個人(或民族)如何掌握一群現象、或如何利用各門科學的民族知識科學(ethnosciences)。「**Ethno**看來影射了……社會的日常知識，這種知識旨在認識社會成員所能掌握的一切」(參見葛芬柯, *Sociétés*, No. 5, 1985, 5)。

此一內在於各種實踐的知識，賦予實踐三項顯著特質：自反性、可說明性以及指標性：

a)**自反性**(reflexivity; réflexivité)意味著行動者可以透過描述情境、提出程序或方法來建構情境。因此，社會學者的知識只不過是搬自行動者的原始知識。

b)**可說明性**(accountability; descriptibilité)係行動與行動之言談(自反性)二者的結合。因此，實踐便同時具備了理性、可見、可說明(rapportables)與可描述等特質。實踐的智慧產生於情境之中。因此，對於涂爾幹將社會事實視爲外在於個人意識、限制個人意識的實證主義觀點(見第2章)，葛芬柯大大不以爲然。其實社會事實是一種實踐的完成，絕對不能被化約爲單純的客觀性。

c)**指標性**(indexicality, indexicalité)則說明了我們必須將語言標定在特定的情境之中，或找出與之有關的具體個人，才能理解語言。不但日常語言如此，社會實踐亦如此。社會實踐，如果未能透過指標工作而與情境或場所連繫起來,那麼實踐終將懸浮不定。

除了這三種基本特質之外,還應該加上其他五點以為輔助,亦即定位與脈絡化,調度演出,成員與能力:

a)**定位與脈絡化**(localisation et contextualisation):實踐需被定位,意義必生於原處(in situ)。脈絡則有助於賦予行動一種意義。

b)**調度演出**(mise en scène):如上所述,意義的產生有其場所限制;而實踐即為意義產生的調度演出。高夫曼充分強調了這一點。

c)**成員與能力**(membre et compétence):一般知識與社會學知識來自於同樣的步驟。誠如舒茲、梅洛龐蒂所言,每個人作為社會的成員,都具備了親近日常生活、掌握共同語言(自我表達或呈現其行動之意義)的能力。此外,從內部來認識實踐,我也因而擁有了分析它的能力。我並不需要借助另外一種科學的、睿智的能力來說出我行動的真理(B. Jules Rosette, *Sociétés*, No. 14, Mai-Juin, 1987, 5-7)。

## 2)民俗方法論與語言分析

一部份出身自(或親近)民俗方法論的美國社會學者,從60年代中期開始,便著手研究一般語言以及會話—互動問題(H. Sacks, D. Sudnow, R. Turner, E. Schegloff, C. Jefferson等)。

塞克斯(H. Sacks)指出,語言是一種分類的複雜體系;其中重要的規則有:

a)**恒常**(constance)規則:一組類別的使用,例如娃娃,勢必指涉到其他的類別如媽媽、家庭等;

b)**主題一致**(cohérence thématique)規則:每一類型的活動皆有其所屬年齡,譬如娃娃哭了;

c)**敘述功能**(fonction de récit):我們聽句子,一如傾聽敘述;

d)**對話者的位置**(place des interlocuteurs)：依照對話者的地位不同，我的回答也不同(C. Bachmann, J. Lindenfeld, J. Simonin 1981, 133-135)。

葛芬柯先前在分析"陪審團決議"時便已經著手處理這些問題。陪審員的言談，只有以對日常法令運作的共同認識為基礎時，才可能有意義；而這種認識則必須符合陪審員眼中所認定的正義之道。但社會學者所使用的訪談方法卻不屬於這種情境，因為它是一種**為了**社會學者的需要而產生的言談。職是之故，民俗方法論者多對訪談嗤之以鼻。事實上，不少實驗都證實了會話的進行完全有賴詮釋(A. Coulon, 1987, 55-63)。

從事會話分析的社會學家，有像葛芬柯這樣的純民俗方法論者；有專精會話分析的塞克斯、薛格洛夫(E. Shegloff)、傑弗森(C. Jefferson)；也有像高夫曼那樣對一切互動中的交換(語言或非語言)都有興趣的社會學者。

塞克斯、薛格洛夫以及傑弗森三人的研究介乎語言學與社會學之間；主要興趣在於建立一套語言交換的**一般文法**。會話的開展，不但遵循本身的邏輯，同時也遵循著社會互動的邏輯。針對發言所作的研究指出：發言權是一種不能化約為語言活動的互動單位。每個發言人私底下都擁有調整發言、補救錯誤(譬如二人搶話)的方法。此外也應該分析有關發言輪序(如霸佔或放棄發言)或輪序之間的相互依賴(發言的意義多牽涉到上一位的發言)等問題。

而高夫曼，如前所述，同樣也作了一系列的會話分析。他在1967年曾經處理口頭互動的儀式化問題(《互動儀式》，見3.3節)；1971則探討當眾關係的限制(《當眾關係》，*Les relations en public*)。他對互動中、特別是言語交換中的危機尤其敏感。生平最後一本作品，1981年的《說話方式》便以此為主題。在口頭互動的風險裡，重要的並不在於自我表達，而是控制危險、避免傳遞出不合時宜的訊息。由於在句子、陳述或發言之外尚有情境效應(譬如上級與下級的關係)，因此，口頭互動總有失敗的可能(高夫曼，1987, 31-32)。在嘗試找出溝通的最小段落時，他提出了**運動**的概念。「運動，我指的是言語(paroles)或言語替代物的完整時段(laps)。這些時段以獨特而清晰的方式出現在這樣或那樣的情況之中；而情況則有人參與(類似維根斯坦所說的**遊戲**)。這個時段可以是一套溝通體系，一種儀式中的專注、一回經濟協商、一場搏鬥，或是一個**教學階段……**」(同上，30)。而會話分析所鍾愛的發言輪序則被視為一種「輪番佔據舞台的暫時機會」(同上，85)。在這些分析之中，高氏的基本態度不斷浮現：舞台與遊戲(同上，84)。看來，他的戲劇比喻絕對不只是一個單純的理論鷹架而已(和高氏本人的宣稱有所出入，見1973, 240)。

### 3)民俗方法論作為認知社會學

　　部份民俗方法論者企圖綜合互動論、民俗方法論以及會話分析三者的貢獻。席考若所經營的**認知社會學**便是其中的代表。它嘗試以互動來解釋社會，並利用擷自熊斯基(N. Chomsky)的語言學模型來理解個人如何操縱互動程序。

　　席考若重拾高夫曼的角色分析：「角色最主要的層面，正如高夫曼所指出的，正是它的建構；此一角色建構，是行動者在互動中所完成的」(席考若，1979, 33)。然而「戲劇比喻卻不足以解釋何以行動者幾乎未經任何排演，卻能夠模做、創新……」(同上，39)。席考若於是抬出了舒茲的社會互動涵義(見4.1節)，以及熊斯基的深層結構理論以爲奧援(同上，43)。

熊斯基的生成語法(grammaire générative)，在語言表現的表面層次之外，假設了深層結構的存在；這是一種衍生語言能力、製造語言意義的深層語法。同此，席考若建議在社會互動中如法炮製，引入一種**詮釋過程體系**(système des procédés interprétatifs)。

對口頭語言的理解只有透過這些詮釋過程方才可能：非口頭的資訊，亦即情境脈絡，實際上保障了這種語言的運作。

一如會話分析家或高夫曼之強調超越"語言單位"(諸如句子、發言輪序)的結構，席考若則強調支配著**互動能力**的原則，亦即：

a)**觀點交互**(réciprocité des perspectives)對話者彼此分享對自然世界的熟稔(參見舒茲學說)；

b)**次級常規**(sous-routine)：儘管資訊曖昧，言談仍然可解；

c)**規範形式**(formes normales)：一切對話都必須以對話者的共同知識爲基礎；

d)**回溯—展望意義**(sens rétrospectif-prospectif)：對話者能夠待到曖昧消除；

e)**自反性**(réflexivité)：拜非語言訊息(例如躊躇)之賜，吾人得以掌握言談脈絡；

f)**描述性字彙**(vocabulaires descriptifs)：熟悉，實以言下之意的掌握爲基礎。

由此，這些互動過程讓我們理解到日常對話的豐厚內涵；而日常對話的運作不但有著多種表現，同時也必須歸功於超語言結構的存在。

## 3.理論限制與批判

　　在席考若的身上，一如葛芬柯或高夫曼，我們可以看見美國當代社會學的跨科際性格；美式社會學以互動論見長，而互動論則來自芝加哥傳統。儘管有些人指責他們的分析是心理─社會學，然而爲了擺脫指控，其分析廣徵諸學菁華(現象學、理解社會學、語言學、語言人類學、社會語言學、人種學以及動物生態學)卻也是有目共睹的事實。雖然來源博雜，但無疑基調仍以社會現象的內在理解爲主；當然，他們的行動者既未與**社會**發生衝突，亦非內化規範的單純負載者。事實上，產生社會秩序的社會結構必以個人所掌控的互動意義爲依歸。這點說明了，遲早，每個人都會和席考若一樣，透過設定內在結構來解釋單純會話中的曲折與精微。因此，企圖將社會運作化約爲互動語言，亦即日常生活中的語言，此舉無異盲人瞎馬。

　　但是美國的評論家卻未曾呵護這場由互動論及民俗方法論所提倡的革新。1975年，考舍(Lewis Coser)主持勢力龐大的美國社會學協會，大張撻伐學人之自限直接觀察、無視體制因素、輕忽中央權力，放棄客觀努力；此外亦點名批判各家結黨營私、研究瑣碎、夸談而主觀，貶抑潛在結構、吹捧淺白內容等(Coulon, 1987, 108-112)。

　　然而此一新典範所揭櫫的問題群無疑顛覆了傳統社會學。我們可以歸納出以下六點：

1)提倡原地分析與實踐的描述；

2)實踐的意義存在於實踐之中，並且有助於實踐的完成(以民俗方法的形式)；

3)肯定日常實踐與科學實踐之間的連續關係；

4)我們不能夠概化主觀取向；

5)強調行動者的策略及其遊戲，同時注重社會規範與規則；

6)為了掌握互動意義，口頭語言分析不可或缺。

　　如上所述(見2.3節)，量化派指出了專題研究(以直接觀察為方法)的不精確與內在危殆：主觀傾向、未盡嚴謹、取樣與統計驗證付之闕如。而布蘭姆之宣稱觀察者應當置身於行動者所在位置，則不禁教人思忖介入觀察法的功過所在。

　　民俗方法論者與互動論者雙雙反對實證主義將科學與日常生活割離的做法，並以**行動意義內在產生論**(théorie de la production endogène du sens des actions)來回應上述批評。此一理論無疑師法現象學對行動的理解。每個人都置身在一個他一下子就(d'emblée)完全熟悉的宇宙之中，所以無庸科學製造出一個背後的意義；因為在行動者的行動和語言之中，意義，自然而然以一種澄澈的方式出現在我們的眼前。

　　誠如布赫迪厄所言，涂爾幹的實證模型視社會事實為事物，置作用者之表現於不顧；而互動論者和民俗方法論者竭力反對實證模型卻反而矯枉過正，將社會世界化約為行動者的表現，並將科學轉化成一種由社會主體製造出來的彙報中的彙報(un compte-rendu des comptes-rendus)。在這條思路上，他們不過是舒茲現象學的追隨者：**社會科學家**所建構的思考對象，係以常識所建構的思考對象為基礎。然而互動的真理真的可以在互動之中找到麼？一旦我們知道作用者所佔據的位置存在於一客觀空間之中、並受制於此一空間的律則，那麼我們大可對此存疑。如果說互動並未呈現出這種客觀空間對吾人的強制，那是因為互動與遊戲規則之間存在著某種親密關係；因為每個人都將遊戲以遊戲意義的形式內化於己身之中，從而形成了每個人的習態(參見第8章)。

另一方面，如果這股新思潮有理由強調**行動者的自由**，即行動者有能力依循規則、介入遊戲，那麼它如何能夠將游塵似的個人活動化約為結構緊密的整體，同時又拒絕分析制度庇護下的權力強制效應？郭其野和費里德別所提出的批判(1971, 83-84)，其義在此。理性理論和規範理論以遵照組織之目標來解釋行動，但對「確保將行動者的行為整合在集體結構之中的調節機制」仍舊一無所知。互為主體性並不能夠解釋權力現象。高夫曼則以互動的交互調適來解決這個問題；但這預設了一個**涵義與互動的市場**！除非假設廣義上的社會權力關係原封不動地在日常互助中重現。但在這種情形之下，這些權力關係將被一種奇怪的意義所啃噬！該採取那種步驟呢？而一旦分析本身也化約為個人之間的日常互動，我們又該如何重建支配模式呢？

最後，或許根本的限制在於葛芬柯、席考若以及高夫曼大力提倡的現象學取向解釋能力不足。哈伯馬斯指出(1987, 140-153)，作為胡塞爾的弟子，舒茲老是以個人經驗的概化來詮釋社會世界。但是這種現象學直覺卻無能掌握社會遊戲，因為每個人在與他人的溝通之中，系統性地參與了遊戲，並由此認識到遊戲的意義。葛芬柯為了打破日常生活常規所進行的著名實驗便是源自這種觀點；其用意在於孤立社會生活世界的基本模式、變換情境直至反常，以揭露互動常規的穩定性。就方法而言，他希望借此使行動者自行分析社會遊戲，而不再需要觀察者的言談或迻譯。這是一種「**社會語意學**，它致力於解讀涵義、催生認知活動；而作用者則透過這種認知活動來製造涵義、解讀涵義(布赫迪厄, 1979,

562)。事實上，現象學描述的框架顯得有點不敷使用，因爲我們的研究田野是溝通和語言，其中的詮釋性規則實爲溝通所特有。溝通所指導的是行動，而不是一種現象學的描述結果。這便是爲什麼學派致力於語言分析的原因。因此，民俗方法論傾向於變成「一種觀念語意學(sémiologie idéaliste)，其自定的目標在於做出彙報中的彙報」(葛芬柯)。面對著這麼一個終究是精神結構——亦即語言——產物的社會世界，除了記錄再記綠之外，似乎也沒其他的辦法。

## BIBLIOGRAPHIE

BACHMANN Christian, LINDENFELD Jacqueline, SIMONIN Jacky : *Langage et communications sociales*, Paris, Crédif-Hatier, 1981, 223 p.

BECKER Howard S : *Outsiders. Études de sociologie de la déviance*, Paris, A.M. Métaillé, 1985, 249 p. (1963).

BERGER Peter L, LUCKMANN Thomas : *La construction sociale de la réalité*, Paris, Méridiens-Klinsieck, 1986, (1966).

BLUMER Herbert : *Symbolic interactionism*, Englewood Cliffs, Prentice Hall, 1969.

BOURDIEU Pierre : *La Distinction : critique sociale du jugement*, Paris, Minuit, 1979, 670 p.

BOURDIEU Pierre : *Choses dites*, Paris, Minuit, 1987, 231 p.

CHAPOULIE Jean-Michel : « E. C. Hughes et le développement du travail de terrain en sociologie », *Revue française de Sociologie* XXV, 1984, pp. 582-608.

CICOUREL Aaron V : *La sociologie cognitive*, Paris, PUF, 1979, 239 p. (1972).

COULON Alain : *L'ethnométhodologie*, Paris, PUF, 1987, 127 p.

CROZIER Michel, FRIEDBERG Erhard : *L'acteur et le système*, Paris, Seuil, 1971, 443 p.

FREIDSON Eliot : *La profession médicale*, Paris, Payot, 1984 (1971).

GARFINKEL Harold : *Studies in Ethnomethodology*, Englewood Cliffs, Prentice Hall, 1967.

GARFINKEL Harold : Ethnométhodologie, *Sociétés n° 5*, Sept. 1985, pp. 5-6, (1968).

GARFINKEL Harold : « Entretien avec B. Jules-Rosette » *idem* pp. 35-39.

GARFINKEL Harold : « Du bon usage de la dégradation », *Sociétés* n° 11, nov. 1986, pp. 24-27.

GOFFMAN Erving : *La mise en scène de la vie quotidienne*, t. 1, *La présentation de soi*, Paris, Minuit, 1973, 253 p. (1956, 2ᵉ éd. 1959) — t. 2, *Les relations en public*, Paris, Minuit, 1973, 372 p. (1971).

GOFFMAN Erving : *Asiles. Étude sur la condition sociale des malades mentaux*, Paris, Minuit, 1968, 449 p. (1961).

GOFFMAN Erving : *Stigmates. Les usages sociaux des handicaps*, Paris, Minuit, 1975, 177 p. (1964).

GOFFMAN Erving : *Les rites d'interaction*, Paris, Minuit, 1974, 230 p. (1967).

GOFFMAN Erving : *Façons de parler*, Paris, Minuit, 1987, 277 p. (1981).

HABERMAS Jürgen : *Logique des sciences sociales*, Paris, PUF, 1987, 459 p. (1967-1982).

HERPIN Nicolas : *Les sociologues américains et le siècle*, Paris, PUF, 1973, 187 p.

HUGHES Everett : *The sociological Eye*, Selected Paper, Chicago, Aldine, 1971.

JULES-ROSETTE Benetta : « La sociologie compréhensive aux États-Unis : paradigmes et perspectives », *Cahiers internationaux de sociologie*, LXXVIII, 1985, pp. 91-101.

JULES-ROSETTE Benetta : « L'ethnométhodologie en perspective », *Sociétés* n° 14, Mai-Juin 1987, p. 5-7.

MAFFESOLI Michel : *La connaissance ordinaire. Précis de sociologie compréhensive*, Paris, Librairie des Méridiens, 1985, 260 p.

MEAD Georg Herbert : *L'esprit, le soi et la société*, Paris, PUF, 1963 (1934).

PEILLON Michel : « La sociologie américaine en France » *Cahiers internationaux de sociologie*, LXXII, 19., pp. 159-172.

PICCONE Paul : « Peut-on sauver l'ethnométhodologie » *Cahiers internationaux de sociologie*, LXII, 1977, pp. 45-60.

*Quel corps* n° 32-33 Déc. 1986 : n° consacré à l'ethnométhodologie.

SCHEGLOFF Emmanuel A. : « Entre micro et macro : contextes et relations » *Sociétés* n° 14, Mai-Juin 87, pp. 17-22.

SCHÜTZ Alfred : *Le chercheur et le quotidien*, Paris, Méridiens Klinsieck, 1987. *Sociétés* N° 5, Sept. 85, série d'articles sur l'ethnométhodologie.

WILKIN Yves (dir.) : *La nouvelle communication*, Paris, Seuil, 1981, 382 p.

WILLIAME P. : *Les fondements phénoménologiques de la sociologie compréhensive : Alfred Schütz et Max Weber*, Martinus Nijhoff, The Hague, 1973.

# 8

## 習態動力學

在法國，習態(Habitus)社會學從60年代開始，便逐漸成為顯學；這必須歸功於皮耶·布赫迪厄(Pierre Bourdieu)所領導的小組在歐洲社會學中心(Centre de sociologie européenne)所進行的研究。

布氏於1981年進入法蘭西學院；此番殊榮，無疑肯定了布氏的社會學：他以原創的方式總結了不同的哲學和社會學傳統。這些千錘百鍊的基本觀念，諸如**正當性**、**資本**、**習態**以及**場域**(champs)等，無不是為了調解或超越康德主義的主體批判哲學、李維史陀或路易·阿圖塞所代表的法國結構主義理論、甚至主客二元論。布赫迪厄從早年在高等師範學院修習哲學開始，便受到了沙特(1905-1980)以及梅洛龐蒂(1908-1961)等結構主義者的影響，同時也親眼目睹了60年代結構主義運動的誕生(李維史陀、傅柯1926-1984、阿圖塞等)。語言模型之運用於人種學(李維史陀)或傅柯翻譯的康德(1724-1804)《人類學》，都曾對他造成衝擊。馬克思、胡塞爾(1859-1938)、梅洛龐蒂等人的理論則促使他研究經濟社會學(對資本概念的注重可以為證)以及**情感經驗的時間結構**(習態的概念可以視爲對這個問題的回應)。布氏研究包羅萬象,但出發點多具人種學傾向(研究對象包括教育、藝術、文化、宗教以及儀式實踐、政治等體系)。

# 一、從哲學到社會學

我們似乎可以從反方向來掌握布氏的理論關懷:思想,勢必得先與某些理論決裂方能自我建構。事實上,這個步驟首先得批判、拒絕某些科學立場:「在一開始選擇理論的時候,無疑是否定的多而肯定的少」(布赫迪厄, 1987, 29)。

因此,他不但拒絕了哲學式的綜合企圖,同時更反對實證經驗主義。布氏雖然同結構馬克思主義以及現象學保持距離,卻也從其研究步驟中獲益良多。

## 1.哲學的概化

繼韋伯與馬克思之後,布氏批評哲學拒絕正視其觀念的歷史特性及其理論承繼。而在分析海德格(Martin Heidegger)的政治哲學時,他指出,海氏的哲學體系透過詞源遊戲來否認政治活動,這種否認緩和了政治關係以符合哲學場域的檢視(布赫迪厄, 1988)。

然而婉拒哲學卻使得布氏賡續了康德的批判大業:分析企圖在知識、道德、美學等方面制定章法的理性。康德所提出來的"可能性的條件"於是變成了**社會可能性的條件**(conditions de possibilité sociales)——這些條件,既是歷史條件,也是結構條件。爲了顯示他棄絕一切的非歷史主體(sujet anhistorique)理論,布氏寧可使用**社**

會作用者(agent social)一詞。

## 2.經驗實證主義

　　然而拒斥哲學的一般化，並不意味著埋首於經驗主義式的研究，畢竟後者忘了研究應當建構其對象，並進一步分析此一建構之所以可能的條件。科學從來就不是現實的單純反映，而是一套具有特定邏輯的程序。如果社會學者失去了知識論方面的警覺，那麼空有數學分析和精密的調查技術並無濟於事。拉薩費爾德(P. Lazarsfeld)及其歐洲弟子所倡導的精微經驗主義(empirisme microphrénique)作繭自縛即爲一例。「爲了讓科學實証主義觀念在每一個研究層次上——從取樣到數據的統計分析——所引發的技術不足及錯誤能安然過關，人們只得求助美式科學的庇護，或下意識地附會科學實證哲學：這還不包括那些邯鄲學步的實驗計劃———一方面既未以社會學方式建構其研究對象，另一方面卻又滑稽地模仿實驗的嚴格步驟」(布赫迪厄, 1987, 30)。

## 3.結構主義的客觀化

　　結構主義的哲學版(阿圖塞)視作用者爲一單純的結構負載者；而其人類學版(李維史陀)則根據索緒爾(Saussure, 1857-1913)的語言學模式，把實踐當成模型或規則的機械執行，強調社會調節(譬如親屬規則)的作用。受到了來自索緒爾和李維史陀的雙重影響，布赫迪厄無疑是作爲一位結構主義者而嶄露頭角的。他承認道：「我花了好長一段時間才和結構主義的某些基本預設徹底決裂(在此

之前，我也曾在社會學中加以運用；我當時認爲，相對於作用者
而言，社會世界實爲一客觀超驗的關係空間，同時也不能化約爲
個人之間的互動)」(同上，18)。如果說婚姻策略分析(在卡比利亞
Kabylie和貝昂Béarn兩地)以及對儀式活動的關注讓人看到了一種類
似李維史陀的人種學取向，那麼這些研究也讓布氏發現到：作用
者並非遵照規則行事，而是研發策略。

## 4.馬克思主義

　　韋伯曾經推廣馬克思的思想，提出一套宗教的政治經濟學；
同樣的，布赫迪厄則推廣韋伯的思想，發展出一套**象徵領域**(宗教、
政治、藝術、知識等)**的經濟學**、甚至一套**實踐經濟學**(économie des
pratiques)。從這個角度來看，先前被人僵化套用的上層/下層結構
並沒有多大意義。雖說經濟活動的地位仍然重要——它仍舊是實
踐經濟學的基礎——，但象徵體系分析卻完全擺脫了知識理論，
不再是知識理論的反映。相反的，在社會階級的觀念方面，情況
則微妙多了。如果說馬克思是在鬥爭、特別是爲統治而鬥爭的格
局中來構思階級，那麼以生產位置的對立(生產資料的持有人與非
持有人)作爲辯証的主題，看來大有不足之處，因爲它忽略了階級
的社會(及科學)定義(參見第五節)。

## 5.現象學分析

　　布赫迪厄是胡塞爾的讀者，同時也樂於引用胡塞爾、與現象
學大師保持若干思想上的親近(F. Héran, 1987, 412-413)。而胡塞爾

的現象學分析與社會學的交點，即為前反省活動(及其必要性)的條件：習態(Habitus)，一種使行動成為可能的潛在涵義庫。習態社會學的目的，不僅在於設立個人習態的存在，它更試圖解釋其形成過程(見第二節)。布氏亦對梅洛龐蒂的研究大感興趣，並利用其自體(corps propre)理論來解釋習態的基本特徵。但是，現象學作為一種主體哲學(亦即非歷史主體的哲學)，通常和象徵互動論或民俗方法論一樣(見第7章)都採取主觀論的觀點。但是這種觀點卻忘記了"與世界的親近"並不是主體的普遍特質、或認知的不變格式，所以也往往帶有濃厚的化約色彩。「如果社會世界老是被人視為天經地義……，這是因為作用者的秉性(disposition)或習態，亦即他們觀照世界的精神結構，不外是社會世界結構的內化產物」(布赫迪厄, 1987, 155)。

## 二、從習態到實際意義

習態理論應當解決社會實踐研究所發現的基本吊詭：事實上，有兩種誘惑亟待超越：主觀論與客觀論。布氏歷來的作品無不致力於擺脫這兩種觀點。

### 1.一個例子：攝影

社會學分析有兩處暗礁：「企圖找出生活經驗之直接意義的主觀論」以及「自限於建立規則關係，證明其統計涵義而不去理解其涵義的客觀論」(布赫迪厄等, 1965, 18)。而對攝影所作的社會學分析則讓人發現了一種遠離暗礁的**全人類學**。

攝影的文化正當性並不是那麼被肯定，換句話說，較諸其他
的藝術實踐如繪畫或是音樂，攝影並不是那麼被推崇。這種情形
很可能讓人誤以為這種相對自由的狀態，更可以允許個人想像的
發揮。但情況完全不是那麼回事。因為從一個社會團體到另外一
個社會團體，攝影的面貌有著顯著的改變。我們可以從分析中看
到不同團體的**習態**和**心態**，亦即「客觀而共同的規律之內化」，
因為「團體使得這項實踐從屬於集體規則。所以除了攝影人的明
顯企圖之外，攝影還呈現出一個團體特有的共同品味、思維以及
知覺的模式體系」(同上，24)。我們以韋伯的**心態**(ethos)或階級心
態一詞來指稱習態(或稟性體系)的一個特殊面向，亦即團體價值的
內化。

剩下的問題是：既然階級習態和階級倫理以**下意識而持久的
稟性體系**這種型態存在著，那麼讓每個人內化其所屬團體特有之
體系、及其階級特有之利益的機制究竟是什麼？職是之故，我們
應該把象徵(如攝影)同其社會條件連結起來。「因此，研究客觀規
律性(régularité)的科學，只要它尚未將客觀性的內化程序(processus
d'intériorisation de l'objectivité)包含在內，那麼它只能永遠停留在
抽象層次；因為只有客觀性內化程序才能建構起持久而下意識的
稟性體系，亦即階級習態與階級心態」(同上，21-22)。

## 2.結構同系現象

布赫迪厄針對博物館及其參觀群眾所做的調查(參見布赫迪厄
等，《藝術之愛》，*L'amour de l'art*, 1966)，與藝術史家巴諾夫斯基
(E. Panofsky, 1892-1968)的理論不謀而合。光是建立起兩個作品結

構之間的平行關係或結構同系現象(homologie structurale, 譬如哥德式建築與經院思想，或大教堂與神學大綱之間的關係)是不夠的；更重要的是去解釋這種同系關係以及它的形成原因。巴諾夫斯基提出了**精神習慣**(habitude mentale, 以經院意義而言，是為**主導行動的原則**)**的擴散**來解釋此一現象。這種由經院教育所產生的精神習慣即為哥德式建築形成的主因。

布赫迪厄建議擴大運用這種解釋：

1)經院制度的主要功能，在於「製造出具有這種潛意識(或深藏)模式體系的個人，這個體系同時也構成了他們的文化或習態。換句話說，它將集體遺產轉化為團體中之個人所共有的潛意識」(布赫迪厄, 1970, 148)；

2)在那些沒有學校的社會之中，習態的灌注主要是透過神話及儀式這種分類的原始形式；

3)習態，作為產生新型實踐的能力，其作用類似一種**行為的生成語法**(grammaire génératrice de conduite)。「習態，類似於熊斯基的**生成語法**，猶如一種內化了的模式體系；它產生了——而且只產生了——具有文化特色的思維、知覺及行動」(同上, 152)。

對博物館群眾的分析也得到同樣的結論。群眾的文化稟性與其教育程度有關。文化需求是被教育製造出來的；教育在作用者身上灌注了某種**藝術鑑賞能力**(compétence artistique)或習態，亦即對藝術分類(或符碼)體系的掌握能力；只有這種能力才能解讀藝術作品以及一般的文化資產。「鑑賞能力意義上的文化，不過就是一種內化了的文化(就客觀意義而言)，一種終身相隨而普遍化了的稟性；它利用構成文化作品或文化行為的符碼，來解讀這些文化作品或行為(布赫迪厄, 1969, 108-109)。

**習態動力學的來源：**

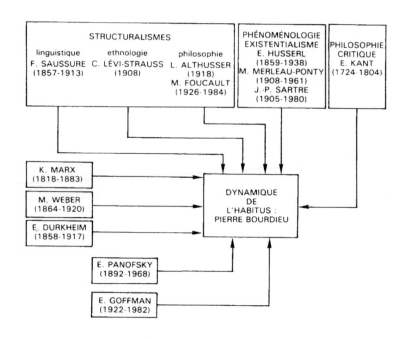

## 3.習態與生活風格

習態有助於我們掌握區辨性符號(sens distinctifs)的邏輯(亦即品味)；它不僅出現在分類、欣賞藝術作品的美學評價方面，同時也出現在一切以形成一套區辨體系為目的的分類形式方面；而人們往往在分類的同時亦為類所分。不同的生活風格頡頏於社會空間之中。一種生活風格的主要特徵，在於它是一種適用於一切事物(舉凡住屋、香水、運動等等)的分類體系，不論其對象為何、實踐為何。因此，習態既是各式實踐的生成原則，同時也是這些實踐的分類體系(品味)。社會經濟條件有其持久特性(以共時或歷時方式所掌握到的資本結構與資本量)，而這些特性在生活風格空間中的相應地位，則有其獨特的區辨行為；二者之間的關係只有透過習態的建構才能加以理解。習態作為一種生成格式，不但能夠解釋可加以分類的產品與實踐，它更能解釋將這些實踐及作品建構為區辨性符號(signes distinctives)體系的(價值)判斷(判斷本身自然也已被分類)。教授所表現出來的貴族式禁欲，或小資產階級的自命不凡……，這些形容並不只是在描述這些團體的特性，更重要的是，它們指出了這些團體的特性以及判斷(對自己或其他團體所作的判斷)背後的生成原則」(布赫迪厄, 1979, 190)。

因此，透過習態，我們可以從社會團體的生活條件出發，進而掌握其偏好體系——它的品味！

## 4.從規則到策略

習態理論再次引入了結構主義所淘汰的社會作用者。「行動，並不是單純地執行或服從某種規則。在古代社會一如在今日社會，社會作用者並不是一只受制於機械法則的鐘錶機器。在最複雜的遊戲之中，譬如婚姻交換或儀式活動，作用者的行事原則無疑來自一生成習態」(布赫迪厄, 1987, 19)。

這種對社會世界的**實踐性認知**正是作用者的行動基礎：學習，亦即體現社會結構(incorporation des structures sociales)，從最簡單的反覆熟練(主要是透過肢體技巧)乃至於教育體制的明確傳輸。而教育體制則以**最初教育**(prime éducation)為基礎：這種最初教育透過儀式與遊戲，早已將社會空間結構描摹在心，特別是透過最基本的身體經驗。由此，「身體經驗的基礎結構與客觀空間的組構原則合而爲一」(布赫迪厄, 1972, 192)。

另一個額外的困難是：作用者傾向於樹立確切的規則，但實踐邏輯並非完全如此。事實上，規則只構成了實踐策略的表面，例如卡比力亞人(Kabyles)的表親婚姻規則。規則這種理性化的表達方式雖然構成了一種絕佳的範例，但卻無法解釋實際狀況中行爲舉止的產生方式(其實踐意義與體現意義)。

爲了掌握習態的**實踐意義**及**體現意義**(sens incorporé)，布氏採用遊戲(jeu)與策略(stratégie)這樣的術語。策略，正因爲它被整合在作用者體內，所以也是自然的、天生的；既無法意識得到，也無法加以計算。「習態解決了不具主觀企圖、卻具客觀意義的吊詭：它是**舉止**(coups)串連的原則；這些串連雖然在客觀上構成了策略，但卻不是一種眞正策略意圖下的產物」(布赫迪厄, 1980a, 103-104)。正因爲習態是客觀結構的產物，所以它與客觀結構同條共貫；計算之有無，遊戲之意義均由此而來。當社會結構發生改變、不再符合先前的內化結構時，便產生了**滯後效應**(effect d'hysteresis)：也就是說習態停留在過去的條件上(如世代衝突)。這套習態理論——習態作爲一種透過遊戲經驗所獲得的遊戲意義或實踐意義——解決了行動意識論(視行動爲理性而有意識之計算)與行動無意識論之間的齟齬。

# 三、資本、資本結構與場域

場域理論無疑是布氏社會學的另一個中心主題；和習態理論一塊，二者共同發展出布氏日後的社會學(布赫迪厄, 1987, 33)。在卡比力亞的人種學研究之中，布氏在討論到由榮譽感所產生的認可策略時，已經意識到了必須構思一套實踐的衝突邏輯——這無疑與先前人種學者所使用的規則邏輯大相逕庭。

藝術社會學與宗教社會學方面的分析則引入了場域的概念。在具有特殊邏輯的**市場**之中，布赫迪厄發現了象徵關係舉足輕重的運作地位。馬克思和韋伯的影響，加上經濟方面的研究則令布氏大膽採用經濟術語，但卻沒有因此而陷入單純的隱喻轉換之中。馬克思的分析指出，經濟利益遊戲很可能改頭換面出現在知性生活的非利益遊戲之中；而韋伯則在宗教研究方面繼續發展此一理念，開創了一種名符其實的**宗教政治經濟學**(布赫迪厄，1987, 49, 61)。

這些理論上的親近，使得布氏將整體社會空間視為市場體系：特殊的利益導致特殊財富的交換。

## 1.市場與資本

為了理解經濟實踐只不過是實踐經濟學(l'économie des pratiques)一般理論中的特殊狀況，我們首先必須先將社會空間視為由各種場域(champs)組構而成的空間；在此，場域即**市場** (marchés)，其中流通著各色特殊的**資本**。

在**殖民地阿爾及利亞的狀況分析**裡，理性計算和預測搞亂了前資本主義的傳統實踐。研究讓我們看到了資本主義經濟市場的稅賦如何擾亂了傳統財富(以土地共有、集體生活，舊社會秩序影響下的信仰及儀式為特色)的流通並引發了無根感。

另一方面，**博物館的參觀差別研究**則指出：在文化市場之中，每種需求(為其接受作品的能力所界定)均對應著某種藝術財的供給。市場中供需之間的平衡，取決於文化資本的持有程度；而持有程度的有效與否，則受到了學校資本(文憑、修業年限等)的影響。

　　同樣的，**教育系統理論**也以經濟的方式來處理教學工作：教育的收益(rendement)以接受者的學校特質及社會特質——亦即其文化資本與階級作風——為依歸(布赫迪厄，巴思宏，J. C. Passeron，1970, 110)。教育的不同收益，源自於社會階級之間，語言資本(譯按，特別是像拉丁文、希臘文、或高雅之法文，這些深具在校贏利效果的語言)不公平的分配。「每個人所擁有的語言資本在學校市場中的價值，隨著以下兩種語言掌握方式之間的距離而有所不同：一方面是學校所要求的象徵性掌握，另一方面則是其階級在最初教育中所賦予個人的實際掌握」(同上，144)。

　　如果談到**一般的語言市場**，那麼它與經濟市場的類似就更顯而易見了。「每次只要有人發表議論，並為聽者賞識、賦予價值，那麼便出現了語言市場……。在既定市場中，具有既定競爭能力之產品所具有的價格，則視此一市場特有的價格形成(formations des prix)而定」(布赫迪厄，1980b, 123)。既然競爭能力只有在某一市場中才有其價值，那麼它便是一種語言資本，亦即一種「透過操縱價格形成法則，並從中抽取特殊剩餘價值的能力」(同上，124)。因此，每個語言互動都形成了一個小型市場。

　　和競爭市場的自由主義理論恰好相反，經濟市場或語言市場所展現出來的權力關係，則導致生產者(或產品)之間的不平等；這種不平等狀態牽涉到了流通資本的分配與結構。

## 2.資本類型與資本狀態

　　我們可以區分出資本的四種基本類型：經濟資本、文化資本、社會資本以及象徵資本。

**1)經濟資本**：經濟資本不僅包括了不同的生產因素(土地、工廠、勞動、貨幣等)與整體的經濟財富及收入，它更包括了特定時刻下的經濟利益類型；在以收穫邏輯為主的農業經濟中，和以理性計算為主的資本主義經濟中，經濟資本的運作方式各自不同；

**2)文化資本**：文化資本概念，起先是為了解釋來自不同社會階級的孩童在學校表現上的差異。在學成績好，意味著在學校市場上所獲得的利益高，其中牽涉到階級之間的文化資本分配。

　　文化資本可以以三種狀態出現：**體現狀態**(état incorporé)，是為持久的身體稟性，亦即習態；**客觀狀態**，是為文化資產，譬如一幅畫；以及**制度化狀態**，最佳的例子莫過於學校文憑。

　　文化資本的部份特質與身體息息相關，也就是說，它被作用者**體現**了；但這種體現卻需要時間，因此也就需要花費經濟資本。換言之，經濟資本可以轉化為文化資本，教育投資即為一例；另一方面，以文化資產形式出現的客觀資本，其特質亦取決於某種體現：它們有待作用者加以掌握。一件文化財，如果沒有**稟性**來欣賞它或消費它，那麼它(本身)是沒有意義的。最後，**制度化文制化資本**以學位文憑模式所呈現出來的客觀化形式，則令文化資本擁有相對的自主性，而不再為其所有者所操控：制度的制度化魔力不但保障了學位的信譽，更依照規章肯定了學位持有人的能力。(布赫迪厄, *Actes de la recherche en sciences sociales*, No. 30, 1979, 3-5)。

**3)社會資本**：社會資本解釋了場域(作為一種市場)的邏輯。社會資本中所動用的資源與社會關係的持久網絡息息相關，但也可能牽涉到作用者的團體歸屬。「作用者所持有的社會資本量，取決於他所能動用之關係網絡的幅度，以及網絡中每個成員所持有的資本量(經濟、文化或象徵)」。因此，社會資本不是天生的贈與，而有待作用者**建立與維持**。「作為社會投資策略的產物，社會資源的實現，必須歸功於交易。而交易則像是一種**鍊金術**，將事物轉化為一種認可的信物」。社會資源的再生，有賴**促進合法交易、排除非法交易的制度**；這種制度之所以可能存在，完全歸功於各種機會：會合(如競賽)，地點(如俱樂部)，實踐(運動或遊戲)以及**人際交往的功夫**；後者因為需要特殊的能力，所以也涉及稟性」(布赫迪厄,*A.R.S.S.*, No. 31, 1980, 2-3; 1980b, 55-57)。

**4)象徵資本**：象徵資本的功能較為獨特，它有助於我們理解：

a)**象徵**現象，例如儀式、或聲望和榮譽資本和累積策略。布氏因而以象徵資本來解釋某些表面上看來過於昂貴(特別是在經濟學者的眼中)的實踐特質(譬如祖傳土地的奇高價格)。事實上，象徵資本的累積策略使得資產信譽倍增。因此，象徵資本是一種**滯資**(capital dénié)，既被認可，卻又遭埋沒(布赫迪厄, 1980a, 205)。

b)某些掩飾資本以轉化資本的資本**轉換**(conversions, 布赫迪厄, 1972, 242-243)；

c)對其他資本的確認工夫，亦即這些資本的**正規使用方式**(usage conforme, 布赫迪厄, 1980a, 209-210)；

d)**任意行為的正當化**(légitimation de l'arbitraire)，或權力不對稱關係的正當化。這是一種和鍊金術一樣的基本作用；把任意關係轉化為正當關係(同上, 210-211, 見第四節)。

## 3.場域特質與結構

　　場域(champs)的特色是鬥爭；而鬥爭則是爲了爭奪各種資本。社會空間作爲一切社會位置(positions)的總體，不外是一種自限範圍、自定場域的市場。市場之中，物以稀爲貴；而這些稀有物品正是爭奪的焦點。在場域之中，社會作用者彼此之間所維持的客觀關係，「即爲資源分配中，位置與位置之間的關係。這些資源(很可能)發揮作用與效力，一如遊戲或競爭中的王牌：一切但以稀有財產之持有爲目的」(布赫迪厄, 1987, 152)。資本這種基本力量因而流通於關係之間。作用者被分派在一種二維空間之中：「在第一維空間裡，分派的標準係作用者所持有之不同種類的資本總體量；而在第二維空間裡，分派的標準則是資本的結構，亦即資本總體量中，不同種類的資本(文化資本或經濟資本)所具有的相對份量」(同上)。

　　因此，場域可以定義爲「由位置(或職位)組構而成的空間。位置的性質取決於它們在這些空間中的所在之處，而且可以單獨地加以分析、無需考慮其佔有者的特質(但佔有者卻部份地爲其所在位置所決定)」(布赫迪厄, 1980b, 113)。政治、哲學、宗教、科學等各個場域的運作，正是透過統治者與覬覦者、正統與異端之間的鬥爭才得以實現。每個場域都包含了其特有而不可化約的賭注和**特殊利益**。

　　一個場域之所以能夠運作的先決條件是：「必須要先有賭注，以及準備隨時介入遊戲、具有習態、並能夠認識、認可賭注與遊戲之內在規則的人們」(同上, 114)。

　　特定時刻中的場域結構，不外是一種作用者之間與制度之間的力量關係狀態。這個狀態同時也對應著特殊資本的特別分配。
而由先前鬥爭所累積下來的特殊資本，勢將主導未來的策略。因
此，一切的場域皆有一段歷史，而這段歷史也沉積在場域之中。

一切發生在資本結構中的修正，譬如教育資本，都將在場域
之中引發反應；這也正是賭注的最佳定義。

說得更深入一點，在場域之中所進行的鬥爭，不外是一場正
當暴力的壟斷遊戲——爲的正是掌控特殊權威(該權威實取決於特
殊資本的分配結構，譬如學校的特殊權威)。在場域之中，作用者
和機關制度均處於鬥爭狀態之中：透過不同的力量，根據遊戲空
間的建構規則，一切只爲了奪取遊戲中的特殊利益。支配場域
者，具有使場域朝其有利方向運作的手段；但他們也必須考慮到
來自被支配者的反抗」(布赫迪厄, 1980b, 136)。然而，儘管作用者
相互鬥爭，他們仍然表現出一種客觀的共謀：對賭注的價值深信
不疑。

# 四、從認可到支配

爲了進一步理解構成不同社會場域的支配現象，我們必須援用
**經濟的資本理論**、象徵資本的特殊功能、**認可**(reconnaissance)—**忽
視**(méconnaissance)邏輯、制度性的客觀化、以及擴大的社會階級理
論。

## 1.實踐經濟學的一般理論

視社會實踐爲追求最大利益(象徵利益或物質利益)的經濟實

踐，這種經濟觀點不但有助於理解支配機制，更讓人認識到維持支配所必須付出的社會成本。

　　布氏一再提及資本的力量；這麼做並不是爲了把實踐化約爲經濟，而是試圖建構一門**實踐經濟學**。在前資本主義社會一如在資本主義社會，鬥爭永遠是爲了掌控特殊資本。儘管狹義的經濟資本(土地、牲口、勞動力機器、貨幣等)常常是權力的要素，但也只不過是諸多資本其中的一種。

## 2.象徵資本與支配理論

　　如果經濟資本的使用———一如一切資本的使用——未經認可與正當化，那麼它就不可能流通。此一正當化的功夫需要一種特殊的資本來完成，亦即能夠將場域中不對稱力量的任意關係加以正當化的**象徵資本**。**物質資本**(雖被看輕，但廣受認可)不但允諾了其他的資本，同時多虧一種**象徵性的剩餘價值**，它也能穩固政治權力。

　　「社會鍊金術實以禮物交換爲基本模型，它能將任何一種資本轉化爲象徵資本———一種深植於持有人本質之中的正當持有。這種鍊金術的基本運作往往意味著一種勞動形式、一筆金錢、時間或能源……上的可觀花費，以及一種確保分配之爲人認可的**再分配**」(布赫迪厄, 1980a, 223)。

　　政治權威是作爲一種資本再分配的決策機構而爲人認可的。其主要的運作在於將資本(譬如經濟資本)轉換爲象徵資本，而象徵資本也因此曖昧地依附於政治權威。權力，亦即將資本轉換爲象徵資本時所獲得的剩餘價值。在政治場域之中(當它能夠獨立自主時)，政治權力亦遵循著同一種邏輯。

## 3.制度客觀化與制式權力

制度的力量與權力，正在於這種轉換。制度中的**權力客觀化**，亦即消耗資本、使制度得以運作，並取得社會對制度的信任；但同時人們也節省必要資本，以期日復一日再造其特殊資本的有效條件與流通條件。「制度中的客觀化，保障了既得成果的持久與累積」(同上, 225)。

此一過程確保了場域的**自主性**，同時也以最低的代價確保了場域的再造。事實上，自主性也節省了權力、避免不必要的浪費：它讓場域可以不再需要以直接而刻意的方式來支配個人。因此，透過位置制度化以及位置認可這樣的法律保障(特別是各式名銜如貴族、產業、學校、名銜等等)，個人便不再需要時時去重建或證明其權威。

借由建立一套位置與名銜之間的對照系統，體系(如教育體系)因而得以調節市場，保障教育資本暢通，以進一步實現單一市場。「學校頭銜一如貨幣，皆有其傳統價值、形式價值、以及法律上的保障價值；因此也就可以超越地域限制(相對於未經學校認可的文化資本而言)和暫時性的波動。學校頭銜所保證的文化資本並不需要時時被驗明」(同上, 228)。

至於法律本身，多虧其**記錄**(enregistrement)的象徵力量，則有助於社會機制節省能源，不必時時去證明社會團體之間的力量關係狀態。「法律只是象徵性地發生作用：透過記錄程序，它使得團體之間或階級之間、由機制運作所產生並保證的力量關係狀態，得以持久普及」(同上, 229)。

# 五、階級鬥爭與分類鬥爭

## 1.階級的實在論定義

「我曾想和那種以實在方式來呈現階級的作法一刀兩斷：階級被看作是確定的團體、一種存在於現實之中實在而清晰的事實，就好比說社會有兩個階級或三個以上……。我的研究志在指出：人們並不是隨便出現在任何一個地方，而是生活在特定的社會空間之中；也就是說，他們並不是像那些否認階級存在者所宣稱的那樣，是可以相互代換的。此外，根據他們在這個極其複雜的空間中所佔的位置，我們可以理解其實踐邏輯、理解他們如何分類他人並自我分類；而在必要的時候，他們又是如何將自己設想成某一階級的成員」(布赫迪厄, 1987, 165)。

一個社會階級不可能以統計或實質的方式(生存的物質條件)來定義；它與其他社會階級的關係——**該位置的資產**——同樣也影響到其自身的形成。個人或團體在社會結構中的位置，同時取決於狀況的演變、個人或團體在其階級中的發展路線、以及其階級相對於其他階級的發展路線。

## 2.邏輯階級或紙上階級

我們可以把社會空間視為一種力場，「一種客觀力量的總體；凡進入此場域者都必須臣服於這些客觀力量」(布赫迪厄,

*A.R.S.S.*, 52/53, 1984, 3)。每一個位置均有其產業度或權力度(degré de propriété ou de pouvoir)，一切但視該位置動員特殊資本及資本結構的能力。

在這個位置的多重空間裡，我們可以以位置在空間中的鄰近關係來定義**邏輯階級**(classes logiques)。這種觀念導致布氏與馬克思主義的第一次決裂，因為後者並未對真實階級與建構(或邏輯)階級加以區辨。馬克思的作法規避了兩個問題：其一，動員階級時所必須的政治工作問題；其二，介於學術分類(即所謂客觀分類)和作用者所做的分類，二者之間的關係問題。

## 3.表現、命名和政治鬥爭

作用者依其自身的資產(客觀方面)，以及來自先前象徵性鬥爭的認知模式(主觀方面)來認識社會世界。然而這種決定論卻不甚明確，因為其中的關連只是統計上的關連。此一雙重組構(double structuration)產生了一種**位置意義**(該意義係來自於習態——亦即社會空間客觀結構的體現)。

而政治鬥爭的發生，很可能正是因為這種常識或現實意義的不明確。政治鬥爭既是理論的，也是實際的；其賭注不外是社會世界的認知範疇以及政治工作(作為以常識為基礎的分類工作)。政治鬥爭不但讓階級得以存在，甚至還動員了階級。

在不同的社會體系中，生產工作與強置意義(imposition du sens)的工作透過文化生產場域、特別是政治此一次場域中的鬥爭而得以完成。政治次場域猶如一種以差距或義涵區辨(distinction signifiante)為基礎的象徵體系。

「為了製造常識，或說得更精確一點，為了壟斷對社會世界的正當**命名**(nomination)權、從而設定一種官方的——亦即明白而公開的——強制性觀點，作用者莫不使出先前鬥爭所得，特別是他們在制式分類(taxinomies instituées)方面所掌有的權力」(布赫迪厄, *A.R.S.S.*, 52-53, 1984, 7)。

當國家被建構為正當的象徵性暴力的壟斷者時，它便製造出官方分類體系，並以其本身權力加以保障。因此，代表制度化象徵資本的學校、學位或專業頭銜，便從旁協助合理化每種職業所得的報償。

## 4.階級意識與政治場域

如何讓政治場域中的位置具有實踐意義？社會空間中的客觀位置與習態之間的相互呼應，使得社會結構與精神結構之間出現了一種**共謀關係**(complicité)。因此，文化場域(特別是政治次場域)中的被統治位置與社會空間中的被統治位置，二者之間如果沒有位置上的雷同(homologies)，那麼便不會有鬥爭或(政治)遊戲。布氏據此來詮釋馬克思的理論。馬克思認為，工人意識有待外來意識(知識份子)喚醒；布氏則認為，一部份的文化生產專業人員(被統治的知識份子)轉而支持社會空間中的被統治者，並因此打破了常識中的共謀關係。這種看法同時也拒絕將社會世界化約為無產階級與勞動力賣主之間的對立，或將社會世界單單化約為經濟場域(與某些馬克思主義的二次決裂)。

因此，階級鬥爭的原則，一方面來自於社會空間的多次元特質(社會空間由各自獨立的場域集結而成)，另一方面則是為了**壟斷**

**社會世界真理的正當表達**(同上，10)。由於位置之間的雷同，這場鬥爭從一個場域反射到另一個場域，並以產生認同、團體、以及由此而來的**社會階級**為目的。但是隨著命名及表現等歷史工夫日趨專精，鬥爭也變得越來越像是專職團體、代言團體以及代表團體(如政黨、工會等等)的專業。

## 5.政治拜物教

權力代表制度之所以能夠實現、必須歸功於一種制度程序的邏輯；發言人代表了團體；「團體產生代表，而代表則變成了團體……。政治異化的原因在於：單獨的作用者並不能夠形成團體；也就是說，在政治場域中，作用者只有在剝奪自己的權力以利機關喉舌的情況之下，才可能發出聲音、引人注意」(同上，11)。這種政治拜物現象，將團體的屬性客觀化為一種人格。透過代表的魔力，場域中的分歧狀態也逐漸為**行會**(corporation)所取代。

因此，社會階級既是**命名**與**代表**等象徵(或政治)工作的成果，同時也是由資產所形成的社會空間中，位置類似性的產物。「階級，只有當其代理人能夠、並覺得被允許以**階級之名**發言時，才可能存在」(同上，12)。如此一來，階級更像是種社會臆造，一種因著自己被宣告、被代表、甚至被展現(示威)而存在的集體。

# 六、批判反省

## 1.習態的吊詭結構

我們知道拉丁文**habitus**一詞(布赫迪厄，1986b，134；艾杭，1987，388)，是經院哲學用來翻譯亞里士多德所說的**獲得之稟性**(同樣適用於肉體與靈魂)此一概念。而社會學重拾這個哲學的古老概念，究竟意圖何在？學界所流行的假設，要不是把個人視爲體現社會結構的存在，便是把作用者當成精於計算的策略家。如果我們想要擺脫這兩種假設，並解釋社會規律性的產生，那麼勢必得尋求新的解釋方式。

事實上，制度產生了個人，而個人的活動則順應著某種不爲作用者所明確意識到的目的性。然而作用者卻也有創新能力，並不需要一先定和諧——假人類的社會天性之名——的預設才能行事。布氏企圖以習態觀念來解決這個困難。其實，習態不僅代表著一種**再造**能力(記取過去，創造未來)，同時也代表著一種**創新**的力。那麼此一雙重遊戲如何可能呢？

首先，我們可以發現，爲了解決古典二元論的困境(主觀論／客觀論、個人／社會、潛意識／意識……)，布氏同樣也找了個古典的解決方式，亦即引入超越對立的第三項。習態因此便成了這個**調解權能**(faculté médiatrice)；此一權能自然是後天取得，但它卻能解釋實踐的吊詭結構。

第二點：如果作用者在場域之中佔了一組位置體系——以動員基礎資本的能力爲依歸——，那麼我們自然應該假設作用者具有運用市場遊戲規則的能力。但如何將此一位置的結構性邏輯併入個人行動之中、而無需將後者設想為**理性社會人**(homo sociologicus)的產物？如果行動者並不理性，那麼似乎便應該設計一種從結構理性過渡到個人理性的中介單位。習態於是因應而生；它被視為階級習態(社會空間的中的鄰近位置)的結構性變種(布赫迪厄, 1980a, 101)。

第三點：習態，作為從某一位置上的經驗所獲致的理性，其功能類似於一種準官能，與現象學家梅洛龐蒂所提出的自體(corps propre)之獨特能力有所關連。透過身體模式，歷史以身體蒙太奇的形式被內化；而這些蒙太奇同樣也是未來行動的模式。因此，我們應該設計出一種身體特有的**人類學**：身體被視為一肌理豐厚、具有特殊行動的存在；它不僅是學習姿勢、姿態與習慣的能力，同時也是一種創造的可能性。在這具身體上進行著一種關鍵性的**社會鍊金術**：從最初的生產狀況之中創造出行動的潛能。因此，這種體現(incorporation)將不再只是歷史單純的再現。但是如此一來，不是又回到溫和結構主義，將社會客觀化、讓身體成為結構的載體？那麼剩下的，不就只是去確定制度客觀化的部份與身體客觀化的部份？(參見F. Bon及Y. Schemeil, 1981, 1215)。

第四點：再生產模式如何能幫助我們理解創造發明呢？布氏提出了習態有條不紊而持久的特質(1980b, 135)；習態的每個場域(語言、美學、政治)都遵循著相同的模式，這點使它在各別的場域之中得以保有若干自主性。此外，稟性的持久特質也解釋了不為客觀條件所范圍的行動能力。但客觀條件的改變從何而來呢？如果真如前文所言，每個場域均遵循其特殊邏輯，那麼一個超越一切場域，卻又能尊重各個場域之獨特性的邏輯又如何可能呢(見下)？最後，創新的能力來自於習態(或身體)的吊詭結構；習態在此則是一種「轉化機器，它以不可預期的方式，讓吾人得以**再造**生產的社會條件」(布赫迪厄, 1980b, 134)。布氏有時亦援引熊斯基的"語言能力"以爲例證，但卻不認爲這種能力來自於內在天性；他甚至也採用了遊戲模型：歷史條件只形成那些有利於遊戲者發明新事物的規則。

## 2.一種實踐經濟學，可能嗎？

布氏的分析似乎透露出一種訊息：一切可以爲人理解的模式，歸根究底，不外是經濟模式。事實上，儘管布氏辯稱這並不是在翻寫經濟語言，但他的確將經濟計算法則擴展至一切的物質財或象徵財(1971, 235)。這也就是說，實踐，不論其表像爲何，終究還是遵守著經濟邏輯。爲了實現這種經濟一般化，首先必須修改狹隘的利益觀念：利益無疑是經濟計算的基礎；即便是物質上的漠然，看似雖與利益無涉，但到頭來卻仍舊是一種象徵性利益。文化資本或社會資本的概念已經開始了這項工作；而象徵性資本的概念則嘗試完成這項工作。然而利益隨著資本的轉化而轉化。如今人們甚至會說：在西方社會中，象徵性利益之所以能夠獨立自主(譬在藝術場域之中)，這是因爲資本主義只將利益侷限在經濟領域中的緣故。

這種經濟一般化的做法並非完全妥當。蓋野(A. Caillé, 1986, 99-115)便指出：布氏的社會學，一如布東或郭其野，都遵循著某種**利益公理體系**(axiomatique de l'intérêt)。如果後二者採取自由主義的邏輯，那麼布氏的論點無疑更像是一種新馬克思主義的詮釋；其貢獻如下：

1)經濟利益是行動者的終極目的，因爲經濟資本爲建構其他資本的基礎；

2)我們可以犧牲經濟利益(例如饋贈)以囤積象徵性資本，因爲後者長期下來可能有助於實現某種經濟增值；

3)作用者經由其階級習態而從屬於某一社會團體，其利益並不一定顯而易見(一如布東和郭其野自由主義論調下的抽象個體之利益)；

4)布氏的公理體系不但囊括了象徵活動，同時更讓它像資本一樣地運作；

5)最後，由於習態的特殊結構，社會空間也出現了不確定的自由地帶：並不是一切的行動都能夠事先預料。

　　然而困難還是出現了。如果經濟資本是一切實踐的基礎，那我們勢必得解釋爲什麼它並不存在於原始社會。進一步說，一旦將商品交換同象徵交換結合在一起，我們勢將把一切非利益計算化約爲利益計算。但難道不能反其道而行嗎？此外，誰是計算的主體？由於階級習態之故，顯然這既不是團體、也不是個人主體。但階級習態這種實踐性想相，又如何能夠抗拒統治階級的文化洗腦？再者，如果象徵世界不再任意專斷，那麼任意專斷的是不是社會形式本身？最後，布氏祭出遊戲模式來解釋實踐意義，但卻從不過問是否一切的社會都在進行相同的遊戲！

　　羅金(J. Lojkine, 1988)提出過類似的批評，指責布氏強調文化資本的重要性，大搞新邊際主義。布氏的確曾經批評過那些將教育投資化約爲金錢投資、或立論假設個人之間的平等、但卻因此無法解釋支配現象的論點(布赫迪厄, 1980b, 33-34)；然而他畢竟無法完全擺脫這種看法，因爲他並未否認其中的原則：一切行爲但求最高效益。當然，他以階級習態的潛意識邏輯來抗對理性計算，但作用者仍然可以拿既有的稀有資源來追求最大的效益。事實上，布氏忘了馬克思在生產資料和消費性財富之間所看到的基本區別；於是資本便被侷限在消費性財富的流通層面。

另外一種解讀方式恰好可以回應這些批評。如果利益的概念的確借自經濟學，那麼它便不是非歷史的，更不是自然的；它只不過換個方式、重新提出充分理由這個知識論原則：一切的實踐都必須有理由——亦即利益。然而利益可以以各種形式出現：透過制度的魔力，一切都可以成爲利益(布赫迪厄, 1987, 124)或投資。據此，一切的行爲都牽涉到經濟學。

但是在這些條件之下，利益本身的意義是否被排除了呢？傳統上的利益指的是一種用處；然而布氏所說的用處卻不是經濟學家講的用處(1979, 110-112)。因此，利益變成了一種關係，一種介於場域與習態之間的關係。「投資，是一種行動的傾向；這種傾向萌生於遊戲空間(我所謂的場域)和與之相符的稟性體系(我稱之爲習態)的關係之中；遊戲和賭注的意義所在，即爲參與遊戲、溶入遊戲並維護利益」(1980b, 34-35)。

這種觀點下的利益，與其說是單純地**追求最高利潤**，倒不如說它是**對遊戲的興趣**；當然這種興趣也可能是在追求一種象徵性的利益。在榮譽的計算之中，人們往往犧牲經濟利潤以成就象徵利潤。然而布氏在此仍然態度猶豫，未能斷言利益的隨意性，反而時時刻刻提出日積月累的榮譽可能轉化爲經濟利益。假使利益不斷地以理性計算爲模型，而其存在又只是爲了調和場域與習態，那麼爲什麼還需要提出一套**實踐的經濟學**呢？

或許布氏理論的主要困境，在於未能建立起一套完整的資本理論。布氏所說的經濟資本和經濟學家所講的是同一碼事麼？爲

什麼象徵資本的地位時而一如其他資本，時而成為確認其他資本
的超資本？即連習態最後也傾向於變成一種資本。遊戲模型足以
解決這種資本的通貨膨脹麼？如此一來，不是一切的場域理論都
逐漸地模糊成背景，而背景本身又得重新定義了麼？

## BIBLIOGRAPHIE

ACCARDO Alain : *Initiation à la sociologie de l'illusionisme social*, Bordeaux, Ed. Le Mascaret, 1983, 211 p.

ACCARDO Alain, CORCUFF Philippe : *La sociologie de Pierre Bourdieu, Textes choisis et commentés*, Bordeaux, Ed. Le Mascaret, 1986, 223 p.

BON Frédéric, SCHÉMEIL Yves : « La rationalisation de l'inconduite. Comprendre le statut du politique chez Pierre Bourdieu », *Revue française des sciences politiques*, xxx, 6, 1980.

BOURDIEU Pierre, SAYAD Abdelmalek : *Le déracinement*, Paris, Minuit, 1964, 2ᵉ éd. *1977*, 227 p.

BOURDIEU Pierre, PASSERON Jean-Claude : *Les Héritiers*, Paris, Minuit, 1964, 183 p.

BOURDIEU Pierre, BOLTANSKI Luc, CASTEL Robert, CHAMBOREDON Jean-Claude : *Un art moyen. Les usages sociaux de la photographie*, Paris, Minuit, 1965, 2ᵉ éd. *1974*, 341 p.

BOURDIEU Pierre, Postface à PANOFSKY Erwin : *Architecture gothique et pensée scolastique*, 1967, 2ᵉ éd. *1970*, pp. 133-167.

BOURDIEU Pierre, DARBEL Alain : *L'amour de l'art*, Paris, Minuit, 1966, 2ᵉ éd. *1969*, 247 p.

BOURDIEU Pierre, PASSERON Jean-Claude : *La reproduction*, Paris, Minuit 1970, 2ᵉ éd. *1971*. 281 p.

BOURDIEU Pierre : *Esquisse d'une théorie de la pratique, précédée de trois études d'ethnologie kabyle*, Genève, Droz, 1972, 269 p.

BOURDIEU Pierre : « Le champ scientifique », *Actes de la recherche en sciences sociales*, 2-3, 1976, pp. 88-104.

BOURDIEU Pierre : « La production de la croyance. Contribution à une économie des biens symboliques », *Actes de la Recherche en sciences sociales*, 13, 1977, pp. 3-40.

BOURDIEU Pierre : *La distinction. Critique sociale du jugement*, Minuit, 1979, 670 p.

BOURDIEU Pierre : « Les trois états du capital culturel », *Actes de la recherche en sciences sociales*, 30, 1979.

BOURDIEU Pierre : *Le sens pratique*, Paris, Minuit, 1980 a, 477 p.

BOURDIEU Pierre : « Le capital social », *Actes de la recherche en sciences sociales*, 31, 1980.

BOURDIEU Pierre : *Questions de sociologie*, Paris, Minuit, 1980 b, 279 p.

BOURDIEU Pierre : *Ce que parler veut dire. L'économie des échanges linguistiques*, Paris, Fayard, 1982, 244 p.

BOURDIEU Pierre : *Homo academicus*, Paris, Minuit, 1984, 299 p.

BOURDIEU Pierre : « Espace social et genèse des classes », *Actes de la recherche en sciences sociales*, 52-53, 1984, pp. 3-12.

BOURDIEU Pierre : *Choses dites*, Paris, Minuit, 1987, 231 p.

BOURDIEU Pierre : *L'ontologie politique de Martin Heidegger*, Minuit, 1988, 123 p.

CAILLE Alain : *Splendeurs et misères des sciences sociales. Esquisses d'une mythologie*, Genève, Droz, 1986, 411 p.

HÉRAN François : « La seconde nature de l'habitus. Tradition philosophique et sens commun dans le langage sociologique », *Revue Française de sociologie*, XXVIII-3, 1987, pp. 385-416.

LOJKINE Jean : « L'enjeu des cadres et des couches moyennes salariées », *La Pensée*, Mars 1988, n° 262.

# 9

## 從結構到社會表現

　　本章(第二部份的最後一章)處理的是社會學的幾個重要潮流。它的地位有點特殊：除了引介幾位直至目前為止尚未出現過的作者之外，它同時也提出了一些有待開發的社會學研究方向。事實上，社會學歷來理論數量之多、取向之廣，絕非一本書的篇幅所能盡述。如果我們給了某些潮流顯著的篇幅，那麼，自然也應當介紹一些身處理論十字路口的學者及研究。最後，我們建議以一種批判的角度來審視一切介紹過的當代社會學。

　　本章的雙重性格，加上在寥寥幾頁中引介一些複雜主題，或許會讓讀者感到吃力。

　　其實，更重要的是希望讀者能夠回歸原典，查詰究竟。


## 一、社會學的規劃

### 1.觀察

　　社會學，特別是法國的社會學，在近二十年來已經喪失了它在社會學科中的優越地位。至少下列四項因素可以解釋個中原委：

1)社會學借用古典經濟學的典範，但卻逐漸地被它牽著鼻子走[1]，

2)社會學越來越傾向於局部而微觀的分析，喪失了總體分析的視野，

3)社會學大部分消融在實踐活動之中，包括了公共部門中日趨普遍的研究合同簽訂，導致基礎反省空間不大，

4)社會學喪失其批判面向。

　　這些因素緊密交錯，而最後一點，在某種程度上，則是前述三項因素的後果。社會學和其它科學——尤其是哲學(但層次不同)，共同享有廣義上的**批判**特權。但它卻逐漸地落入從70年代中期便開始披靡的共識模式，其批判能力也因而遲鈍。情況似乎是：爲了不被它所描述分析的社會拒絕在外，社會學只得向一般意見靠攏。

　　社會學不但不去解決**軟性—意識型態**(soft-idéologie)，甚至還套用了這種意識型態的形式和內容。宇格(F. B. Huyghe)認爲入侵當今社會的軟性意識型態可以定義如下：「它採取搭配糟粕的技倆，用先前意識型態的主要論點作料烹調。……這同時也是一種拿早先右派管理意識型態和左派意識型態的遺贈拼湊出來的"工具—意識型態"(kit-idéologie)：一些經濟自由主義，加點生態保育，再來一小塊歐洲，一抹女性主義……。

　　「這種意識型態剛好可以拿來解釋世界；它向它的信徒擔保絕對能夠把複雜的事件套入先前預設的框架之中。然而這麼做卻

---

[1] 關於這方面的探討，《社會科學中的反功利運動彙報》(*Bulletin du Mouvement Anti-utilitariste dans les Sciences Sociales*)便是一例。

不是為了建立一套整體理論：不再分析歷史意義或經濟發展傾向，也不再有大型觀念或法則。軟性意識型態採用套套邏輯的方法：事情就是如此，沒別的辦法」[2]。

　　同時的另一部作品[3]，也探討到相同的問題。這似乎是第二次的除魅——理想的終結。然而，正如貝尼也(J. M. Besnier)和托馬(J. P. Thomas)長篇大論阿宏的「人性不能不去探問歷史之終結」(p. 186)時所說的，此番除魅意味著人類對真理的涵義和實現不再抱持著幻想。面對著我們這個時代的理論大缺口，社會學家們紛紛表態頌揚意志，一種社會意志……。其實，理性盲目信仰 (亦即盲目信仰一個以科學為基礎的社會)的終結、理想危機以及社會理論(特別是社會學理論)危機息息相關。針對理想危機或社會理論危機，極端的自由主義或個人主義所提出的辦法，只不過是錯誤或暫時性的解決。社會科學——特別是我們所關心的社會學，應當在百科知識中重新爭取地位。

## 2.提問

　　從這個觀察出發，加上先前幾章所介紹的社會學基本取向(觀念)，我們可以發現社會學的理論關懷主要以兩道軸線為中心：**衝突/整合和社會結構/表現**。

　　在第29章中，散索留(R. Sainsaulieu)指出社會學是如何在社交

---

[2] F. B. Huyghe et P. Barbès, *La soft-idéologie*, Paris, Éd. Laffont, 1987, p. 111, 112.

[3] J. M. Besnier et J. P. Thomas, *Chronique des idées d'aujourd'hui- Éloge de la volonté*, Paris, PUF,1987.

性(sociabilité)和衝突的交互分析中顯得生氣勃勃，以及社交性分析今天之所以受人青睞的原因。然而社會學理論的社會條件亦即社會學自身的社會條件，因此社會學也只能一窩蜂地分析共識、規避持續推動社會活動(le social)[4]的緊張、衝突和矛盾。達倫朵夫(R. Dahrendorf)提醒道：「我們不能光思考社會而忽略了穩定與變遷、整合與衝突、功能與動機、共識與限制之間的辯證」(達倫朵夫, 1972, 165)。換句話說，衝突觀念(或強制觀念)與整合主義觀念不僅相輔相成甚且密不可分。譬如，(階級或工作)衝突的制式化，或一般所說的"給衝突塞棉絮"(ouatage)或"墊毯子"(feutrage)(經由拔除衝突導火線和/或偏移矛盾)種種現象，只有兼採這兩種取向時才能解釋清楚。

同樣的，如果說穩定和變遷辯證地結合在一塊兒，那麼，**運動**和**秩序**則是同一個社會現象的兩個面向。一方面，秩序只是社會一般運動中的某個特定時刻(平衡狀態)；另一方面，運動也被設想為社會秩序中某些特定元素的運動。

第二道軸線——社會結構/表現的重要性，在於它是社會科學的另一筆歷史遺產：在馬克思主義和結構主義走紅年代之後，理論家們轉而研究想相(l'imaginaire)、象徵、日常實踐或地域現象(le local)，而不再去參照結構或推動社會的強大張力。情況之所以如此，不外是受到了社會原子化的影響、加上回歸個人主義風潮的

---

[4] 本章所介紹的學說和作者，或為了指稱新的研究對象、或因個人風格，行文大量採用名詞化形容詞，如le social, l'historique, l'imaginaire 等。以social為例，廣義可泛指一切屬於社會者，狹義則側重各式社會力的互動、動態現象，礙於中文語法，我們權宜譯為社會或社會活動。——譯註

推波助瀾。當然，伴隨著"溝通時代"的到來，資訊工業和文化工業不但取代了傳統商品生產，同時也改造了社會。

如果說前十幾年的學術被結構─帝國主義所誤導，那麼今日局勢恰好極端相反：表現、神話、或日常實踐在一處完全輕靈的空間中游移。我們在此所作的研究介紹，不多不少，為的正是替社會結構和體系平反；我們不但得正視結構和體系內的衝突及社交性，同時更必須兼顧實踐和表現。這和哈伯馬斯努力拉攏**體系**和**生活世界**(見下)的企圖類似。可是方法上的問題至今仍然懸而未決：截至目前為止，學者要不是在兩端之間強行拼湊，不然就是建立機械式的因果關連。然而可以肯定的是，二者之間存在著一種固有的關連──猶如一種**內爆**(implosion)。

我們在本章結束時將再回頭探討這些問題。眼下即將介紹的理論(和前幾章所介紹的理論一塊兒)將有助於我們達成這個目的。

# 二、想相的重現[5]

## 1.卡斯多里阿底斯與社會學的想相制度

戈內留斯‧卡斯多里阿底斯(Cornelius Castoriadis, 1922-)早期

---

[5] 原係想像一詞的形容詞，當名詞使用時意指想像中的事物。在法語系的社會學中──特別是繼吉樂貝‧莒杭之後，該詞更多了一層象徵內涵，側重人類對想像的主觀心理感受。因此，imaginaire 所指涉的想像(中的事物)，事實上比純然的想像更具心理意義；從某個角度來看，它比想像更"實在"、甚至時時刻刻影響到人類對世界的認知，從而模塑人類行為。在此為了避免混淆，特將社會學形容詞及名詞術語imaginaire譯為想相(的)，而imagination仍譯為想像。──譯註

探討他所謂的"工人運動經驗"，接著批判馬克思理論的限制，最後則大力扶正想相在社會中的地位。我們在此僅介紹他論述想相，以及社會─歷史活動和心理現象之關連的相關文字。

卡斯多里阿底斯排斥科學家的冥思態度，同時也拒絕建立一套徹底被接納的完整理論：「理論不能事先形成，因為它不斷地從行動之中浮現出來。現實的轉變或詮釋，可以在相互制約的實踐中不斷地推進。……革命政策是一種實踐，其目的在於改革社會組織、改變社會取向以追求成員的獨立自主。它認識到了自主性時時以社會的根本轉化為前提，然而根本轉化又只有在人類開展自主行動時才有可能」(1975, 105-106)。**社會定位**──我們已經在杜恆的學說中看過個中梗概(參見第6章)──，是卡氏提出來的主要問題之一，我們將再下文加以探討。至於自主性則是意識對潛意識的支配；而社會中的潛意識即為他人(Autre)的言談。換句話說，自我的言談應當取代在自我之中支配著自我的外來言談。

卡斯多里阿底斯認為，他人言談饒富興味的主要特徵在於它與**想相**所維持的關係。「受到這些(他人)言談的支配，主體把自己當成非己(總而言之，這非己對他而言並不是必要的)；對主體而言，他人和世界因而經受了相對的喬裝扭曲。主體不是自稱、而是被稱；因此也就成了他人世界的一部份(這他人同樣也教其他人給喬裝改扮了)。儘管人們並未察覺，但一種比真實更真實的經驗想相(imaginaire vécu)卻支配著主體；說的更精確一點，這種支配之所以可能，正**因為**人們並未察覺到這種比真實更真實的想相。在個人層次上，他律(hétéoronomie)──或廣義上的異化，指的正是主體被一種自主化了的想相所支配，這種想相竊取了主體定義現實、定義自身慾望的功能」(卡斯多里阿底斯, 1975, 140-141)。

因此，擺脫異化首在否定他人言談。但這種否定卻不可能實現，因為「自我的想相功能永遠不可能完全消解。(它不但迸發出比真理更真實的自由創造和異化幻覺，更噴湧出實際譫妄和超現實詩篇。我們又如何能夠涸竭這個人性深處的創造之泉呢？)」換句話說，「自主性並在於不是完全剔除，或徹底澄清他人言談的真相，而是在他人言談和主體言談之間設定另一種關係」(同上，143)。尤有甚者，自主性甚至把他人言談也轉化為主體言談。卡氏拒絕了傳統哲學中以純粹自由為基礎的虛構主體；他把主體假設為具有**形體**的**行動**和**意向**，它們不僅參與世界，同時也分享意義。

異化同時也是個人和**制度**(廣義上的制度，亦即被社會本身制度化了的社會整體)之間的一種關係模式。卡斯多里阿底斯大肆批判他稱之為**經濟—功能**觀點的流行看法，亦即功能主義的觀點加上唯經濟主義(économiciste)觀點。因為這種觀點取消了制度的**象徵**層次，而這個層次也正是制度運作及其特有之理性的核心部份。

此外，象徵邏輯和體系邏輯本質殊異。象徵活動(le symbolique)的自主化，只會不斷地與功能活動(le fonctionnel)產生部份關連。透過社會活動和歷史活動，社會——儘管並非完全自由——建構起一套自己的象徵體系(symbolisme)，從而出現了一些把象徵活動植入理性事物之中的意外後果：「象徵體系既不被任意選取，亦非強加於社會之上；既不是單純的中性工具和透明的媒介，也不是無可穿透的晦暗和無可化解的敵意；既不是社會的主人也不是功能的卑奴，更未曾徹底而直截地參與理性秩序；它雖然決定了社會生活的面向(不單只是那些它應該決定的面向)，但同時也充滿著罅隙和自由度」(同上, 175)。

　　卡斯多里阿底斯的興趣所在不僅止於象徵活動，他更進一步探討在背後支撐著象徵活動的**想相**。想相應當以"創新能力"這樣的意義來理解，不論是絕對創新或既存象徵在意義上的滑移。在這兩種情況之中，想相都與現實有所不同：它提供了一幅現實的圖像。想像利用象徵活動來自我表達(亦即因此而得以存在)，因為一切的譫妄或幻象都必須藉助圖像才能存在。「反過來說，象徵體系預設了想相的能力。因為它預設了從一件事物中看出異於事物本身的一些東西的能力。然而想相，歸根究底，不外是以表現的方式，來設定一件不存在的事物或一種不存在的關係(換句話說，它們不存在於知覺之中，或從未形成知覺)。在這層意義上，我們也稱之為終極想相或基礎想相；這也正是象徵活動和實際想相的共同根源。總而言之，它是喚起圖像的最基本能力」(同上, 177-178)。

　　想相因此決定性地影響著象徵活動。而卡斯多里阿底斯則從象徵活動出發標舉出基本問題：「為什麼一個社會非得在**想相**中尋求其必要之補充不可呢？為什麼每次在這種想相的表達或核心深處，我們都會碰到一些不能化約為實際功能的事物？透過社會，這些事物像是來自世界的天然賦予，但其意義卻又不為現實因素所限定。說得更確切一點，在這個由社會所形成的宇宙之中——我們可以從內容和生活風格兩方面加以辨識——，反倒是這層意義賦予這些現實因素這般的重要性或那般的地位」(同上, 179)。

　　在試著回答這些問題之前(這令人想到法蘭克福學派，或杜恆所提出來的問題)，卡斯多里阿底斯指出現代人如何把制度的涵義化約為功能問題。但是制度是一種社會認可的象徵網絡，其中包括了功能組元和想相組元，二者的比例和關係隨情況而異動。此外，如果說想相組元是異化的起源(下詳)，那麼它同時也是**創造**的基礎。而這種想相特有的創造性，也正是社會想相的核心，或社會的中心想相。功能性邏輯(les logiques de la fonctionnalité)**只能從自身之外取得意義**。透過不斷地質疑這些功能性邏輯，卡氏證明了在社會需要的建構之中，重要的並不是這些需要的內容，而是它們的**形式**。「在看似不確定的地帶上，出現了歷史觀點下最重要的特質(歷史著重的當然不是人們吃喝或繁衍，而是他們以極其不同的形式來做這些事情)；換句話說，一個社會其實是透過限定了的實踐、情感和精神來掌握整個世界；這個世界因而被附加了一層**表白意義**(le sens articulé)，人們以此來區分什麼是值得的，什麼又是不值得的(廣義的值得，從經濟的值得到思辯上的值得)；什麼是該作的，什麼又是不該作的」(同上, 204)。

這層表白意義或社會想相實以人類實際行動、欲求和社會**執行**(faire social)為基礎。例如奴隸制度，除了本身的實際運作(屬於經濟—功能範圍)之外，「對社會而言，它更意味著一種新型想相涵義(signification imaginaire)的浮現、一種讓社會得以以對立方式而非對稱方式來自我延續、自我對待和自我介入的全新方法。此一涵義一旦出現，便即刻透過規則來自我象徵、自我審檢」(同上, 216)。

上帝同樣也是一種想相涵義。現代世界所具有的想相涵義全兜繞著**理性**來自我表白：「現代的偽理性，不過是想相之諸般歷史形式其中的一種；就其終極目的而言，它不過是任意的，因為這些終極目的並不屬於任何一種理性。而當偽理性以自身為目的時，那麼它所追求的，也不過是種形式而空洞的"理性主義"。現代世界飽受系統性譫妄的折磨，譬如脫韁科技的自動化——科技不再爲任何特定的目的"服務"——，便是當下觸目可見最直接、最具威脅性的形式。廣義上的經濟(從生產到消費)便成了現代社會資本主義理性的絕佳表現。但經濟同時也以最令人吃驚的方式——正因爲它自詡完全而絕對地理性——展示出想相無所不在的操控」(同上, 219)。

我們可以把人爲撩撥出來的需求(參見Vance Packard的《浪費的藝術》, *L'art de gaspillage*)，或財政、經濟危機的加劇(從韋伯到今天的經理都一致認定，理性是資本主義精神的主題動機(leitmotiv)；而財政管理和經濟學則變成了理性模型中的核心科學)視爲現代世界中理性自身的非理性特質。

「制度功能和社會過程的**目的**究竟是誰設定的？在各種可能的象徵結構之中，又是誰單單挑出**一組**象徵活動、樹立準則，從而把一切想得到的隱喻和換喻都導入同**一個**特定方向之中？」(同上, 224)除了想相之外，沒有其它的範疇能夠幫助我們思考以上問題。想相這個要目，因而成了卡斯多里阿底斯的研究主題。事實上，企圖支配歷史的理性活動並不能夠回答上述問題。即便是歷史在理性之中演進，歷史仍舊不能化約爲理性化的過程。根據卡氏的看法，「從一開始，歷史便冒出了一種**意義**。它既不是**實際**的意義(指涉或察覺到的意義)、也不是理性意義或正面的**非理性意**義。這種意義無涉眞僞，它屬於**涵義**的範圍；它是歷史特有的想像創造，同時也是歷史開展的所在和方式」(同上, 224)。

爲了掌握這種涵義及其呈現，卡斯多里阿底斯建議必須從想相在潛意識中的象徵作用著手。爲了達成此一目的，他特別強調佛洛依德有關心靈想相(l'imaginaire de la psyché)的研究發現並加以引用。對他而言，心靈是一種**初始想像**(imagination radicale)，因為它無中生有，促生表現(p. 383)。因此，他以心靈這個初始想像的泉源作為理論中心，列舉心理分析專家——特別是佛洛依德——的謬誤：他們過早將想相摒除於理論之外。

卡斯多里阿底斯嘗試樹立起**心靈**和**社會—歷史活動**(le social-historique)之間的關連，亦即心靈的**初始想像**和社會—歷史活動的**社會想相**之間的關連[6]。我們認為卡氏的分析，在某種意義上，重拾賴希(W. Reich)和佛洛姆不久之前的嘗試(見下)。

儘管這個研究計畫看來誘人，它的成績卻不見得盡如人意。其實，我們對心靈的社會化仍然一知半解，而社會想相的建構問題同樣懸而未決。雖然卡斯多里阿底斯長篇大論語言、執行、社會執行和技術，但是**想相的涵義**和**社會想相**的浮現，依舊是個謎。卡斯多里阿底斯甚至揚言，這是一個沒有根據的問題：「為什麼社會得透過設定一個涵義世界才能自我設定？為什麼社會—歷史活動的浮現即為涵義(被制定之涵義)的浮現？最後，為什麼會有涵義？這些問題並不比「何以有有、而非無有」(pourquoi y a-t-il quelque chose plutôt que rien?)這樣的形上問題更具意義。我們並不試著回答這些問題(如果回答只是根據**事實本身**一味地重複問題，那麼我們實在很難想像這會有"答案")，而只是試著搞清楚狀況。當然，我們身處其中，無法全面審視。我們所觀察到的社會

---

[6] 我們在此把社會—歷史活動當成一種社會活動和歷史活動的結合體，因為二者密不可分；這換句話說，我們拒絕一切對共時性和歷時性所做的區分，因為我們不能分開事物的結構及其生成演化。當然，社會—歷史活動不能化約為心理活動，反之亦然。

只是在設定一些東西，同時自我設定；一旦剔除了涵義，制度也就變得晦澀難解」(同上, 482)。

　　卡斯多里阿底斯讓我們看到了社會想相涵義的重要性。對他而言，這種涵義比經濟—功能活動更真實。

## 2.吉樂貝・莒杭和象徵性想像

　　吉樂貝・莒杭(Gilbert Durand, 1921-)是法國社會學中積極扶正想相的先進之一。鉅著《想相的人類學結構》(*Les structures anthropologiques de l'imaginaire*, 1969)是一部大力駁斥毀像—理性主義(rationalisme iconoclaste)、鼓吹**象徵性想像**(L'imagination symbolique)的社會學作品(1964)。

　　由於篇幅所限，我們只能介紹莒杭作品中的一小部份：他揭穿了西方文明中的搗毀聖像傾向、批判某些詮釋學流派，同時整理諸家理論以建立象徵性想像的心理、社會及人類學功能。

### 1)從搗毀聖像到詮釋學

　　莒杭特別關注不具實體存在之事物的再呈現(re-présentation)；言下之意，這些事物並不是可以直接認識到的。此外，他也排除了信號(signal, 譬如"禁止通行"的告示牌)、專事研究**象徵**這種不可觸及之所指(signifié)的圖像；它呈現了非感官的世界：潛意識、形上界、超自然界、超現實界。

　　然而這個非實在界的再現，卻也因它特有的存在方式啓人疑竇：「既然象徵的再現，恆不能以其涵義的單純呈現(présentation)來加以證實，那麼歸根究底，象徵也只能以自己為目的。既然非圖像化的超驗世界無法以圖像加以表達，那麼象徵的圖像便只能透過抽象意義、成為一種具體再現(représentation concrète)的變形。因此，象徵是一種暴露出祕密意義的再呈現，它是奧祕的顯靈」(莒杭，1984a, 12-13)。

不能呈現的所指於是便經由能指(signifiant)而得以再現；這種再現也正是象徵"撓性"(flexibilité)的基礎；換句話說，它能夠同時指涉對立的性質，如"淨化之火"和"慾火"。象徵試圖以**弦外之音**(redon-dance)來填補它在能指和不能呈現之所指之間所劃下的鴻溝：例如**儀式**中的姿勢弦外音，或**神話**中的語言弦外音等，在在都增強了儀式或神話的象徵能力。

莒杭認為，西方的歷史是一部**搗毀聖像**的歷史[7]：這種對象徵的貶斥，源自於所謂的"意識的進步"；其階段有三：先是亞理斯多德的**觀念主義**(conceptualisme)，繼之以中古教會的**寓言思想**(pensée allégorique)，最後由笛卡兒的**理性主義**集其大成。亞里斯多德的觀念主義開啓了"直接思考"和經驗主義的霸權時代；超驗和冥思斷遭斲傷。如果說象徵具有(**創造**意義和**匯聚**意義的)雙重本質，那麼羅馬天主教藝術，便透過聖像中的神啓來圖解教條信仰中的眞理。最後，笛卡兒的理性主義以及由此而來的科學解釋，徹底扼殺了想像。**符號**(signe)因而稱霸，召靈(évocation)相對日頹。

儘管如此，二十世紀還是意識到了象徵性圖像的重要性，特別是透過心理分析和人類學的發現。這些嶄新的科學取向，集中研究圖像背後多少隱諱著的意義。莒杭將詮釋學劃分為二：**化約**

---

[7] 圖像的禁廢或毀損，先是聖像(八、九世紀)，爾後擴及一切的圖像。

詮釋學[8](herméneutiques réductrices, 包括了佛洛依德學說、功能人類學和結構人類學)以及**創建**詮釋學(herméneutiques instauratives, 容格、巴舍拉等)。前者之所以稱爲化約,是因爲這些詮釋企圖把象徵性想像整合在一種"知識分類體系"(systématique intellectualiste)之中。比方說,莒杭認爲佛洛依德的決定論把一切象徵化約成一種性器的隱喻:這完全忽略了象徵的多型多態。透過這些化約詮釋,「被象徵者(le symbolisé)的超驗性格斷遭否定,一切全被化約爲明明白白的象徵者(symbolisant explicité)」(同上, 61)。一言以蔽之,**象徵**被化約爲**符號**。

如果問題不在於神話或象徵的詮釋,而是「象徵者本身特有的表達方式」,那麼我們勢必得改弦更張,採取另一種研究取向。這正是**創建**詮釋學的作法:與其搜求象徵功能,不如追究象**徵意義**。

莒杭本以容格的理論爲基礎,但在晚近的作品中,容格的影響已大爲縮減。如果象徵牽涉到行動,這並不代表它可以被化約爲行動。換句話說,象徵,作爲一種源自內在衝動的圖像,具有一種"精神意義"或**原型**。這點也應該加以考慮。

象徵,是對立物的匯聚,是**意義**和**圖像**的渾沌或"陰陽體"(hermaphrodite)。我們可以說它本身便是一種創造的過程與充實的程序。此外,象徵功能係由特性(化)過程(processus d'individuation)所組成:該過程從清明意識(製造**意義**或具有**意義**的道德、語言、風俗)和集體潛意識(觸發圖**像**的本欲能量及其原型範疇)出發來建構"自我"。

---

[8] 詮釋學係一對文章和象徵進行解注的科學。

　　儘管在圖像之中，意義看似擺脫了想相的粗糙表面，然而象徵的統一性卻仍舊阻礙著人們區分出圖像和意義：「想要"揭露意識的神秘"，結果就只是把事情搞的玄之又玄。如此一來，這層想相的努力，勢必把人類個體化約爲不可想像、完全被限定了的簡單事物；換言之，人類因而喪失了想像或希望的能力。但是詩歌和神話卻是異化不了的：因爲不論是最微不足道的字眼、最簡單的符號或最狹隘的理解，也不論執意與否，它們都傳遞著某種訊息；**正是這種訊息**，讓字詞在本身的客觀意義之外更添氣韻」(莒杭, 1984b, 496)。

　　最後，值得一提的是莒杭師承巴舍拉(G. Bachelard)。巴舍拉認爲「科學的軸線和詩歌的軸線恰好相反，猶如心理生活的兩端」，而且有必要把它們擺在敵對的位置上，以收攻錯之效。科學**觀念**的對反正是**象徵**——詩歌和人類語言的表達；如果可以兼愛，則必以其法愛之。莒杭認爲現象學適足以開拓想相的宇宙。這並不是沙特或胡賽爾的虛無現象學或靜態現象學，而是黑格爾的弘物(amplificatrice)、動態現象學這門"意識經驗的科學"。換句話說，詩歌和夢幻(rêverie)都極具創造力。透過巴舍拉的水、土、火、氣象徵宇宙論，「象徵爲我們揭開了世界的面紗，而現象學的象徵活動則闡明了世界；這種象徵活動——恰與科學世界形成對比——在倫理秩序上卻是首要的，因爲它是科學發現的掌門人(recteur)……。人類的想相因而可以把人類浮士德式的知識驕傲，重新放回人類處境的愉悅境界之中」(莒杭, 1984a, 78)。因此，莒杭建議以巴舍拉處理夢幻的方式來研究一切想相(神話、儀式、宗教、魔法、精神官能症……)，以便經營出一套新的詮釋學。

## 2)象徵性想像的功能

　　莒杭一方面致力於建立一套想相的一般理論，另一方面則嘗試調和先前所提到的兩種詮釋學。但在此之前，首先必須化解、甚至消弭對**理性意識**和**心理現象之想相**(imaginaire des phénomènes psychiques)所做的區分。對他而言，二者不過是不同目標之下的同一種心靈活動。說得簡單一點，觀念只是一種狹義的象徵。因此，「理性和想相之間並無**斷塹**，理性主義只不過是圖像世界一種特殊而極端的結構罷了……。想像因而成爲心理—社會均衡(équilibration psychosociale)的一般因素」(同上, 89)。

　　繼里柯(Paul Ricoeur)之後[9]，莒杭也認爲不應該一筆抹煞六個世紀以來的理性主義及批判傳統；換句話說，我們毋需刻意排斥化約—唯智主義詮釋學、毀像詮釋學和除秘詮釋學，因爲它們在知識之中，自有一席之地。當然莒杭側重的自然是**末世論**式(escha-tologiques, 里柯式)的弘物詮釋學(herméneutiques amplificatrices)，**再神話化**、重聚意義的期望詮釋學(herméneutiques de la remythisation, de la recollection du sens, et de l'Espérance)。當務之急在於扶正象徵性想相的地位。我們從中受惠的不僅是能指(圖像)和所指(意義)這一組象徵的和諧對立，它更讓我們認識到(形成觀念的"本義"永遠無法脫離"引義"(亦即句子的詩意)；引義必然擴充了本義的外殼(或規範性？)。

　　莒杭接著檢視象徵性想像的功能。他重新採用柏格森的觀點，強調象徵性想像的"生理角色"，它是大自然對沮喪的一種反

---

[9]　P. Ricoeur, "Le conflit des herméneutiques, épistémologie des interprétations," *Cahiers Internationaux de Symbolisme*, I, 1963.

動，抗拒著無可抗拒的死亡、抗拒著死亡透過理智的再現；它是一種面臨死亡的**委婉之道**[10](euphémisation)和憑藉。莒杭想要超越佛洛依德和容格，他在圖像之中看到了「一種精神(亦即心理—社會)再均衡的動力因素」，**社會行爲治療**(sociatrie)因而成爲一種重新注重修辭、主體性權力、藝術和心靈溝通的想像教育，其中也包括了留待創造性想像發揮表現的實際功夫」(參見莒杭，1984b，498)。最後，面對著形跡敗露的毀像運動，溝通新技術不但拉近了文化之間的距離，同時也提供了**再神話化**的新途徑；唯有想相人類學才能讓我們清楚地認識到，不論是"野性思維"或"文明思維"、正常思維或病態思維，都源自於同一種精神。即使莒杭未曾言明，我們也可以猜得到，同樣根生自"期望"的科學信仰和神話，二者之間的密切關連非比尋常。

根據莒杭的說法，**神顯的普同性**(Universalité de la théophanie, 存有作爲一種神格的存在)於焉成形。在此，象徵性想像即爲再神話化的要素，亦即人類種屬的首要建構條件；它同時必然在其理性—夢幻的辯證之中構築神話：「我們從來不曾像現在一樣這麼地確信：一門缺乏意識——亦即缺乏對期望的神話式肯定——的科學，昭示著吾人文明的決定性衰退」(莒杭，1984，130)。

---

[10] 直譯應爲委婉化或婉轉化。委婉(euphémisme)在莒杭的學說中，是個極爲重要的觀念，因爲這是一種「生之謊言，比註定死亡的眞理更眞確、更有價值；而幻想的婉轉也正是人類一切現象的基礎」(見1984結論部份)。——譯註

## 3.馬飛左里的日常生活社會學

**日常生活**是社會學家的反省要目之一。馬飛左里(Michel Maffesoli, 1944-)的獨到之處即在於以理解社會學的觀點(受到了德國社會學的深刻影響,見第7章),佐以莒杭的想相社會學來思考日常生活。爲了達成此一目的,馬飛左里企圖擺脫傳統社會學的盯梢;對他而言,這是契合方法和研究對象的必要條件。

### 1)從理性到想相

馬飛左里堅決反對實證主義式的學院社會學;在學院裡,社會學經常籠罩在十九世紀的理論關懷以及學科先驅的餘蔭之中。他竭力聲討這種與當時自然科學大發現同氣同息的普羅米修斯觀點(見第1章)。這是一場攸關"眞理衝動"的抗爭,情況自然令人聯想到莒杭對西方毀像運動的撻伐。

馬飛左里首先駁斥**理性和想像**這種二元論;影響仍在的實證主義偏好理性而排斥想像。這種實證社會學只研究社會中純然理性的意向或經濟要素;如此一來,社會學不過是一門常設的會計學(量化主義偏執),完全以因果關係來進行推理。馬飛左里因而對立起「視凡事爲其它事物之徵兆的實證社會學,和描述社會經驗、自限於分辨當事者之不同企圖的理解社會學」(1985, 18)。

實證社會學同時也懷抱著絕對知識的理想。爲了實現這種絕對知識,觀念不斷地貧化現實、化約現實的多重涵義:「**以觀念的獨一性來化約生活的異質性**,這種作法在人類歷史中總是帶來嚴重後果。這便是爲什麼我們寧可以概念(notion)之柔性來取代觀念(concept)之剛性的原因」(同上, 51)。此外,作者也建議使用隱

喻(métaphore)，因為觀念本身必須被當成隱喻來使用才能避免窄
化社會生活，並保留了事實的具體特徵。

實證社會學及觀念主義因而飽受貶抑，以利理解社會學的拓
展。以那些被理性化排除在外的主體生活、瑣碎事件和非邏輯行
動為研究對象的社會學，便進一步得到了合法化──其中包括對
韋伯的重新閱讀。社會學不應該單方面地向理性求援，它應當設
想出更柔軟的知識原則：「我們應該簡簡單單地承認：社群動力
(la dynamique sociétale)的不穩定性、"常動成分"(le bougé)和不完
美，勢必只能借助"柔軟"而游移不定的工具，才能加以表達」(馬
飛左里, 1985, 49)。

## 2)方法與對象的統一

社會學的研究對象是那些非屬意圖、計算、理性和謀略的現
象。透過這一番強調，馬飛左里擘畫出一門從社會內部出發，採
取與理性決裂的方法和取向，注重情感、主觀活動和理解的**日常
生活**社會學(sociologie de la vie quotidienne)。這也正是馬飛左里自
覺傾向於齊默之"形式主義"──「社會學研究社會生活的形式而
非內容」──的原因。因此，這是一種從社會內部研究社會生活
輪廓的**內在**社會學(sociologie du dedans)。

馬飛左里借用舒茲的**典型性**(typicalité)來指稱研究者同時也是
他所處理之現象的收受者這件事實：「觀察者和他的研究對象保
持著某種互動關係。這是一種默契，有些時候，甚至是一種串
通；我稱之為同感(Einfühlung)。這或許正是社會學的特性。理
解，意味著精神上的慷慨、親近和"感應"(correspondance)。在某種
意義上，正因為我們"身處其中"，所以才能掌握、或感受到社會

情境之間的奧妙、微韻(nuance)和不連貫性」(同上，37)。在這層意義上，典型性與那些強調應當「置身事外」、「旁觀者清」、自詡能夠評斷善惡之學者的批判取向完全背道而馳。

馬飛左里同時也引述波特來爾(「香氣、色彩和聲音相互迴響著」)、叔本華、蒙恬甚或歌德(「任何人都不能評判歷史，除非他親身經歷過」)，強調理解社會學(這也正是《日常知識》*La connaissance ordinaire* 一書的副標題)因其研究對象本身的特性，所以在掌握日常生活方面，自有其獨到之處。其實，日常生活的基本特徵正是曖昧、複雜、表裡不一、歧異、不穩定和微不足道。

這換句話說，唯一的現實並不存在，有的只是不同的觀照方式；「因此，對一門強調社群性、想相和日常生活的社會學而言，我們可以說當務之急在於矯正觀念，而不在於建構一套"內容"；這是把社會學當成一種觀點。……我們可以標定幾個不同的角度來分析每個研究對象，這個作法無疑最貼近社會性本身的矛盾。當然，如此一來，有時難免自相矛盾，但是一切由異質元素所構成的社會，其本質正是矛盾」(同上，27)。因此，社會學應該把自己定位成一門採取**相對觀點**的學科。我們只能夠透過諸多不同的觀點來認識社會生活，因為這種多元性的起源正是生活中的"多重理性"。

"因果關連"因而不再有效。如果社會學想要解釋社會的不穩定性，那麼"彈性"自然成為其首要特質。相對主義和日常瑣事的重要性意味著分類學和觀念的終結。社會學因此成為一種研究瞬間、消逝、點狀、曇花一現等諸般社會現象的一般學科(馬飛左里，1988，182)。

　　社會學在把理性知識丟還給目的論和觀念論之後，便成爲一種**經驗知識**，亦即一種接近藝術實踐(感覺主義、生機主義、自然主義)的感性知識。這是親近**社會資料**(donné social)──新的社會學研究對象──的最佳途徑；它重新定義觀察者與對象之間的新關係。至於這種新關係，則以某種「親近和放任，或說的更準確一點，一種大規模而無可豁免的顯然直覺」爲基礎(馬飛左里，1985, 205)。

## 3)社團與日常瑣碎

　　以這種方式逼近"社會資料"，是掌握**社群性**(socialité, 一種"群體化了的同感"，或像是一種發生在表裡不一、多重歧異處之社會交換的凝聚)和**社團**的不二法門。透過這種方式，馬飛左里解釋了諸如狂歡(1985)、日常生活(1979)、暴力(1979, 1984)，或個人主義的沒落(1988)等社會事實。至於其它的社會學者則處理鄰近的題材[11]。譬如馬飛左里(1979)便試圖以人類的**共同經驗**來解釋革命現象，因爲共同經驗是種日常生活而瑣碎的生活經驗，但它同時也是社群脈絡(trame sociétale)的基礎、群眾運動的起源。

　　此外，馬飛左里(1988)也認爲個體/理性組構(structurations)勢必逐漸爲社群/情感組構所取代。因此我們的社會也越來越爲社群

---

[11] Cf. A. Médam, *L'esprit au long cours*, Les Méridiens, 1982; B. Gloweczewski et aii, *La cité des cataphiles*, Les Méridiens, 1983; I. Pennancctionni, *La nostalgie en image*, Les Méridiens, 1983; L. V. Thomas, *Fantasmes au quotidien*, Les Méridiens, 1984; K. Noschis, *Signification affective du quartier*, Les Méridiens, 1984.

活動(或族群活動, le tribal)[12]所支配、不再有利個人活動。我們身處大眾—族群的辯證之中;「大眾無所不包,而族群則是一種特殊的結晶化」(馬飛左里, 1988, 156)。在社團這種"點狀結合"(union en pointillé)之中,個人主義勢將沒落。但「強調日常活動,並不意味著自戀式的狹隘偏頗或個人主義式的畏縮,而是重新關注那些身邊的事物、活在現實中的方式和對時間流逝的焦慮」(同上, 159)。

宗教、文化、性別、運動等各種不同的親和傾向,造就出不同的團體;而有些看來較為次要的關注焦點,也可能召集、聚合或凝聚同好而形成團體。這種密集的溝通活動也正是滋養新族群主義(néo-tribalisme)的沃土。**環態**(proxémie)[13]因而成為區域、城市的主要象徵:人類透過各種關係(人際關係、地界、城市、團體、歷史等)來自我定義。這是一種以地域活動、小團體、族群為研究對象的社會學;而族群則是透過同一組溝通**網絡**,以共同的**倫理**和**歸屬感**為基礎所形成的。這些都市族群擁有自己特殊的儀式和神話,它們不僅傳述團體本身的歷史以鞏固團體,同時更注重實踐以強化凝聚。在社會網眼中,這些族群和個人歸屬相互重疊或拒斥,從而出現了寬容或隔離的現象。這也正是「環態遊戲構成了一種多核星雲的明證」(同上, 179)。總而言之,大眾和族群之間的辯證關係告訴我們,每次當理性或一般規則油然浮現並企圖支

---

[12] "Tribu"直譯為部落,在此譯為族群,"le tribal"是為其名詞化形容詞。在馬飛左里的語彙中,該詞指的是廣義的族群,特別是具有共同習性及信仰的一群人,但卻不一定具備相同的文化背景或血緣關係,如流氓幫派或搖滾樂迷俱樂部等。——譯註

[13] 該詞源自英文,係一研究動物或人類如何利用空間的學問。——譯註

配一切時，反動總是因應而生：某些人所指望的齊一化，後果往往助長了地域活動、族群活動、想相甚至於神話，這些由網絡所促生的社群性形式(同上, 182)。

這種族群的社會—人類學完全符合我們先前所提到的相對主義。絕對的真理純屬虛構，不時的修正也絕對必要。因此，觀察者在理解途中勢必得時時調整、步步為營。馬飛左里引述曼海姆(K. Mannheim)道：「我們對觀念的定義，取決於我們的態度和觀點；而立場和觀點則受到了思想中大量下意識推理活動的影響」(馬飛左里, 1985, 196)。社會學應當經營出「一套以未完成知識來處理社群性之未完成結構的知識理論」(馬飛左里, 1985, 198)。因此，這種"理解式的比較主義"，變成了更貼近社會觀點的知識條件。無怪乎馬飛左里將社會學定義成參與(並具有)存在之奧秘的**當代意識型態**(同上, 66)。

馬飛左里的理解社會學把日常生活和社會資料當成現存的事實，在某種意義上，甚至把它們當成自生自衍的現象來解釋。馬飛左里壓根拒絕參考結構和體系，儘管它們可能支撐著他所研究的社群性。然而千方百計地抨擊實證社會學的過度理性傾向，勢必導致其他的疏失。因此，馬飛左里寫道：「讓理解社會學感到興趣的生活世界恆在理論之先，非屬他物而僅為己屬，並以集體經驗為基礎」(同上, 219)。馬飛左里既援用**生活世界**的觀念(和哈伯馬斯一樣)，卻又拒絕參考體系或結構這些生活世界賴以拓展的基礎，這說明了他蓄意裁減社會學的研究對象。

事實上，我們不可能片面主張社會學應該自限於分析地域活動、微觀社會活動、社會性、日常活動和直接社會關係而無視社會中的緊張或大規模運動；社會學也不能絕口不提經濟學、史學和文化人類學的研究成果，否則很可能再次落入社會學出現之前的現象學窠臼之中。

此外，將研究不穩定性、"常動成份"、或未臻完善的社群動力當成一種"軟性"的方法，未免失之輕率。因為，如果我們採信這種方法現實主義，那麼難道分析社會衝突、戰爭或國家就得用暴力的方法，而分析社會和諧則只能訴諸愛的方法？換句話說，是不是為了分析綠色，方法也得是綠的？

就抗拒理性之獨裁而言，馬飛左里繼莒杭之後所做的努力，絕對有其正面價值；但也犯不著拳打腳踢以致矯枉過正。古代以來，人類便不斷地質問著，"理性"在社會中和知識中應有的地位。今天我們則必須感激法蘭克福學派從哲學和社會學角度出發，重新釐定這個問題的。

## 三、從法蘭克福學派到哈伯馬斯

法蘭克福學派(1923-1970)以建立一門結合社會(甚或經濟)、哲學和歷史，同時兼顧文化和美學的"批判社會學"為宗旨。這個嘗試同時也延伸成為學派健將哈伯馬斯的中心關懷。

由於篇幅所限，在此並不能對學派的著述內容多作解釋。我們僅介紹學派的研究精神，以強調其日久彌新的豐富內涵。同樣的，我們也只能略述哈伯馬斯的著作大綱、點出其重要性，並請讀者自行發掘。

# 1.法蘭克福學派的批判理論

　　為了掌握法蘭克福學派的宗旨，我們勢必得進入德國的學術脈絡，放棄傳統上對哲學、社會學和史學所做的區分。事實上，各種社會概念所發展出來的新領域，不僅影響到歷史和文明的反省，同時也廣披社會活動的研究範圍。霍克海默(M. Horkheimer, 1895-1973)將這套規劃定義為**社會哲學**並賦予新詮：它不再是一個具有確定效度的同質領域，而是研究(以觀念要求為基礎之)哲學和(以經驗資料為基礎之)科學研究之間究竟如何銜接這個基本問題。這種企圖使得學派成為**知識理論**的重鎮。

　　為了簡介起見，我們可以說學派的著作主要是以(或關係到)霍克海默所提出的批判理論(大約成熟於1937年)為主導。學派同時也批判**德國的觀念哲學**並提倡**社會學**研究中的**經驗檢證**，以及**歷史中的理性批判**。

## 何謂法蘭克福學派？

　　依德國國家教育部1923年2月3日頒佈之法令所籌建的**社會研究所**(Institut für Sozialforschung，原名應為**馬克思主義研究所**)，是為第一屆馬克思主義工作週——參與者主要有盧卡奇、波洛克(Pollock)、維特佛格(Wittfogel)、柯西(Korsch)等人——的延伸。協會會址設於法蘭克福大學校園，首屆由卡爾‧葛云別格(Karl Grünberg)主持，1931年改由馬克思‧霍克海默(Marx Horkheimer)繼掌。協會分別在日內瓦、巴黎、倫敦成立分會。從1933年起，分會也成為幾位健將的避難所。爾後移師美國以避戰禍，附屬於紐約哥倫比亞大學。1950年重返法蘭克福。

　　法蘭克福學派因此包括了社會研究所時期所開拓的觀念浪潮，這些觀念也和一些散見各地、遠離法蘭克福的學者精神相契(像馬庫色就從未返回法蘭克福)。這種思想上的團結實以批判理論(下詳)為中心。除了霍克海默之外，健將尚有鐵歐鐸・阿多諾(Theodor Adorno, 1903-1969著有《啓蒙辯證》，*Dialektik der Aufklärung* 法譯 *Dialectique de la Raison*, 1947與霍克海默合著，以及《否定辯證》，*Dialectique Négative*, 1960)、瓦特・班雅明(Walter Benjamin, 1892-1940)，赫伯特・馬庫色(Herbert Marcuse, 1898-1978, 著有《愛欲與文明》，*Eros et civilisation*, 1955,《單面人》, *L'homme unidimensionnel*, 1964)，以及艾力希・佛洛姆(Erich Fromm)等人。

## 1)邁向批判社會學

　　法蘭克福學派的主要關懷在於：研發一種能夠調解歷史現行危機和思考現行危機的工具(批判理論)。這也正是學派——同時也大力批判黑格爾、齊克果、胡賽爾學說——的哲學基礎。此外，批判理論也積極反省自己的立場及作為，否認理論在現行社會秩序中的傳統功能及角色；在這個層次上，它也極具批判特色。換句話說，批判理論的目的之一，便是去揭露現實的隱藏面目(參見布赫迪厄，第29章)。

　　因此，首要的工作便是將批判原則——學派的理論基礎——應用於**社會**之上。這便是為什麼我們可以稱之為**批判社會學**的原因：引用批判理論，亦即用之於社會領域中；這正是法蘭克福學派深具批判性的知識關懷。

　　學派的理論主要受到了**馬克思主義**和**心理分析**的啓發。無怪

乎法蘭克福學派的主要社會學著述先是研究支配，爾後則是**權威**
——社會與個人的接合點。1936年的**家庭與權威研究**，是社會研
究所歷時五年的研究成績。此一集體研究(霍克海默、馬庫色、佛
洛姆……)同時處理個人的社會化、認同及支配等問題。稍後在美
國流亡期間，學派陸續出版相關論述。

　　法蘭克福學派對馬克思主義的貢獻(特別是霍克海默的作品)既
非政治、亦非經濟(就馬克思賦予無產階級的歷史使命而言)，而是
哲學和"理論"方面的建樹。一方面，霍克海默是在解讀過康德和
黑格爾之後，才開始處理馬克思，視馬克思為康德主義和黑格爾
主義的超越；另一方面，這也正是霍克海默眼中馬克思的貢獻所
在。此外，他也強調馬克思所研發的觀念如階級、剝削、剩餘價
值等，不但具有解釋能力，同時更具備了**批判**性。

　　在批判理論中，心理分析自然矯正了馬克思主義取向的偏
頗：它不僅可以用來研究**個人**，更可以拿來研究社會過程中的**無
意識**層面。法蘭克福心理分析協會於1929年因應成立，隸屬大學
部並得到霍克海默的支持贊助。然而心理分析和馬克思的結合卻
從未實現。以心理分析作為理論基礎的作者，主要是佛洛姆和馬
庫色(《愛欲與文明》，1955)。

　　方法上的齟齬不斷揪扯著批判社會學；而社會學本身則在經
驗主義(包括"美國"時期的量化經驗主義)和批判理論之間擺盪不
定。對阿多諾而言，經驗和理論永遠不在同一道連續線上。因
此，維持這種二元性以及其間之張力自有必要。而哈伯馬斯則主
張結合二者以進行一場知識革命(下詳)。

## 2)歷史理性批判

批判理論首先是一種用之於社會的**知識理論**，因此又名**批判社會學**。晚近則以探索**理性和歷史**之間的關連以及歷史的意義爲主。

霍克海默和阿多諾在《啓蒙辯證》(1947)一書中，探討抹黑人性的野蠻行爲：「理性的自我毀滅」。作者指責理性是人類企圖支配自然的理性理想；它與生俱來，並在啓蒙哲學中開花結果：「最主要的矛盾便是理性在自我工具化的同時，也把自然轉化爲工具；而自然則週期性地進行報復、反抗這種奴役」(1987, 101)。

"工具理性批判"強調：理性於自身之中已蘊含著支配的種子。如此一來，批判理性似乎走入了死胡同：它不但拒絕和理性企圖決裂，甚至以理性天生的支配傾向來批判理性。面對著這個矛盾，理論設想出幾種解決方式。一方面，它建議回歸**主體性**，重新引入世界的意義；另一方面則提倡保留**個人的自主**(霍克海默，《批判理論今昔》, *La Théorie critique hier et aujourd'hui*, 1970)。但批判理論特別提出了**美學**做爲出路：「就象徵層次而言，這牽涉到喚回孩提時代的嬉戲，以對抗成人理性——亦即支配理性——的嚴峻；這構成了一種美學時刻的再活化。……事實上，藝術所代表的文化具體現象亦有其矛盾：它一方面既反應了活躍於文明中的野蠻成分，另一方面卻也是"幸福的允諾"，因此也是擺脫支配的法門，儘管窒礙叢生」(P. L. Assoun, 102, 108)。

換句話說，藝術作品的批判潛能，正是批判理論批鬥歷史理性時所祭出的法寶。根據阿多諾的看法，藝術「向來就是，而且仍是人類抗拒制度壓迫——權威、宗敎、或其它類型的支配，當然也包括它們的制度實體——的反叛力量」(《音樂的社會情境》,

*La situation sociale de la musique*, 1932)。

　　阿多諾因此從爵士樂(1936)、荀白格(Schönberg)的十二音系音樂(1949)以及華格納的音樂(1952)出發，發展出一套批判音樂學。

　　至於班雅明則大力批判有損藝術作品之獨特性的大量複製。作品的規格化不但使得藝術的儀式性消失殆盡，其批判力也大受斲傷：「隨著藝術作品的社會涵義日漸縮減，群眾也感受到了批判精神和快感行為分道揚鑣……。看電影的時候，批判和快感總是結合在一起」(班雅明，《科技複製時代的藝術作品》，*L'oeuvre d'art à l'ère de sa reproductibilité technique*, 1936)。

　　班雅明因此同時解決了"美學平庸化"(banalisation de l'esthétique)以及"政治生活的美學"：藝術喪失了它的批判功能。60年代馬庫色反對"大眾文化"和"工業文化"，也是出於同樣的理由。

　　批判理論從唯心論批判出發，挑戰歷史理性，並企圖建立一門研究社會的科學。但由於沒有更好的解決方式，學派只得權宜提出一套批判美學。哈伯馬斯賡續學派志業，轉化問題，從而開拓出其它的理論出路。

## 2.哈伯馬斯與溝通行動

　　與其說哈伯馬斯(J. Habermas, 1929-，曾擔任過阿多諾在法蘭克福的助理)是法蘭克福學派的代表，倒不如說他繼承了學派的衣缽。晚近大作《溝通行動理論》(*Théorie de l'agir communicationnel*, 1981年於西德出版，1987年譯為法文)嘗試建立一套社會理論。我們在此只能扼要介紹哈伯馬斯處理**哲學與社會科學之間的張力**(這種張力在學派前輩的批判理論中屢見不鮮)，以及如何**超越工具理**

**性批判**的部份。

## 1)工具理性與溝通理性

　　哈伯馬斯認為霍克海默或阿多諾提出的工具理性批判，重彈黑格爾派歷史哲學的老調；他試圖和這種理性的先驗觀念一刀兩斷，強調理性不過是種工具，一種在生活世界中支撐著吾人活動的日常工作利器。本此，哈伯馬斯拒絕把理性純然抽象化(亦即抽離一切的現實和實踐)，以便重新將理性導入社會行動邏輯，特別是是社會行動的主要層面——溝通——之中。換句話說，他並不想高談闊論理性這個概念，而是以科學方式來分析溝通之中的行動理性。這種**溝通理性**在溝通行動之中舉足輕重；而其成功的條件，則為團體中個人與個人之間的相互理解。

　　哈伯馬斯以英語系的語言哲學為基礎來建構**溝通行動**：他認為溝通行動有別於目的行動(l'agir téléologique, 以實現某種目的為主，因此具有一套策略)、規範行動(l'agir régulé par des normes, 社會群體的成員依據價值來行動)和戲劇行動(l'agir dramaturgique, 就互動論的意義而言，參見第7章)。溝通行動的觀念「牽涉到的至少是兩位具有說話能力和行動能力，以口頭方式或非口頭方式進入人際關係的主體。行動者針對行動情境尋求默契以取得共識、調整行動計畫和行動。**詮釋**這個中心觀念，特別關係到各種情境釋義之間的協調，以達成共識為目的。在這種行動模式之中，語言佔了優勢地位」(哈伯馬斯, 1987, 102)。

　　語言的一切功能只有在溝通行動之中才得以具現；這也正是語言媒介之所以地位優勢的原因。事實上，在其它的行動模式裡，至多只出現了一種溝通類型。「**第一種**類型，是行動者之間的間接相互理解，雖然目標各自不同，但皆欲其實現；**第二種**類型是共識活動，行動者只是在實現一種既存的規範性協議；**第三種**類型則是粉墨登場、面對觀眾。在上述每一種類型之中，實際上只出現了一種語言功能：引申效應(effets perlocutaires)[14]的啓動、人際關係的建立以及生活經驗的表達。相對地，溝通模式卻在同一個層次上，運用到了語言的一切功能」(同上, 111)。

換句話說，只有在溝通行動之中，「語言才是一種未經裁減的相互理解媒介。在相互理解裡，言者和聽者各自從詮釋過了的生活世界這個地平線出發，以客觀、世界、社會世界和主觀世界中的某些事物爲基礎，協商出對情境的共同定義」(同上)。

哈伯馬斯在通盤考量過理解社會學(韋伯)、相互理解及互動社會學(米德、涂爾幹)以及行動社會學(帕森斯)等各家理論之後，提出了攸關生活世界的理性問題；而由此導出的溝通行動，自然也成爲一套關於理性的理論(II, 400)。如此一來，懸而未決的就只剩溝通行動理論介乎哲學和社會科學之間的地位問題。這也正是法蘭克福學派批判理論的原始課題。

## 2)元始批判理論的末日？

哈伯馬斯所強調的回歸理性，徹底轉化了問題：他一方面著手進行社會活動和理論的**內在統一**——因爲二者使用的理性原無二致；另一方面工具理性批判也不再必要，因爲哲學這種元始批判理論(méta-théorie critique)沒有理由繼續存在。哲學不斷向社會

---

[14] 引伸(perlocutoire)：未直接包含於表陳(énoncé)之中，但卻因話語情境而產生的語言效應。

科學靠攏；而社會科學和社會過程則使用相同的工具：理性。換句話說，建立社會批判理論的一切條件，全都匯聚在溝通行動之中。理論也因此成為一種"社會學理性的批判"(critique de la raison socio-logique)。

哈伯馬斯建議重新研究"社會研究所"從1940年開始，因成員散滯紐約而逐漸放棄的課題。為了達成這個目的，他嘗試整合作為哲學的理性(溝通行動)理論和社會科學。但問題是，和社會科學相較之下，溝通行動理論的實際地位究竟為何？它是社會科學的一般方法？一種(社會)科學的哲學？抑或一種知識論綱領？哈伯馬斯並不認為「溝通行動理論因其研究基礎理論的企圖(prétention fondementaliste)而應受譴責」(1987, 440)。只有未來的社會研究——它們亦將置身於溝通行動的軌跡之中——才能證實這一點。儘管哈伯馬斯極力辯護，但就目前而言，仍然不乏有人視溝通行動理論為一哲學上的新型元始理論(根據傳統的學術劃分)。

我們則認為哈伯馬斯豐碩的研究成果是一種"現實抽象"(abstractions réelles)的研究；它嘗試解釋生活世界和體系之間的輪軸關係。

### 3)溝通行動作為"現實抽象"

哈伯馬斯拿他的社會批判理論，來研究他所謂的「社會國家對階級衝突的調停」(II, 367)或「階級衝突的制度化」(II, 383)，亦即行政化了的後期資本主義結構。說的更具體一點，分析的內容主要是**體系**(經濟和國家)元素和**生活世界**(私人層面公共空間)元素之間的四種交換關係及其條件之演變。薪資階級、消費者、官僚和市民等身份，正是圍繞著這些交換關係逐漸結晶成形的角色。

　　馬克思的價值理論只考慮到以勞動力換取薪資，因此它只能在經濟和勞動範圍內處理物化的問題。哈伯馬斯則擴大運用價值理論或"現實抽象"來解釋其它的社會交換，譬如市民和國家的關係。這是解釋階級衝突的不二法門。在此之前，階級衝突這個範疇，只被拿來解釋某部份的社會現象而已。

　　馬克思以價值理論揭穿隱藏在商品物化背後的剝削過程；哈伯馬斯則嘗試以溝通行動來診斷並解釋現代的病態：「一種社會理論如果光是聲稱其原則具有普遍性，但卻無法以其解釋對象來反證這些原則，那麼它只不過是在自圓其說；馬克思早先便已經以抽象勞動為例，指出了這一點。我稍早曾經把具體勞動的抽象或未分化(indifférenciation)詮釋成一種替代(substitution)的特殊案例：它是被溝通組織起來的行動層面，或被中項(médiums)調節疏通的互動層面——這種詮釋是借助**另**一個範疇，亦即邁向相互理解的行動範疇，來矯治生活世界的扭曲。馬克思針對"勞動"所說的一切，同樣也適用於溝通行動：……儘管最抽象的範疇對任何時代均為有效(因其抽象之故)，但它們仍舊是歷史條件的產物，只有在其有效範圍內才擁有最完整的效度。而溝通行動理論恰好能夠解釋個中原委：社會發展應當客觀地為當代人開闢出一條直指其生活世界之結構的康莊大道」(哈伯馬斯, 1987, II, 444)。

　　透過此番計畫性的宣告，哈伯馬斯強調同時研究結構(或體系)和生活世界(如行動者身處其中，行動者心目中的生活世界)的必要性。而溝通行動則是允許我們遊走兩端的"現實抽象"；但這個概念架構是否行得通呢？現在回答這個問題還為時過早。大有其它的社會學者提出其它的方法來理解社會的複雜，達倫朵夫關於**權威**的研究便是一例。

# 四、達倫朵夫：再訪馬克思

## 1.結構變遷中的階級衝突

　　羅爾夫・達倫朵夫(Ralph Dahrendorf)極力強調階級衝突的重要性並以此來解釋結構變遷。對他而言，一切社會現實皆由消長和衝突所形成；雖然他在節骨眼上遠離馬克思，但他仍然認為我們勢必得從馬克思的社會階級論出發，因為學說中的啟發原則實在博大精深：「不論馬克思犯了什麼樣的錯誤，但他的的確確發現了在衝突中組織起階級和社會團體的力量」(1972, 126)。

　　衝突是達倫朵夫的中心思想，也是《工業社會中的階級與階級衝突》一書的主要關懷：「情況似乎是，不僅在社會生活之中，而是一切有生命處即有衝突。或者我們甚至可以說，衝突是生命的**必要**條件？無論如何，我主張在個人、其團體或其社會生活中的一切創造、革新和進步，在一定的程度上，都必須歸功團體之間、個人之間，或甚至個人體內不同情感之間的衝突」(達倫朵夫，1972, 210)。這並不是一種消解緊張、如考舍(L. Coser)所提倡的整合主義觀念，而是一種解釋結構變遷的衝突理論：「我們所提出的理論，其目的在於以團體衝突來分析結構變遷」(同上，239)。

　　達倫朵夫筆下的衝突(conflit)、對立(antagonisme)和矛盾(contradiction)等字眼的意義相去不多，但行文中仍然以衝突為主，定義如下：「我以衝突這個術語來指稱抗議、敵對、爭執或緊張，它同時也包括了社會力之間的顯著衝撞。如果不同團體的目的歧異得無可化解——舉個最通常的例子，譬如雙方爭奪一個只能屬於一方或部份屬於一方的事物——，那麼其中的關係即為社會衝突關係……。衝突可以內戰的形式出現，但也可以國會辯論、罷工、或程序協商等型態出現」(同上，137)。在這些一般衝突之中(它們可能是種族或宗教團體之間的衝突)，達倫朵夫獨鐘**階級衝突**。

## 2.階級衝突：從財產到權威

馬克思認為階級衝突的發生，係因**生產資料**為衝突中的一方所**持有**，達倫朵夫則反對這個論點。如果說某個歷史時刻(十九世紀)的情況果真如此，那麼這個命題不見得就因此放諸四海皆準。事實上，資本如今不再是幾個資本家族的財產，它被消溶在股份會社這種企業的一般形式之中。然而階級衝突並未消失：它不再以生產資料的持有為基礎，而是以**權威**(autorité)為基礎：事實上，股份會社(或今天的合作企業或國營企業)意味著資本持有和企業管理的分離。資本持有人不再指揮企業，而是聘請經理代為行使職權，而經理也因此成為企業管理的合法權威；所以，「合法持有與實際操控一旦分纂，那麼，把社會劃分為生產資料持有人和非持有人的階級理論，也就跟著喪失掉一切的分析價值」(同上，138)。達倫朵夫以**權威**來取代**財產持有**這個標準；權威「因而形成了一種更普遍、更具意義的社會關係」(p.175)。

達倫朵夫重新採用韋伯對權力和權威所做的區分：權力是「在社會關係中，行動者不顧一切反抗，強迫他人接受一己意願的可能性，它與造成這種可能性的理由完全無涉」；而權威則是「一道具有特殊既定內容之命令為一既定團體所遵守的可能性」(韋伯,1971)。因此,權力主要牽涉到個人的人格,而權威則通常附屬於一種角色、功能或社會地位。換句話說,如果權力是一種事實的簡單關係,那麼,**權威便是一種支配和隸屬的正當關係**。

在郭其野(參見第5章)的體系策略分析之中,組織及其不確定地帶,創造了多少有點複雜的權力遊戲或權力關係;這些權力遊戲本身則形成另一種組織。相反地,達倫朵夫卻宣稱「在一切社會組織中,某些地位被賦予控制其他地位的權利,以確保有效的強制;換言之,在社會組織中,存在著權力和權威的差別分配」(1972, 167)。「權威的差別分配,往往就是系統性社會衝突的決定因素」(同上)。這種系統性社會衝突,他也稱之爲權威關係中的團體衝突或階級衝突。

達倫朵夫認爲,權威關係向來就是**支配**和**隸屬**的關係(p. 169)。就此二元面相而言,這層關係在衝突中形成了**兩個**團體,且僅只兩個(p. 175)。

這個以權威爲基礎、以解釋社會結構之變遷爲職志的衝突理論,如果想要臻至完善,勢必得具備一套能夠掌握衝突團體特色並點出衝突所在的方法。

## 3.衝突階級與衝突團體

同達倫朵夫一樣,我們暫且放棄階級和階級衝突這兩個概念,代之以衝突團體和團體衝突。在團體衝突之中,兩個團體各自佔據相對位置:支配的一方力圖維持讓它得以擁有權威的結構;而被支配的一方,則嘗試改變剝奪其成員之權威的社會結構。

　　達倫朵夫區分出每個團體的**潛利益**(les intérêts latents, 每個團體角色的利益牽涉到它們在權威關係中的地位)，以及當潛利益轉變成意識目標時，所形成的**顯利益**(les intérêts manifestes)。**準團體**(quasi-groupes)或潛團體，聚集追求潛利益的個人。這些個人可能具有一種共同行為文化；但在權威關係中，他們並未以這種共同地位為基礎而組織起來。相反地，**利益團體**(les groupes d'intérêts)則擁有公開攻擊或防衛既存結構之正當性的行動計畫。在由準團體轉化為利益團體的過程中，某些技術、政治、溝通和心理方面的條件不可或缺。

　　達倫朵夫對於是否沿用**階級**這個馬克思主義觀念，幾經斟酌，最後仍然予以保留，企圖以此來啟迪人心。「"階級"一詞指的是在由權威所決定的結合中[15]，由於權威分配不均所造成的衝突團體」(同上, 207)。根據他的說法，這個定義具備了一般性質，只有當他想作更進一步的分析時，才會使用準團體或利益團體這樣的術語。他還建議以「階級作為衝突團體」這樣的定義，來取代"階級"和"衝突團體"二詞的交互使用。

## 4.衝突交疊與結構變遷

　　以權威為基礎的階級衝突理論排除了其他不是建立在權威之上的社會衝突。社會體系或由權威所決定的結合往往型態多元。因此，「兩個階級的模型並不足以解釋全體社會，至多只能處理

---

[15] 達倫朵夫以韋伯的概念——由權威所決定的結合(association régie par l'autorité)——來取代體系或社會體系。

社會之中的特殊結合(其中當然包括了國家這樣的封閉性結合，亦即政治層面的社會整體)」(達倫朵夫，1972, 215)。所以，我們往往面對著各式各樣的衝突團體和四下散佈的衝突而手足無措。事實上，衝突往往**交互重疊**。而達倫朵夫則認為，我們頂多只能掌握到一小部份的主導衝突。以國家、工業、教會這三種結合為例，達倫朵夫指出；在這三種體系之中，佔支配地位的很可能是同樣的個人(換句話說，其他人都只能處於隸屬地位)。因此，在不同的結合之中，衝突團體的實有數目是一樣的：「這點對實際衝突的暴力和強度而言，極其重要」(同上，215)。

　　在由權威所決定的結合之中，如果團體衝突導致衝突地位的改變，那麼結構勢必也得跟著改變(p. 234)。一旦汰換全面而徹底(如1917年的俄國)，便形成革命。但也有可能只是部份的汰換(譬如西方民主政體中，國會多數黨的改變)，那麼這便只是一種事實演變。最常見也最重要的情況，要算是「朝著隸屬團體所欲的方向演進，但其成員尚未能取得主導地位的結構變遷」(同上，235)。這種**衝突調節**不但緩和了突如其來的衝突(例如，在工業發達國家中，薪資協調甚至可能導致階級衝突的制度化)，同時也讓變遷得以循序漸進。

　　如此一來，這還算得上是結構變遷麼？達倫朵夫認為，結構中的變遷與結構變遷之間存在著一種連續性。即使我們同意這種看法，我們卻不能肯定他所提出的案例屬於結構變遷；其實它更像是一種暫時性的局部調適。無論如何，達倫朵夫遠離一切整合主義、嘗試為馬克思階級衝突理論灌注新血；光是這一點，就足以讓他名垂社會學史。我們也試著由此來批判達倫朵夫的論點，為來日的衝突理論釐定標準。

# 五、歷史──社會活動與日常生活的內爆

一般而言，前幾頁(或前幾章)所介紹的諸家理論，大多受制於章首所提及的理論瑕疵。儘管學者努力再三周延立論，但談及**衝突**的學說，大多低估了社會關係規範及**共識**；而處理體系或**社會結構**的理論卻又忽略了**日常實踐**；至於標舉理性大纛的理論則忘了想相，反之亦然。

但有些作者仍然試著去解決這些困難，例如杜恆便以**歷史性**(historicité)這個觀念，提出社會的定位問題，同時──這是種可能的詮釋──結合社會的想相表現及理性實踐(勞動)，並且考慮到了階級(和聯盟)關係的問題。這便是爲什麼我們得以漫長的篇幅來討論杜恆的學說。然而我們還是可以觀察到，由於作者本身的主觀偏見，有些面向仍然結結實實地被拒於門外(見第6章)。

同樣的，或許是繼法蘭克福學派之後，卡斯多里阿底斯追究歷史的**意義**並結論道：歷史意義並不屬於理性範圍，這是一種植基於心靈層面的**想相創造**。剩下的工作，便是去揭露心理想相轉化爲社會想相的過程。

而布赫迪厄鑑於其他研究大多處理社會階級的社會──經濟結構，轉而側重研究各種實踐的**象徵**層面。矛盾的是，他卻陷入了一種象徵的經濟主義之中(以古典政治經濟學的規則套用於象徵資本之上)。然而"計算"，或說的更廣泛一點，"理性步驟"(就習態內在而非意識的策略這層意義而言)卻幾乎沒有留給想相任何餘地(見第8章)。

阿圖塞對馬克思《資本論》的重新解讀，則提出下層結構到上層結構之間的連續性；在上層結構之中，意識型態是一種行動

者和現實之間的**想相**關係。儘管這三層架構(經濟、法律—政治、意識型態—文化)具有教學上的價值，它仍然是個極端簡化的模型：由上而下的"辯證效應"，並未能減緩經濟決定論的機械性格，因為辯證的內涵在此已被剮剔一空，成了掩飾(而非解決)實際問題的形式概念。或許對馬克思更透徹的解讀仍有待來者。

因此，我們面臨著一個方法上的困境：如何理解複雜的現象，同時兼顧它們的矛盾層面(衝突/共識，理性/想相等)？這正是艾德加‧莫含(Edgar Morin)所提出的基本問題[16]。他尋求一種能夠表達分離事物、但又能**結合分離事物**的方法：「**社會學理論既無法設想對立的統一，也無法設想統一的對立**。部份社會學者只看到了社會體系的統一，另一部份則只看到了對立。對前者而言，對立是次要的；對後者而言，統一不過是表象或面具。然而，我們需要的是一種能夠全面掌握社會的思想；社會不僅是一種**多元統一**(統一與多元兼而有之)，同時也是一種**統一和非統一的結合**」。

「在社會學中，人們是以**結合體**(Gesellschaft)的內涵——由物質、技術、利益等各式互動所構成的體系——來思考社會這個概念。但在某種"愛鄉愛國"的意義上，它卻被設想成社團或**共同體**(Gemeinschaft)」。

---

[16] 內行的讀者可能對我們並未在此獨立處理莫含的作品感到驚訝。除了篇幅所限之外——這永遠是個假藉口，我們提出以下兩點補充理由。他前期處理明星、小鎮普羅多澤(Plodozet)的轉變、奧爾良(Orléans)的傳聞等經驗研究並未能蔚為學術風潮；從1973年起，莫含看來更像是一個以組織的觀念(因而也就超越了體系和操控等觀念，見莫含1981, 28)來處理人類社會科學和自然科學的知識學專家。關於這些知識學層次和典範層次的研究，我們請讀者自行參考本章結尾的書目；其實它們並未直接牽涉到社會學領域。

　　「為了掌握社會這種**結合體/共同體**的雙重本質，我們必須避免分割這兩個概念(它們既對立又互補)，或把社會的概念化約為其中之一。唯有如此，我們才能夠同時理解社會現實的神話層面以及社會神話的現實層面；才能夠同時理解社會/國家，或結合體/共同體的統一與非統一」(1984, 118)。

　　說得更籠統一點，為了避免再落入分離/簡化的原則，或削足適履的線性關係中，莫含提出了**循環性**的觀念：「保留循環性也就是膠合兩道分開來看各自為政、但合起來卻相互排斥的命題，並視二者為一複雜真理的兩個面向；如此一來現實大白：原先被區隔或對立起來的概念，實則相互依存，從而也打開了研究這層關係的大門」(1981, 18)。

　　由此，莫含斷言：「我們的車輪是循環，我們的路途螺旋前進」(同上, 19)。以螺旋來比喻知識理論並非首見，但重要的是把知識論原則運用在既定的研究範圍——社會學之中。

　　在保留循環和螺旋這兩個比喻的情況之下，我們暫且提出**內爆**這個觀念；它應當有助我們掌握同一個現象各個元素之間的**內在關連**。我們僅以此回敬笛卡兒主義傳統方法中的分離取向。

# 1.衝突內爆[17]

　　我們可以以馬克思、考舍、黑諾(J. D. Reynaud)等人的研究(參

---

[17] L'implosion des conflits：在此，"內爆"是相對於將整體的各種元素投射於周邊的"外爆"(explosion)而言的；換句話說，外爆析解元素以利分析，而內爆這種步驟或精神則透過整體及其他元素來分析每個元素，換句話說，它湊合對立的雙方以理解雙方。

見參考書目)為基礎，建立一套嶄新的社會衝突觀(其中當然也包括
了引起衝突的矛盾)。前文所承諾的理論檢討，我們先從達倫朵夫
的衝突研究著手。批判主要可以從兩方面來進行：衝突可以是二
者以上的多元衝突；而現實社會中也常見衝突的階層化。

## 1)開向共識大道的多元衝突

我們可以理解為什麼達倫朵夫必須保留二元辯證並以抽象方
式來定義**權威**關係：因為權威關係的特徵正是一方支配、一方隸
從；這點決定了衝突之中只能有兩個階級。一旦我們放棄這個抽
象理念，社會現實即成為我們周延衝突理論的最佳試金石：衝突
團體可能不止兩方。

達倫朵夫研發了多元衝突的理論素材，藉此批判馬克思對於
資本解消及勞動分散的看法。他一方面證實了資本持有人和經理
的分家改變了"衝突團體的成分"，並結論道：「資本的分散造成
了衝突樣式的改變」(達倫朵夫, 1972, 49)。另一方面，他質疑工人
階級的統一和同質性：「歷史已經讓這個社會階層失去了原有的
地位和社會角色，並代之以期待各自不同、甚至彼此衝突的多元
角色」(同上, 50)。

透過這些實際素材，我們看到了一位猶豫不決的達倫朵夫。
他雖然強調衝突內容的改變以便接著再兜回到二元衝突，但這並
不能阻止我們去思考一種三元、四元、五元、或五元以上的衝
突。此外，這些衝突元素也可能暫時結盟共謀利益。看來唯一的
刮刀就只剩這種衝突理論的清楚程度了。但這把刮刀卻也只有在

我們堅持推理的二元模式時[18]，才可能有效。在這份學術遺產中，文化和哲學的部份何在？在這個世界觀之中，笛卡兒、黑格爾、馬克思，他們的地位又何在？

弗因德(J. Freund)順著齊默的直覺繼續開拓，指出了衝突中**第三者**的重要性(在齊默之前的社會理論，多將衝突視爲二元對立)。第三者意味著**決裂**：因爲一方面，他(它)爲第四者、第五者的介入打開了大門；另一方面，他(它)也打破了二元平衡狀態，同時植入了少數—多數的關係(弗因德[19]，齊默法譯本序，1981，65-66)。齊默視衝突爲無可豁免的情境，它是社會化的基礎。一旦知曉齊默賦予衝突的重要性之後，我們自然也可以理解爲什麼他對數字"三"情有獨鍾。

如果支配和隸從這兩個概念仍舊派得上用場，那麼三元(或以上)衝突則引進一個比簡單二元論更貼近現實、更**動態**的空間。多元衝突不但考慮到了**對立**和分歧，同時也考慮到了**聯盟**；換句話說，它兼顧(在衝突之中以游移不定之聯盟爲中心的)運動與(在每一個衝突項內部和持久性聯盟之中的)秩序。

一份針對70年代阿爾及利亞社會階級的分析報告則指出[20]，多

---

[18] 侯雪在談到權威個人(或團體)提出或發動改革、但爲他者拒絕時，曾意識到這樣的問題，但他並未進一步探討。

[19] 參見J. Frdund, "Le rôle du tiers dans les conflits"(〈衝突中第三者的角色〉), *Études Polémologiques*, 1975, n. 17, p. 68 ff.。

[20] 參見J. P. Durand, "Exacerbation des contradictions sociales et resserrement des alliances politiques en Algérie"(〈阿爾及利亞的政治聯盟之密切與社會矛盾之加劇〉), *Annuaire de l'Afrique du Nord-1977*, Paris, CNRS, 1978); H. Tengour, *L'Algérie et ses populations*(《阿爾及利亞及其人民》), Bruxelles, Ed. Complexe, 1978)。

虧一筆可供挪用的石油公債，聯盟、以及由聯盟所產生的共識，掩飾了利益分歧並"舒緩"了對立階級的關係。

## 2)衝突的階層化

　　我們也可以質問：為什麼達倫朵夫引進一切的**權威**衝突，但卻獨棄生產資料之**持有**於不顧？我們認為似乎存在著另外一種解釋，既能夠掌握生產過程中的利益分歧，同時也保留馬克思本人的價值理論，以及達倫朵夫對分別處理資本持有及資本管理的批判：它是一種**把價值囤積在單一點上（資本家或／和國家）**的概念，換個說法，此一概念繼續維持著生產者與生產資料的分野。它指出了不論在什麼樣的情況下，我們都參與了資本的持續累積，但價值生產者卻無由介入資本的使用：不論資本屬於小持有人，或是「國家這樣的人民整體」(如蘇維埃憲法所規定)，或是幾位富可敵國的資本家，資本的使用完全不為生產者所掌握……。馬克思指出：資本累積的邏輯，不但控制著持有人，同時也控制著公務人員。儘管詳情需要更多的篇幅才能交代清楚，我們仍然可以透過現行資本主義(即人民股東制)或國家社會主義這樣的個案，來理解個中奧妙。

　　然而，為了不至於重蹈覆轍，我們仍舊不應該認定衝突為解讀社會的唯一方式。社會團體或個人行動者，似乎越來越被糾結在**一系列本質不同**、但卻瓦疊交錯的衝突之中；時而支配，時而隸從(此外，他們也可以締結同盟)。如果單以不變而唯一的方式來掌握這種複雜的情況，那麼難免落人科學無稽的口實。但是為了解釋某些確切的情境，**衝突的階層化**看來似乎不僅可能、甚至有其必要。換言之，這種階層化既不是唯一的，也不能適用於一切情況；此外，爲了它的效力起見，它似乎應當從**理解**衝突團體的動機所在開始。這點強調了階層化的不穩定性。

## 3)對馬克思的內爆式解讀

資本主義的**生產關係和交換**理論可以視爲馬克思的思想總結。馬克思身處經濟活動迅猛發展的十九世紀，主要著作《政治經濟學批判》便是以這樣的社會環境作爲立論基礎。然而我們可以捫心自問：爲什麼老從經濟角度來解讀馬克思？換句話說，——根據勒非弗(H. Lefèbvre)的看法，馬克思不是催生了一套比《資本論》中的分析更爲普遍有效的方法麼？從生產關係和交換的概念，以及支撐這個概念的歷史唯物論出發，這套方法不是對當今社會的非經濟解讀提供了一些分析原則麼？

在徹底回答這些問題之前，必須注意的是：當我們談到現代社會的本質時，多少受到了一些箝制：我們不應該被各式氾濫的"後期"術語(後現代、後工業、後資本主義……)，以及**資訊社會**這種浮濫的稱謂所迷惑。任何人都不能漠視資訊以及由於資訊處理及儲存技術之進步所引發的轉化。儘管兩個世紀以來變化深鉅，支配社會的仍然是同樣的基本原則；而社會體系的本質也未曾改變，頂多是資訊成了商品，而且昨以國爲界的經濟空間成了今日的世界經濟圈。

社會體系的經常持久，加上資訊空間的驚人成長，沒有人可以禁止我們以最寬廣的意義來使用**交換及生產關係**這個概念：**產品**無所不在，舉凡政治、文化、時尚、言談、日常實踐、神話、儀式、象徵表現等，皆可視爲生產。而在社會團體、階級、種族、行動者之間尋求溝通，或分析這些廣義上的產品流通，這不正是**交換**麼？如果價值理論(一種以剝削來解釋資本主義經濟的概念工具)總結了馬克思的經濟研究，那麼我們勢必得研發新的概念工具來解釋政治、文化、及日常生活種種。我們在此發現了哈伯馬斯的學術計畫：他試圖以**溝通行動**這個新的"現實抽象"，來呈現生活世界的結構。

另一個更具內爆力的傾向，則以**生產力**的觀念為基礎。我們已經看過了馬克思如何在經濟方面使用該觀念、特別是生產力層次和生產關係本質之間的不協調(或矛盾，參見第2章)。阿宏則強調，運用這個屬於經濟活動的觀念，仍得臨淵履薄。畢竟，「一個文明的技術裝備和它的科學知識密不可分[21]」。換個批判角度，我們可以把生產力看成是一種位於生產(及其關係)核心處的概念工具，它肩負著建構社會時所需要的一切：一般的社會關係(家庭、鄰居……)、工作關係(工作及企業組織、階層關係、友誼關係等)，但同時也包括了累積的知識(不論理性與否，科學、詩歌、文學……)、日常文化以及象徵表現等。在這種狀況之下，社會力量以它不欠缺的一切**非物質活動**來充實自己。近來資訊的快速發展即為一例。

總而言之，就像郭其野所說的，既無衝突、亦無緊張的社會並不存在(參見第5章)。無論如何，並不是所有的社會衝突都具有相同的本質；而衝突的階層化——永遠只是暫時的——看來勢不可免。剩下的問題是階層化的型態。但是這些階層化型態的不同本質，卻又讓人難以找出一個使行動和實踐具有意義的共同元素。所以我們只能採取理解的方法。最後，在多元衝突之中，必

---

[21] R. Aron, *Les étapes de la pensée sociologique*, Paris, Gallimard, 1976, p. 186.

然會出現共識以及結盟這樣的區域整合因素。而相互對峙之社會力的暫時制衡，或對立關係的暫趨和緩(由於某種外在因素的強制介入)，也可能導致其它形式的社會和平或共識的出現。

## 2.從勞動到想相

　　一切的人類—社會反省，都會提出**人類社會的繁衍**問題。我們可以從人類的**生殖**(procréation, 生代替死)和**生存**(survie)這兩方面來探討。

　　生殖的範圍是人類的**性生活**，我們知道它在心靈結構中的重要性：此乃**想相**所在，根據莒杭和卡斯多里阿底斯的看法，佛洛依德的學說低估了想相的重要性。

　　人類群體的生存則以廣義的勞動爲中心，亦即人類和環境、自然所織造出來的關係。爲了征服自然，爲了以最有效的方式達成既定目的，人類求助於理性。

　　以上所使用的生存概念，實則涵蓋了人類與其環境之間的整體關係；換句話說，它同時涵蓋了以**社會方式組織起來的勞動**(人們有時也稱之爲"薪資勞動"以有別於其它形式的勞動；儘管在法國，這種勞動只有80%是以薪資給付的)、**家庭勞動**(飲食烹調、住家維修、子女敎養、各式零活等)[22]，以及**休閒和娛樂**(外地度假、旅遊、運動、閱讀、電視……)。

　　人們在家庭或娛樂中所打發的時間不斷增加，社會學也因此

---

[22] 家庭勞動自然也是以社會方式組織起來的。我們使用這個術語爲的是和資薪勞動有所區別，儘管二者關係密切。

傾向研究各式發展中的新課題。這和資訊活動的熱絡以及生活型態的轉變息息相關。

　　然而,我們是不是就此同意杜恆在他晚近作品中所做出的結論:文化超越勞動,而勞動則不再組成社會活動?儘管這二十年來的勞動和生活型態大幅改變,勞動依舊是社會學研究的中心課題(如60-70年代杜恆的行動主義)。

　　以社會方式組織起來的勞動,一向就是人類和自然環境、社會環境之間的重要關係。此外,人類也正是在這層關係中,才能以社會方式組織成團體和階級(這些實踐均拜想相之賜)。這些以生產過程為基礎的勞動關係,同時也決定了**交換關係**,亦即日常生活中不容忽視的消費條件。這不但影響到財富的實際運用,更左右著財富的運用方式(參見布赫迪厄、波迪亞,以及第25章文化社會學)。

　　正因為人類在廣義的生產關係(亦即以某種形式出現的勞動)之中組織階級(社會—歷史活動),整理分配物質財富或象徵性財富(其日常生活),所以勞動研究依然是取得內爆性知識的方法之一。特別是如果我們又能夠同時重視**家庭勞動**(伴隨著性別分工)、掌握它在休閒方面對各種不同娛樂型態的影響,那麼研究自然更趨完善。

　　**同時**,勞動是一種以理性和想像為基礎、不斷從中汲取養分的活動。探討勞動—理性這對觀念的研究報告卷帙浩繁,但是勞動—想相這個主題之遭人冷落卻教人吃驚。舉個例子來說,人們寧可採取心理學的方式,或以**需求**理論來研究組織。

　　想相在勞動中的地位輕忽不得,它不但影響到企業的內部生活(階層、內部神話、參與儀式等種種表現),更左右著勞動的一般進展(勞神的工作、"嶄露頭角"的工作、工作時間的降低、起源於二元或兩性社會的工作、失業等等)。當然，類似的探究也適用於家庭勞動或娛樂。

今天，這一切探討都因資訊充盈而益顯豐富。在資訊之中，理性和想相自然舉足輕重。人們不是已經說道：視訊影像往往比現實更強勢(更眞實？)了麼？

爲了使社會走出它實際所處的除魅狀態，社會學應該重新扶正三個觀念：**衝突、想相和勞動**。談衝突，不該忽略聯盟、共識和整合等概念。回歸想相，也不該只侷限於"日常生活"，而必須與理性和諧共存。至於勞動，則應當重視其縱橫面向：除了建構社會之外，它同時也是日常生活的核心(家庭勞動)；而常被視爲水火不容的勞動和娛樂，卻也往往關係密切(參見原書第25章)。

方法上的爭議仍舊是環扣這些概念工具時的一大賭注：我們應當在"中程理論"之中多加運用循環理論和內爆解讀，以期更接近社會—歷史活動。

## BIBLIOGRAPHIE*

ASSOUN Paul-Laurent : *L'école de Francfort*, Paris, PUF, 1987, 127 p.

BALANDIER Georges : *Sens et puissance*, Paris, PUF, 1971, *1986*, 335 p.

CASTORIADIS Cornelius : *L'institution imaginaire de la société*, Paris, Le Seuil, 1975, 503 p.

CASTORIADIS Cornelius : *Les carrefours du labyrinthe*, Paris, Le Seuil, 1978, 318 p.

DAHRENDORF Ralf : *Classes et conflits de classes dans la société industrielle*, Paris-La-Haye, Mouton, 1972, 341 p. (1957).

DURAND Gilbert : *L'imagination symbolique*, Paris, PUF, 1964, *1984 a*, 133 p.

DURAND Gilbert : *Les structures anthropologiques de l'imaginaire*, Paris, Bordas, 1969, *1984 b*, 536 p.

FERRY Jean-Marc : *Habermas, l'éthique de la communication*, Paris, PUF, 1987, 587 p.

HABERMAS Jürgen : *Morale et communication*, Paris, Ed. du Cerf, 1986, 213 p. (1983).

HABERMAS Jürgen : *Théorie de l'agir communicationnel*, Paris, Fayard, 1987, 2 tomes, 448 p. et 480 p. (1981).

HABERMAS Jürgen : *Logique des Sciences sociales*, Paris, PUF, 1987, 462 p. (1982-1984).

MAFFESOLI Michel : *La violence totalitaire, essai d'anthropologie politique*, Paris, PUF, 1979, 311 p.

MAFFESOLI Michel : *L'ombre de Dionysos, contribution à une sociologie de l'orgie*, Paris, Les Méridiens, 1985.

MAFFESOLI Michel : *La connaissance ordinaire, Précis de sociologie compréhensive*, Paris, Les Méridiens, 1985, 260 p.

MAFFESOLI Michel : *Le temps des tribus, le déclin de l'individualisme dans les sociétés de masse*, Paris, Les Méridiens, 1988, 226 p.

MORIN Edgard : *Le Paradigme perdu : la nature humaine*, Paris, Le Seuil, 1973, coll. Points, *1979*.

MORIN Edgard : *La Méthode*, Paris, Le Seuil, 3 t., 1977, 1980, *1986*, coll. Points, *1981, 1985*.

MORIN Edgar : *Pour sortir du XXᵉ siècle*, Paris, Ed. Nathan, 1981, coll. Points, *1984*, 380 p.

MORIN Edgar : *Sociologie*, Paris, Fayard, 1984, 466 p.

VINCENT Jean-Marie : *La théorie critique de l'École de Francfort*, Paris, Galilée, 1976, 153 p.

# 譯名對照表

abstractions réelles 現實抽象
accumulation 積累
actionnalisme 行動主義
actions critiques 批判行動
adaptations secondaires 二次適應
administrations 行政部門
Adorno, T. 阿多諾
agences 代理單位
agent social 社會作用者
agir dramaturgique 戲劇行動
agir régulé par des normes 規範行動
agrégation 聚合
alter 他人
alter ego 他我
Althusser, L. 阿圖塞
altruiste 利他性
Amiot, M. 阿彌歐
analyse stratégique systématique 體系策略分析
Anderson, N. 安德森
âne de Buridan 畢奚丹之驢
anomique 脫序性
apparence normale 規範表現
Aron, R. 阿宏
autorité 權威
axiomatique de l'intérêt 利益公理體系

Béarn　　　　　　　　　　　　　貝昂
Bachelard, G.　　　　　　　　　巴舍拉
Bales, R. F.　　　　　　　　　　貝爾
Barthez, P. J.　　　　　　　　　巴泰斯
Bauer, B.　　　　　　　　　　　鮑爾
Becker, H.　　　　　　　　　　貝克
Berger, P. L.　　　　　　　　　柏格
Bergson, H.　　　　　　　　　　柏格森
Bernard, C.　　　　　　　　　　別納
Besnier, J. M.　　　　　　　　　貝尼也
Bichat, M-F-X.　　　　　　　　畢夏
Blumer, H.　　　　　　　　　　布蘭姆
bonapartisme　　　　　　　　　波拿巴主義
Boss　　　　　　　　　　　　　黨老大
Bossuet, J.　　　　　　　　　　伯許埃
Boudon, R.　　　　　　　　　　布東
Bouglé, C.　　　　　　　　　　布格雷
bougé　　　　　　　　　　　　　常動成分
Bourdieu, P.　　　　　　　　　布赫迪厄
Bourricaud, F.　　　　　　　　布希果
Boutroux, E.　　　　　　　　　布圖
Buret, E.　　　　　　　　　　　畢黑
Burgess, E.　　　　　　　　　　柏杰斯

Caillé, A.　　　　　　　　　　　蓋野
capital dénié　　　　　　　　　滯資
Carpenter, W.　　　　　　　　　卡本特
Castoriadis, C.　　　　　　　　卡斯多里阿底斯
catégorie hiérarchique　　　　　階層類組
centralisation des décisions　　決策中央化
Centre d'Action et d'Intervention　社會學行動及介入中心
Sociologiques, C.A.D.I.S.
Centre d'Étude des Mouvements　　社會運動研究中心

sociaux, C.E.M.S.

Centre d'Études Sociologique 社會學研究中心

Centre de Sociologie des 組織社會學中心
Organisations

Centre de sociologie européenne 歐洲社會學中心

Centre National de la Recherche 國家科學研究中心
Scientifique, C.N.R.S.

Centres d'Études Sociologiques 社會學研究中心

Chamboredon, J. C. 項波赫東

champs 場域

Chomsky, N. 熊斯基

Cicourel, A. V. 席考若

classes logiques 邏輯階級

cohérence thématique 主題一致

Collège de France 法蘭西學院

compétence artistique 藝術鑑賞能力

complicité 共謀關係

compte-rendu des comptes-rendus 彙報中的彙報

Comte, A. 孔德

conception holiste 全體觀念

conceptualisme 觀念主義

Condillac, E. B. de 鞏迪亞克

conditions de possibilité sociales 社會可能性的條件

Condorcet, M. J. A. 康多塞

conduites de rupture 決裂行為

conduites de transformation 內在轉變行為
interne

constance 恒常

contingence 偶然

conversion 換位

conversions 轉換

Cooley, M. 庫里

corporation 行會

corps propre　　　　　　　　　　自體
correspondance　　　　　　　　　感應
Coser, L.　　　　　　　　　　　　考舍
Coulanges, N. Fustel de　　　　　古朗士
coups　　　　　　　　　　　　　　舉止
Cousin, V.　　　　　　　　　　　古散
Crozier, M.　　　　　　　　　　　郭其野
cybernétique　　　　　　　　　　操控論

Dahl, R.　　　　　　　　　　　　達爾
Dahrendorf, R.　　　　　　　　　達倫朵夫
Darwin, C.　　　　　　　　　　　達爾文
décentralisation　　　　　　　　去中央化
De Greef, G.　　　　　　　　　　德格瑞夫
definition génétique　　　　　　源生性定義
degré de pouvoir　　　　　　　　權力度
degré de propriété　　　　　　　產業度
dérivation　　　　　　　　　　　離差
descriptibilité　　　　　　　　　可說明性
Dewey, J.　　　　　　　　　　　杜威
Dilthey, W.　　　　　　　　　　狄爾泰
discours d'une société　　　　　社會的言談
disposition　　　　　　　　　　　稟性
distinction signifiante　　　　　義涵區辨
donné social　　　　　　　　　　社會資料
double structuration　　　　　　雙重組構
Durand, G.　　　　　　　　　　　莒杭
Durkheim, E.　　　　　　　　　　涂爾幹
dynamique sociétale　　　　　　社群動力
dysfunction　　　　　　　　　　反功能

Ecole libre des sciences politiques　　政治科學自由學校
Ecole Pratique des Hautes Études　　高等研究實踐學校

économiciste — 唯經濟主義

économie des pratiques — 實踐經濟學

effet émergent — 浮顯效應

effet d'agrégation — 聚合效應

effet d'hysteresis — 滯後效應

effet de combinaison — 結合效應

effets de disposition — 稟性效應

effets de système — 體系效應

effets perlocutaires — 引申效應

égoïste — 自利性

Einfühlung — 同感

empirisme microphrénique — 精微經驗主義

Engels, F. — 恩格斯

enregistrement — 記錄

Entzauberung — 除魅

équilibre — 均衡

Espinas, A. — 艾斯比拿

état incorporé — 體現狀態

ethnobotanique — 民族植物學

ethnométhodologie — 民俗方法論

ethnophysiologie — 民族生理學

ethnophysique — 民族物理學

ethnosciences — 民族知識科學

ethos — 心態

euphémisation — 委婉之道

expérience du monde — 世界經驗

facteur directionnel — 導向因子

faculté médiatrice — 調解權能

Fauconnet, P. — 弗公內

Favre, P. — 法弗

Feuerbach, L. — 費爾巴哈

Fischer, K. — 費雪

| | |
|---|---|
| fixisme | 物種不變論 |
| fonctionnaire | 公務人員 |
| fonctions latentes | 潛功能 |
| fonctions manifestes | 顯功能 |
| force de travail | 勞動力 |
| formations des prix | 價格形成 |
| formes normales | 規範形式 |
| Freund, J. | 弗因德 |
| Friedberg, E. | 費里德別 |
| Friedmann, G. | 費德曼 |
| | |
| Garfinkel, H. | 葛芬柯 |
| Gedankenbild | 思想圖像 |
| Gemeinschaft | 共同體 |
| genetischer Begriff | 源生性觀念 |
| Gesellschaft | 結合體 |
| Gierke, | 吉爾克 |
| Glasser | 葛拉舍 |
| Gnade | 恩寵 |
| Goffman, E. | 高夫曼 |
| Grünberg, K. | 葛云別格 |
| grammaire générative | 生成語法 |
| groupes d'intérêts | 利益團體 |
| Guesde, J. | 蓋德 |
| Gurvitch, G. | 居維奇 |
| Guyau, Jean-Marie | 紀友 |
| | |
| Habermas, J. | 哈伯馬斯 |
| habitude mentale | 精神習慣 |
| Habitus | 習態 |
| Halbwachs, M. | 哈伯瓦克斯 |
| Hayek, F. von | 海耶克 |
| Hegel, G. | 黑格爾 |

| | |
|---|---|
| Heidegger, M. | 海德格 |
| herméneutiques amplificatrices | 弘物詮釋學 |
| herméneutiques instauratives | 創建詮釋學 |
| herméneutiques réductrices | 化約詮釋學 |
| hétéoronomie | 他律 |
| Hildebrand, B. | 希爾德龐 |
| historicisme | 歷史主義 |
| historicité | 歷史性 |
| Hobbes, T. | 霍布斯 |
| Homans, G. C | 侯曼 |
| homo oeconomicus | 經濟人 |
| homo sociologicus | 社會人 |
| homo strategicus | 策略人 |
| homo-sociologicus éponge | 海綿—社會(學中的)人 |
| homologie structurale | 結構同系現象 |
| homologies | 位置上的雷同 |
| horde | 群落 |
| horde homogène | 同質群落 |
| Horkheimer, M. | 霍克海默 |
| Hubert, H. | 宇貝 |
| Hughes, E. C. | 休斯 |
| Husserl, E. | 胡塞爾 |
| Huyghe, F. B. | 宇格 |
| | |
| Idealtypus | 理念型 |
| identités | 認同 |
| imaginaire | 想相 |
| imaginaire de la psyché | 心靈想相 |
| imaginaire social | 社會想象 |
| imagination radicale | 初始想像 |
| imagination symbolique | 象徵性想像 |
| implosion | 內爆 |
| implosion des conflits | 衝突內爆 |

imposition du sens　　　　　　　　　強置意義
imprévisibilité　　　　　　　　　　不可預見性
incertitude　　　　　　　　　　　　不確定性
incorporation des structures　　　　社會結構之體現
sociales
indétermination　　　　　　　　　　未決
individualisme institutionnel　　　制式上的個體主義
individualisme volontariste　　　　意志個人主義
individus désincarnés　　　　　　　非具實個體
instinct des combinaisons　　　　　結合本能
Institut des Sciences Sociales du　　勞動社會科學協會
Travail
institution totale　　　　　　　　　全面體制
institutionalized individualism　　制式化的個體主義
intérêts latents　　　　　　　　　　潛利益
intérêts manifestes　　　　　　　　顯利益
interaction symbolique　　　　　　　象徵互動
interactionnisme　　　　　　　　　　互動論
interrelation des motifs des acteurs　行動者動機之間的交互關係
intervention sociologie　　　　　　社會學介入
interventionnistes　　　　　　　　介入主義者

Jaffé, E.　　　　　　　　　　　　亞飛
James, W.　　　　　　　　　　　　詹姆士
Jaurès, J.　　　　　　　　　　　　若赫斯
Jefferson, C.　　　　　　　　　　傑弗森
jeu à somme nulle　　　　　　　　零和遊戲
jeux structurés　　　　　　　　　組構了的遊戲

Kabylie　　　　　　　　　　　　　卡比利亞
Kathedersozialisten　　　　　　　講壇社會主義者
kit-idéologie　　　　　　　　　　工具—意識型態
Kitsuse, J. I.　　　　　　　　　　吉祖斯

| | |
|---|---|
| Kluckhohn, C. R. M. | 克魯克宏 |
| Knies, K. V. | 克尼斯 |
| Korsh, K. | 柯西 |
| | |
| légitimation de l'arbitraire | 任意行爲的正當化 |
| Laboratoire de Sociologie Industrielle | 工業社會學研究室 |
| Lamarck, J-B. | 拉馬克 |
| Lancier, D. | 藍席耶 |
| Lapie, P. | 拉畢 |
| Lavau, G. | 拉沃 |
| Lazarsfeld, P. | 拉薩費爾德 |
| Le Bon, G. | 樂朋 |
| le fonctionnel | 功能活動 |
| Le Play, F. | 勒布雷 |
| le symbolique | 象徵活動 |
| leadership humain | 人爲領導 |
| Leca, J. | 樂卡 |
| Lefèbvre, H. | 勒非弗 |
| Lefèbvre, H. | 勒非弗 |
| leitmotiv | 主題動機 |
| Lemert, E. | 李莫特 |
| liaison intersubjective des motifs | 動機與動機間的互爲主體關係中 |
| Liard, L. | 黎亞 |
| Lietman, R. | 李特曼 |
| Lilienfeld, P. V. | 立林菲爾德 |
| Lipset, S. M. | 李普塞 |
| localisation et contextualisation | 定位與脈絡化 |
| logiques de la fonctionnalité | 功能性邏輯 |
| Loi des trois états | 三階段法則 |
| Lojkine, J. | 羅金 |
| Luckmann, T. | 魯克曼 |

| | |
|---|---|
| Lukacs, G. | 盧卡奇 |
| lumpen prolétariat | 次無產階級 |
| | |
| Maffesoli, M. | 馬飛左里 |
| Maine, Henry-J. S. | 緬因 |
| Malinowski, B. K. | 馬凌諾斯基 |
| Malthus, R. | 馬爾薩斯 |
| management of spoiled identity | 恥辱身份的經營 |
| Mannheim, K. | 曼海姆 |
| March, J. G. | 馬曲 |
| Marcuse, H. | 馬庫色 |
| Matra | 馬特拉 |
| Mauss, M. | 牟斯 |
| Mckenzie, R. | 麥肯奇 |
| Mead, G. H. | 米德 |
| Menger, K. | 門格 |
| Ménilmontant | 梅尼蒙堂 |
| Merleau-Ponty, M. | 梅洛龐蒂 |
| Merton, R. K. | 莫頓 |
| méta-théorie critique | 元始批判理論 |
| méthode des variations concomittantes | 共變法 |
| méthode individualisante | 個案方法 |
| Michelet, J. | 米希雷 |
| middle range | 中程理論 |
| milieu intérieur homéostatique | 恆定體內環境 |
| Mill, J. S. | 彌爾 |
| Millingville | 密林維爾(銀行) |
| Mills, C. W. | 彌爾斯 |
| Milne-Edwards, H. | 米勒—愛德華 |
| mise en scène | 調度演出 |
| mode de connaissance | 知識模式 |
| Monsieur Jourdain | 儒蛋先生 |

Morin, E.　　　　　　　　　　　莫含
motifs en vue de　　　　　　　　　所爲動機, 目的動機
motifs parce que　　　　　　　　　因爲動機, 原因動機

néo-tribalisme　　　　　　　　　　新族群主義
neutralistes　　　　　　　　　　　中立主義者
neutralité axiologique　　　　　　價值中立
Niebuhr, B.　　　　　　　　　　　尼布爾
Nisbet, R. A.　　　　　　　　　　尼斯貝
nomination　　　　　　　　　　　命名

observation in situ　　　　　　　　原地觀察
ordre de ses représentations　　　　表現範疇
ordre négocié　　　　　　　　　　協商出來的秩序
Owen, C.　　　　　　　　　　　　歐文

Padioleau, J. G.　　　　　　　　　巴鳩羅
Pareto, V.　　　　　　　　　　　　巴烈圖
Park, R. E.　　　　　　　　　　　帕克
Parodi, D.　　　　　　　　　　　　巴霍迪
paroles　　　　　　　　　　　　　言語
Parsons, T.　　　　　　　　　　　帕森思
Passeron, J. C.　　　　　　　　　　巴思宏
Peirce, C. S.　　　　　　　　　　皮爾斯
pensée allégorique　　　　　　　　寓言思想
persistance des agrégats　　　　　　集體持恒
perspectivisme　　　　　　　　　　觀相主義
pétition de principe　　　　　　　　丐論
Pizzorno, A.　　　　　　　　　　　皮佐諾
Plekhanov　　　　　　　　　　　　布雷漢諾夫
Pollock,　　　　　　　　　　　　波洛克
Popper, K.　　　　　　　　　　　巴柏
pourquoi y a-t-il quelque chose　　何以有有、而非無有

plutôt que rien

pouvoir de l'expert　　　　　　　　　專家權力

pouvoir hiérarchique fonctionnel　　功能性階層權力

Prädestination　　　　　　　　　　命運預定論

pragmatisme　　　　　　　　　　　實用主義

praxis　　　　　　　　　　　　　　實踐

prédiction créatrice　　　　　　　　創造性預言

préjugé ontologique　　　　　　　　本體論成見

prime éducation　　　　　　　　　最初教育

primum mobile　　　　　　　　　　首要動機

processus cumulatifs　　　　　　　累進過程

processus d'intériorisation de　　　客觀性的內化程序
l'objectivité

processus de transformation　　　　轉化過程

processus oscillatoires　　　　　　擺盪過程

processus répétitifs　　　　　　　重複過程

proxémie　　　　　　　　　　　　環態

Przeworski, A.　　　　　　　　　普澤沃斯基

puissance　　　　　　　　　　　權力


Quetelet, A.　　　　　　　　　　戈德雷


racket　　　　　　　　　　　　　政治分贓

Radcliffe-Brown, A.　　　　　　　布朗

Ralph Linton　　　　　　　　　　林頓

Ranke, L.　　　　　　　　　　　蘭克

réalisme totalitaire　　　　　　　極權(或總體)現實主義

réciprocité des perspectives　　　觀點交互

reconnaissance-méconnaissance　　認可―忽視

Redfield, R.　　　　　　　　　　雷德菲

réflexivité　　　　　　　　　　　自反性

règles impersonnelles　　　　　　非個人規則

régularité　　　　　　　　　　　規律性

Reich, W.　　　　　　　　　　　賴希
relations de pouvoir parallèles　　並行權力關係
Renouvier, C.　　　　　　　　　賀努維耶
représentation　　　　　　　　　演出
reproduction élargie　　　　　　擴大再生產
reproduction simple　　　　　　簡單再生產
résidu　　　　　　　　　　　　存餘
Reynaud, J. D.　　　　　　　　黑諾
Ribot, T.　　　　　　　　　　　希伯
Richard, G.　　　　　　　　　　希夏
Rickert, H.　　　　　　　　　　里克特
Ricoeur, P.　　　　　　　　　　里柯
Rocher, G.　　　　　　　　　　侯雪
Rokkan, S.　　　　　　　　　　羅坎
role set　　　　　　　　　　　角色組
role-taking　　　　　　　　　　角色扮演
Rolle, P.　　　　　　　　　　　體系策略分析
Roscher, W.　　　　　　　　　羅雪
Ruge, A.　　　　　　　　　　　胡格

Sacks, H.　　　　　　　　　　塞克斯
Sainsaulieu　　　　　　　　　散索留
Saint-Simon　　　　　　　　　聖西蒙
sanction répressives　　　　　壓制性制裁
sanctions restitutives　　　　　償復性制裁
Savigny, F. K. V.　　　　　　薩維尼
Say, J. B.　　　　　　　　　塞依
Schäffle, A.　　　　　　　　謝弗勒
Schönberg, A.　　　　　　　荀白格
Schütz, A.　　　　　　　　　舒茲
Schelling, Th.　　　　　　　謝林
Schmoller, G.　　　　　　　史莫勒
Schopenhauer, A.　　　　　叔本華

| | |
|---|---|
| Schumpeter, J. A. | 熊彼得 |
| sémiologie idéaliste | 觀念語意學 |
| sens articulé | 表白意義 |
| sens distinctifs | 區辨性符號 |
| sens incorporé | 體現意義 |
| sens rétrospectif-prospectif | 回溯—展望意義 |
| serendipity | 奇遇 |
| Shegloff, E. | 薛格洛夫 |
| Shetland | 謝特蘭島 |
| Simiand, F. | 希米昂 |
| Simmel, G. | 齊默 |
| Simon, H. A. | 西蒙 |
| sinnhafte Zusammenhang | 義涵關係 |
| situation de travail | 勞動情境 |
| Small, A. W. | 斯默 |
| société à segment unique | 單環社會 |
| société programmée | 規劃社會 |
| sociabilité | 社交性 |
| social role | 社會角色 |
| socialité | 社群性 |
| sociatrie | 社會行為治療 |
| sociologie de la vie quotidienne) | 日常生活社會學 |
| sociologie du dedans | 內在社會學 |
| sociologisme | 社會學主義 |
| soft-idéologie | 軟性—意識型態 |
| solidarité mécanique | 機械凝聚 |
| solidarité organique | 有機凝聚 |
| Sombart, W. | 宋巴特 |
| Spencer, H. | 史賓塞 |
| spiritualiste | 唯靈論 |
| status set | 地位組 |
| Stirner, M. | 史特納 |
| Stone, G. | 史東 |

| | |
|---|---|
| Stouffer, S. | 史杜佛 |
| stratégie gagnante | 穩贏策略 |
| Strauss, A. | 史特勞斯 |
| structuré | 組構 |
| structure du moi | 自我結構 |
| structure segmentaire | 環節結構 |
| sujet anhistorique | 非歷史主體 |
| sujet historique | 歷史主體 |
| surplus du travail | 勞動剩餘 |
| survaleur, plus value | 賸餘價值 |
| symbolisme | 象徵體系 |
| système d'action historique, S.A.H. | 表現範疇 |
| système des procédés interprétatifs | 詮釋過程體系 |
| système social en miniature | 微型社會體系 |
| systématique intellectualiste | 知識分類體系 |
| | |
| Tarde, G. | 塔德 |
| taxinomies instituées | 制式分類 |
| théorie de la production endogène du sens des actions | 行動意義內在產生論 |
| théorie diffusionniste | 擴散理論 |
| Théorie volontariste de l'action | 行動的唯意志理論 |
| Thierry, A. | 提耶里 |
| Thomas, J. P. | 托馬 |
| Thomas, W. I. | 湯馬士 |
| Tocqueville, A. de | 托克維爾 |
| Tönnies, F. | 涂尼斯 |
| totalisme | 總體主義 |
| Touraine, A. | 杜恆 |
| Trasher, F. | 崔雪 |
| typicalité | 典型性 |

| | |
|---|---|
| Universalité de la théophanie | 神顯的普同性 |
| usage conforme | 正規使用方式 |
| utilitarisme | 功利主義 |
| | |
| Veralltäglichung des Charisma | 卡理斯瑪例行化 |
| Verein für Sozialpolitik | 社會政策學會 |
| Villermé, L.R. | 魏樂美 |
| | |
| Wallace, A. R. | 瓦勒斯 |
| Walras, L. | 瓦勒哈 |
| Warner, L. W. | 瓦納 |
| Weber, M. | 韋伯 |
| Wiener, N. | 維納 |
| Wittfogel, K. | 維特佛格 |
| Worms, R. | 沃爾姆斯 |
| Wundt, W. | 馮特 |

# 人名索引

## 四劃

孔德, 2, 4, 6, 7, 9, 10, 11, 12, 13, 14,
16, 18, 19, 20, 30, 31, 33, 34, 35,
36, 45, 47, 66, 82, 87, 89, 92, 99
巴柏, 130
巴泰斯, 7
巴烈圖, 4, 9, 19, 23, 29, 30, 31, 32,
44, 45, 96, 115, 130, 133, 139, 141
巴鳩羅, 132, 134, 135, 136, 143,
148, 149
巴諾夫斯基, 240
戈德雷, 6, 14

## 五劃

卡本特, 15
卡斯多里阿底斯, 268, 269, 270,
271, 273, 274, 301, 309
古朗士, 19, 82
古散, 20
史特納, 10
史莫勒, 6, 21, 22, 43, 65, 79

史達林, 57
史賓塞, 7, 10, 15, 16, 18, 20, 26, 28,
31, 34, 35, 36, 37, 42, 45, 47, 82,
85, 87, 99, 100, 103, 125
尼布爾, 20
尼斯貝, 1, 143
布希果, 126, 155
布東, 129, 130, 131, 133, 134, 138,
139, 140, 141, 142, 143, 144, 145,
146, 148, 149, 150, 152, 154, 155,
175, 176, 259, 260
布朗, 99, 102, 103, 106, 212
布格雷, 18, 82
布赫迪厄, 81, 110, 144, 149, 230,
232, 235, 236, 237, 238, 239, 240,
241, 243, 244, 245, 246, 247, 248,
249, 250, 251, 253, 255, 257, 258,
259, 260, 261, 289, 301, 310
瓦勒哈, 30, 32
瓦勒斯, 8, 16

## 六劃

休姆, 26

吉爾克, 26

宇格, 264

托克維爾, 3, 9, 131, 134, 137, 139, 146

牟斯, 41, 83

米希雷, 19, 20, 44

米勒—愛德華, 16

米德, 109, 135, 210, 211, 212, 217, 293

## 七劃

佛洛依德, 108, 121, 201, 202, 273, 276, 279, 309

佛洛姆, 273, 288, 289

伯許埃, 15

克尼斯, 21, 65

別納, 8

宋巴特, 43, 63, 72

希爾德龐, 21

李普塞, 124

李嘉圖, 17, 25, 52

李維史陀, 103, 179, 235, 237

杜威, 210, 212

杜恆, 125, 168, 177, 178, 179, 180, 181, 182, 183, 184, 185, 186, 187, 188, 189, 190, 191, 192, 193, 194, 197, 198, 199, 200, 201, 202, 203, 204, 205, 206, 268, 271, 301, 310

沃爾姆斯, 37, 39, 40, 43

狄爾泰, 10, 21, 27, 65, 66

貝克, 211, 213, 214, 215, 216

貝爾, 116, 126

里克特, 21, 65, 66, 79

里柯, 278

## 八劃

亞飛, 43

亞理斯多德, 2, 257, 276

亞當‧斯密, 17

亞當‧斯密, 24

叔本華, 25, 26, 282

孟德斯鳩, 2, 14, 18

帕森思, 2, 93, 99, 115, 116, 117, 118, 119, 120, 121, 122, 123, 124, 125, 126, 127, 129, 135, 158, 177, 179, 189, 194, 223

拉比耶, 127

拉馬克, 15

拉薩費爾德, 129, 215, 237

林頓, 110, 111

法弗, 147, 149, 154

門格, 21, 65, 130

阿多諾, 288, 290, 291, 292

阿宏, 1, 48, 60, 61, 81, 168, 265, 308

阿圖塞, 49, 57, 235, 237, 302

阿彌歐, 201, 202

## 九劃

侯曼, 123
哈伯馬斯, 231, 267, 286, 287, 290, 291, 292, 293, 294, 295, 296, 308
柏拉圖, 2
柏格森, 39, 279
胡格, 10
胡塞爾, 221, 231, 235, 238
韋伯, 2, 4, 6, 9, 10, 19, 20, 21, 22, 23, 28, 29, 30, 43, 44, 45, 47, 48, 62, 63, 64, 65, 66, 67, 68, 70, 71, 73, 74, 75, 76, 77, 78, 79, 80, 81, 86, 87, 96, 106, 115, 118, 122, 130, 145, 158, 161, 217, 221, 222, 236, 238, 240, 245, 272, 281, 293, 298, 299

## 十劃

恩格斯, 6, 22, 36, 49, 50, 51, 56, 57, 61, 189
海耶克, 130, 135
海德格, 236
班雅明, 288, 291
馬曲, 159
馬克思, 2, 4, 6, 8, 9, 10, 17, 18, 20, 22, 25, 26, 28, 35, 36, 44, 45, 47, 48, 49, 50, 51, 52, 53, 54, 55, 56, 57, 58, 60, 61, 65, 66, 70, 87, 95, 96, 110, 143, 144, 145, 146, 186, 189, 203, 205, 235, 236, 238, 245,

254, 255, 259, 261, 267, 268, 287, 289, 295, 296, 297, 299, 301, 302, 304, 305, 306, 307, 308
馬飛左里, 280, 281, 282, 283, 284, 285, 286
馬凌諾斯基, 99, 100, 101, 102, 103, 106, 107
馬庫色, 134, 288, 289, 291
馬爾薩斯, 8
涂尼斯, 2, 4, 7, 11, 20, 23, 24, 25, 26, 30, 35, 43, 44, 45, 47, 125
涂爾幹, 2, 4, 7, 8, 10, 14, 15, 16, 18, 19, 20, 22, 23, 28, 29, 30, 31, 33, 37, 40, 41, 42, 44, 45, 47, 62, 65, 82, 83, 84, 85, 86, 87, 88, 89, 90, 91, 92, 93, 94, 95, 96, 99, 100, 103, 106, 114, 115, 121, 125, 143, 145, 212, 224, 230, 293

## 十一劃

勒布雷, 6, 37, 38, 39, 40
曼海姆, 285
康多塞, 14
康德, 9, 10, 23, 26, 28, 65, 86, 94, 235, 236, 289
梅洛龐蒂, 224, 225, 235, 239, 258
畢夏, 7
笛卡兒, 91, 276, 303, 305
莫頓, 99, 103, 104, 106, 107, 108, 109, 111, 112, 113, 114, 115, 139, 142, 143, 158, 215

莒杭, 268, 274, 275, 277, 278, 279, 280, 286, 309

郭其野, 157, 158, 159, 160, 161, 162, 163, 164, 165, 166, 167, 168, 169, 170, 171, 172, 173, 174, 175, 176, 231, 259, 260, 298, 309

## 十二劃

傅柯, 235

提耶里, 19, 20, 44

散索留, 173, 174, 266

舒茲, 209, 217, 221, 222, 223, 225, 228, 230, 231, 282

費雪, 10

費爾巴哈, 10, 49, 51

項波赫東, 94

馮特, 26, 85, 91

黑格爾, 9, 10, 17, 20, 47, 49, 50, 66, 143, 204, 278, 288, 289, 292, 305

## 十三劃

塞依, 17

聖西蒙, 4, 7, 9, 11, 12, 13, 14, 18, 19, 20, 34, 35, 36, 37, 45, 82, 84, 87, 89

葛芬柯, 209, 211, 223, 224, 226, 229, 231

詹姆士, 210, 212

達倫朵夫, 266, 296, 297, 298, 299, 300, 304, 305, 306

達爾, 159

達爾文, 8, 16, 88

## 十四劃

熊彼得, 130

熊斯基, 227, 228, 241, 259

維柯, 2

維根斯坦, 227

蒙田, 2, 18

蓋野, 150, 259

齊默, 9, 11, 23, 27, 28, 29, 30, 43, 45, 47, 75, 210, 211, 222, 282, 305

## 十五劃

歐文, 9

緬因, 26, 44

鞏迪亞克, 11

## 十六劃以上

盧梭, 2, 26

霍布斯, 2, 25, 26, 127

霍克海默, 287, 288, 289, 290, 292

鮑爾, 10

彌爾, 93, 125, 127

謝弗勒, 7, 33, 39, 76

薩維尼, 19, 26, 44

魏樂美, 5

羅雪, 21, 65

蘭克, 20, 271, 286, 287, 288, 289, 292, 294, 301

國立中央圖書館出版品預行編目資料

當代社會學 / 讓‧皮耶莒杭（J.-P. Durand），侯
貝‧魏也（R. Weil）編；蔡筱穎,郭光予譯. --
初版. -- 臺北市：遠流，1996[民85]
　面；　　公分. --（新橋譯叢；36）
譯自：Sociologie contemporaine
含參考書目及索引
ISBN 957-32-2770-3(平裝)


1.社會學 － 法國 － 歷史


540.942　　　　　　　　　　　85002039

# 新橋譯叢

康樂總主編

| | | 作　者 | 譯　者售價 |
|---|---|---|---|
| L2001 | 中國的宗教【修訂版】 | Max Weber | 簡惠美/譯 480<br>康樂/校訂 |
| L2002 | 韋伯選集 I：學術與政治 | Max Weber | 錢永祥/編譯 325 |
| L2003 | 韋伯選集 II：宗教與世界 | Max Weber | 康樂・簡惠美 260 |
| L2004 | 韋伯選集 III：支配的類型【修訂版】 | Max Weber | 康樂・吳乃德 170<br>簡惠美・張炎憲<br>胡昌智/譯<br>張茂桂・康樂/校訂 |
| L2005 | 資本主義與現代社會理論：<br>馬克思・涂爾幹・韋伯 | Anthony Giddens | 簡惠美/譯 400<br>錢永祥・陳忠信・蔡錦昌/校訂 |
| L2006 | 鉅變：當代政治、經濟的起源 | Karl Polanyi | 黃樹民・石佳音 400<br>廖立文/譯<br>陳忠信・吳乃德/校訂 |
| L2007 | 史家的技藝 | Marc Bloch | 周婉窈/譯 180<br>康樂/校訂 |
| L2008 | 文化變遷的理論 | Julian H. Steward | 張恭啟 280 |
| L2009 | 現代經濟理論危機 | Daniel Bell & Irving Kristol/編 | 張瑞猛・張佩珍 325<br>洪惠專 |
| L2011 | 歐洲經濟史：中古篇 | C. M. Cipolla/編 | 夏伯嘉/譯 340<br>張彬村/主編 |
| L2012 | 歐洲經濟史：工業革命 | C. M. Cipolla/編 | 張秀蓉・劉錚雲 390<br>周建富・陳國棟<br>張彬村/譯<br>張彬村/主編 |

＊本書目所列定價如與書內版權頁不符，以版權頁定價為準。

L2013 歐洲經濟史：工業社會的興起 I　C. M. Cipolla/編　張彬村・林灑華/譯 340
　　　　　　　　　　　　　　　　　　　　　　　張彬村/主編

L2014 歐洲經濟史：工業社會的興起 II　C. M. Cipolla/編　張彬村・林灑華/譯 390
　　　　　　　　　　　　　　　　　　　　　　　張彬村/主編

L2015 科學革命的結構　　　　　　　Thomas S. Kuhn　　程樹德・傅大為 400
　　　　　　　　　　　　　　　　　　　　　　王道還・錢永祥/譯
　　　　　　　　　　　　　　　　　　　　　葉新雲・王道還/校訂

L2016 青年路德　　　　　　　　　　Erik H. Erikson　　　　　　康綠島 295

L2017 禮物：舊社會中交換的形式與功能　Marcel Mauss　　汪珍宜・何翠萍 190

L2019 藝術與鑑賞　　　　　　　　　Max Friedländer　　　　　　梁春生 220

L2020 權力與特權 I　　　　　　　　Gerhard E. Lenski　　　　　王慶力 250

L2021 權力與特權 II　　　　　　　　Gerhard E. Lenski　　　　　王慶力 310

L2022 韋伯選集 IV：經濟與歷史　　　Max Weber　　　　　　康樂/編譯 265

L2023 南海舡人 I　　　　　　　　Bronislaw Malinowski　　　　于嘉雲 300
　　　——美拉尼西亞新幾內亞土著之事業及冒險活動報告

L2024 南海舡人 II　　　　　　　　Bronislaw Malinowski　　　　于嘉雲 290
　　　——美拉尼西亞新幾內亞土著之事業及冒險活動報告

L2026 階序人 I　　　　　　　　　　Louis Dumont　　　　　王志明/譯 290
　　　——卡斯特體系及其衍生現象　　　　　　　　張恭啟/校訂

L2027 階序人 II　　　　　　　　　　Louis Dumont　　　　　王志明/譯 340
　　　——卡斯特體系及其衍生現象　　　　　　　　張恭啟/校訂

L2028 民主與獨裁的社會起源 I　　　Barrington Moore, Jr.　　　　蕭純美 340

L2029 民主與獨裁的社會起源 II　　　Barrington Moore, Jr.　　　　蕭純美 280

L2030 宗教社會學　　　　　　　　　Max Weber　　　　　康樂・簡惠美 340

L2031 支配社會學 I　　　　　　　　Max Weber　　　　　康樂・簡惠美 260

L2032 支配社會學 II　　　　　　　　Max Weber　　　　　康樂・簡惠美 260

L2033 非正當性的支配——城市的類型學　Max Weber　　　　康樂・簡惠美 250

L2034 社會學的基本概念　　　　　　Max Weber　　　　　　　　顧忠華 150

＊本書目所列定價如與書內版權頁不符，以版權頁定價為準。

L2035 尼羅河畔的文采——古埃及作品選　　　　　　　　　　　蒲慕州/編譯 220

L2036 當代社會學　　Jean-Pierre Durand & Robert Weil/編　　蔡筱穎・郭光予 400

L2037 印度的宗教：印度教與佛教 I　　　　Max Weber　　　康樂・簡惠美 580

L2038 印度的宗教：印度教與佛教 II　　　　Max Weber　　　康樂・簡惠美 520

L2039 古羅馬的榮光 I——羅馬史資料選譯　　　　　　　　　　邢義田/編譯 650

L2040 古羅馬的榮光 II——羅馬史資料選譯　　　　　　　　　　邢義田/編譯 600

L2041 經濟行動與社會團體　　　　　　　　Max Weber　　　康樂・簡惠美 550

# 人文科學叢書

高宣揚主編

| | 作者 | 譯者 | 售價 |
|---|---|---|---|
| L6001 結構主義 | 高宣揚 | | 160 |
| L6002 阿多諾：藝術、意識形態與美學理論 | Marc Jimenez | 欒棟・關寶艷 | 140 |
| L6003 美學 | Dénis Huismann | 欒棟・關寶艷 | 140 |
| L6004 馮友蘭與新理學 | 田文軍 | | 170 |
| L6005 熊十力與中國傳統文化 | 郭齊勇 | | 160 |
| L6006 李克爾的解釋學 | 高宣揚 | | 150 |
| L6007 新馬克思主義導引【修訂版】 | 高宣揚 | | 350 |
| L6008 德國哲學的發展 | 高宣揚 | | 180 |
| L6010 歐洲共同體法概論 | 章鴻康 | | 150 |
| L6011 羅素哲學概論 | 高宣揚 | | 180 |
| L6012 哈伯瑪斯論 | 高宣揚 | | 300 |
| L6013 梅洛–龐蒂的美學 | 鄭金川 | | 150 |
| L6014 哈伯瑪斯對歷史唯物論的重建 | 羅曉南 | | 320 |
| L6015 法國當代文學 | 張容 | | 250 |
| L6016 法國當代新史學 | Jacques Le Goff 等 | 姚蒙・李幽蘭 | 200 |
| L6017 存在主義 | 高宣揚 | | 420 |
| L6018 佛洛伊德主義 | 高宣揚 | | 320 |
| L6019 現象學與海德格 | 熊偉/編 | | 400 |
| L6020 當代法國倫理思想概論 | 馮俊 | | 250 |

＊本書目所列定價如與書內版權頁不符，以版權頁定價為準。

L6021 實用主義和語用論　　　　　　　　高宣揚　　　　　　　　　420

L6022 馬庫色的自由理論　　　　　　　　Peter Lind　　　關向光　390

L6023 人：宗教的太陽　　　　　　　　　李毓章　　　　　　　　　450
　　　──費爾巴哈宗教哲學初探

L6024 胡塞爾與海德格【第二版】　　　　汪文聖　　　　　　　　　170

L6025 海耶克經濟思想述評　　　　　　　梁小民　　　　　　　　　280

L6026 狄爾泰的歷史解釋理論　　　　　　安延明　　　　　　　　　300

L6027 西方經濟學簡史　　　　　　　　　陳再明　　　　　　　　　200
　　　──世界五大經濟學家

L6028 法國近代哲學（編印中）　　　　　馮俊